단어 구조 풀이로 더 쉽게 익히는

HSK
중국어 단어
해설집

단어 구조 풀이로 더 쉽게 익히는
HSK
중국어 단어 해설집

1판 1쇄 인쇄 | 2021년 2월 15일
1판 1쇄 발행 | 2021년 2월 20일

엮은이 | 한학중
고　문 | 김학민
펴낸이 | 양기원
펴낸곳 | 학민사

등록번호 | 제10-142호
등록일자 | 1978년 3월 22일

주소 | 서울시 마포구 토정로 222 한국출판콘텐츠센터 314호(☎ 04091)
전화 | 02-3143-3326~7
팩스 | 02-3143-3328

홈페이지 | www.hakminsa.co.kr
이메일 | hakminsa@hakminsa.co.kr

ISBN　978-89-7193-260-5 (03720)
ⓒ 한학중, Printed in Korea

단어 구조 풀이로 더 쉽게 익히는

HSK
중국어 단어
해설집

한학중 • 엮음

1~5급
신출한자 1735자로
2500단어
완전정복

학민사
Hakmin Publishers

중국어 단어, 외우지 말고 이해하기

이 책은 나와 함께 공부하는 우리 학생들의 중국어 공부를 응원하기 위하여 작업한 내 마음의 일단이다. 이른 바 나와 함께 공부하는 학생들이란, 막연히 중국어가 좋아서 무작정 달려든 친구들이다. 이 친구들의 중국어에 대한 열정은 실로 엄청나지만, 그러나 안타깝게도 중국어 공부에 바탕이 되는 한자나 한자어 지식은 전무한 상태였다.

나는 얼마간 중국어 공부를 한 학생들이 '护照'[hùzhào]가 '여권'인 줄은 알면서도 '护'와 '照'가 무슨 글자이며 어떤 뜻인지를 모른다는 사실에 큰 충격을 받았다. 더욱이 '여권'을 왜 '护照'라고 하는지에 대해 전혀 관심조차 가지지 않는다는 사실에 더욱 놀랐다. 우리 학생들이 공부를 열심히 하면서도 그 만큼의 효율을 올리지 못하는 것은 바로 그들의 공부 방법 때문이었다. 그들은 그저 단어를 통째로 외울 뿐이었다.

그러나 그들의 공부방법을 딱히 나무랄 수만도 없었다. 학교 도서관은 물론, 그 어디에도 그들의 공부를 도와줄 말한 참고서가 없기 때문이다. 최근에 부분적으로 중국어 단어학습서가 몇몇 권 출현하기는 하였지만, 여전히 단어의 표면적인 의미만 있을 뿐, 단어 이해에 필수적인 개별한자는 물론, 단어구조나 의미관계 등에 대해서는 전혀 설명이 없었다.

이에 나는 우리 학생들이 중국어 공부의 효율성을 높이고, 같은 노력으로 짧은 시간 안에 높은 성취감을 맛보게 하기 위해서는 무엇보다 단어를 이루고 있는 개별한자에 대한 공부가 선행되어야 한다고 여겼다. 이와 함께 단어의 구조와 의미형성 과정을 이해하는 것도 매우 중요하다고 생각하였다. 이 책 〈HSK 중국어 단어 해설집〉은 바로 이러한 생각 끝에 나온 내 응원의 몸짓이다.

　나는 중국어를 공부하는 모든 친구들에게 꼭 말해주고 싶다. "중국어를 빨리, 잘 하고 싶으면, 반드시 먼저 개별 한자부터 공부하라고!!!" 물론 개별 한자의 학습을 용이하게 하려면 또 먼저 한자의 부수部首를 공부하면 더욱 좋겠지만, 그 부분은 차치하더라도 반드시 먼저 단어를 이루는 개별 한자를 공부한 뒤, 그들의 의미관계를 파악하면서 단어 전체의 의미를 이해하라는 것이다. 여기에서 개별한자 공부란, 병음과 뜻 그리고 우리나라의 한자음을 말한다.

　예를 들면, 중국어 '护照'[hùzhào]는 '지키고(护:보호할 호) 비추듯 보살펴주는(照: 비출 조)' 증명이라는 방식이다. 국제사회에서 자신을 증명하고 보호해주는 것 ─ 그것은 바로 '여권'이다. 중국 사람들은 그것을 '护照'라고 하였다. 이를 우리가 '여권'이라고 하는 것은 '(해외로) 여행할(旅) 수 있는 증서(券)'라는 의미를 취하였기 때문이다. 또 '护'(호: 보호하다)라는 글자를 알면, 왜 '간호사'를 '护士'[hùshì]라고 하는지 저절로 알게 되며, 그 뜻도 구체적으로 이해할 수 있게 된다. 그러나 개별글자를 모르니, '护士'를 다시 통째로 '간호사'라고 공부하고,

그 뜻 또한 막연히 '흰모자를 쓰고 병원에서 일하는 사람' 정도로만 이해할 뿐이다. 그럼에도 불구하고 우리 학생들은 그러한 의미관계나 개별글자에는 전혀 관심이 없었다. 참으로 안타까운 상황이 아닐 수 없다.

이제부터는 중국어 단어는 반드시 개별글자의 뜻과 그 한자음까지 함께 공부해줄 것을 당부한다. '轻视' '观察' '突出' 등은 한자음으로 읽는 순간, 우리말 '경시' '관찰' '돌출'과 같은 말이고, 그 뜻은 '가볍게 보고' '보고 살피며' '갑자기 튀어나오다'는 뜻임을 알게 되어, 더 이상의 어떠한 노력을 들일 필요가 없다. 말하자면, 한자음을 읽기만 하면 저절로 알게 되는 우리말 단어와 같은 것들이다. 이렇게 우리말의 한자어와 같은 중국어 단어는, 이음절 이상의 5급 단어를 표본조사 해본 결과, 통계적으로 정확하게 59.6%, 곧 60%나 되었다. 한자음만 알아도 중국어 단어의 10개 중 6개는 저절로 알게 된다는 뜻이다. 중국어 공부에 재미가 배가될 것임을 확신한다.

이 책은 HSK 1~5급의 2,500단어에 사용된 모든 글자 가운데 중복된 글자를 제거하고 남은 신출글자 1,735글자 (多音字다음자 포함)를 대상으로, 개별 한자의 우리나라 전통훈음과 일반적인 의미를 함께 제시하고, 이를 바탕으로 모든 단어에 대하여 문법구조와 의미관계를 같이 설명함으로써, 단어의 구체적인 의미를 자연스럽게 익힐 수 있도록 하였다. 아울러 단어를 이루는 모든 구성글자의 한자음과 의미를 거듭 밝혀 개별한자와 단어를 동시에 공부할 수 있도록 하였다.

이 작업은 실로 오래전에 기획되고 시도되었으나, 나의 게으름으로 인해 이제야 세상에 내보이게 되었다. 중간에 新HSK로 바뀌면서 급수별 어휘에 변화가 있었던 까닭도 없지 않았지만, 그 지루한 작업을 이제나마 마무리할 수 있었던 것은, 순전히 나의 학생들의 격려에 힘입었다. 이 책의 출간을 손꼽아 기다려준 나의 학우들에게 고마움을 전하며, 하루빨리 중국어 공부에 더욱 많은 재미와 성취감을 맛볼 수 있기를 바란다.

마지막으로 탈고와 동시에 주저 없이 출판을 허락해준 학민사와 예쁜 책으로 만들어주신 편집실 모든 분들께 깊은 감사를 드린다. 내용의 잘못에 대해 제현의 질정이 있기를 빈다.

원고를 보낼 때는 초가을이었는데, 대지는 어느 새 봄을 기다린다.

한 학 중

1 이 책은 HSK 1~5급 단어에 사용된 중복된 한자를 제거하고 남은 한자, 곧 신출한자를 표제자로 하고, 해당글자의 활용 단어를 급수별로 정리하였다. 이 책에 실린 급수별 단어와 신출한자의 글자수는 다음과 같다.

HSK 급수별 어휘 및 신출한자 수						
급수	어휘수	누적어휘수	신출한자수	누적한자수	하급신출글자 단어수(누적)	비 고
1급	150	150	174	174	–	
2급	150	300	175	349	8 (一)	
3급	300	600	287	636	38 (46)	
4급	600	1,200	464	1,100	117 (163)	
5급	1,300	2,500	635	1,735	520 (683)	

2 신출한자는 급수별로 한어병음자모의 알파벳순을 표제자로 제시하고 번체자가 있는 경우 이를 함께 제시하였다.

3 급수별 신출한자는 효율적인 학습을 위해 한국의 전통훈음과 한어병음을 차례로 명기하고, 최대한 대표성을 갖는 의미를 두루 제시하고자 하였다.

4 표제자를 활용하는 해당급수의 단어가 있을 경우 그 단어들을 제시하고, 모든 단어에 대하여 단어구조와 의미관계를 설명하였다. 이는 이 책만의 고유한 특징이다.

5 단어의 구조와 의미형성 과정 설명과 함께, 해당 단어를 이루는 표제자 이외의 나머지 글자에 대해서도 한자음과 풀이를 제공하여(⊙표), 개별글자와 단어의 의미를 함께 이해할 수 있도록 하였다.

6 단어구조 설명과 관련하여 이 책에서 사용하는 용어는 다음과 같다.

【연합구조】 각각의 글자가 서로 대등하게 결합된 경우를 말한다. '병렬구조'라고도 한다.

【수식구조】 앞글자가 뒷글자를 수식하는 경우를 말한다. 앞글자는 수식어가 되고 뒷글자는 중심어가 된다. '편정구조'라고도 한다.

【술목구조】 앞글자가 뒷글자를 목적어로 취하는 경우이다. '지배구조'라고도 한다.

【술보구조】 뒷글자가 앞글자를 보완 설명하여, 보(충)어가 되는 경우이다. '보충구조'라고도 한다.

【주술구조】 앞글자와 뒷글자가 서로 주어와 술어 관계를 이루는 경우이다. '진술구조'라고도 한다.

【부가구조】 핵심글자의 앞뒤에 접두어 또는 접미어가 덧붙어 사용된 경우를 말한다. 대표적인 접두어로는 '老, 小, 大, 阿, 第' 등이 있고, 접미어로는 '子, 儿, 头' 등이 있다.

【중첩구조】 같은 글자를 중복하여 쓴 경우를 말한다. 주로 가족관계를 나타내는 호칭이 이에 속한다.

7 단어의 급수보다 낮은 단계의 글자로 이루어진 단어들은 각 급수별 신출한자 뒤편에 따로 제시하였다. 이들의 표제어는 단어의 첫 글자를 따랐지만, 상위 급수의 글자를 따르기도 하였다.

8 부록으로 이 책에 수록된 전체 글자와 단어에 대하여 한어병음과 (한국)한자음으로 검색이 가능하도록 하였다. 한자음은 간체자의 의미를 중심으로 하였고, 본래의 음을 따르지 아니 하였다.

9 부록의 색인 검색 방법: 색인에 나타나지 않는 단어는 따로 구성글자를 따라 검색하면 된다. 이 때 높은 급수의 글자를 따르는 것이 원칙이나, 구성글자의 급수가 동일한 경우는 병음의 알파벳 후순위 글자를 따르도록 하였다.

차 례

HSK

1급 신출한자

174자

爱 愛 | 사랑 애 [ài] 사랑하다, 아끼다, 즐기다

八 | 여덟 팔 [bā] 8, 여덟

爸 | 아버지 파 [bà] 아빠, 아버지

爸爸 [bàba] 아빠, 아버지 【중첩구조】 가족구성원의 경우 통상 글자를 중첩하여 이음절 단어를 이룬다.

杯 | 잔 배 [bēi] 잔, 컵

杯子 [bēizi] 잔, 컵 【부가구조】 잔(杯). 子(자)는 명사접미어로 덧붙은 글자이다. 명사 뒤에 쓰여 개체의 독립성을 나타낸다.
　◉ 子(자): 아들, 자식, 명사접미어

北 | 북녘 북 [běi] 북쪽

本 | 근본 본 [běn] 근본, 본래, 책, 공책, 권(단위사)

本子 [běnzi] 공책 【부가구조】 여기에서 '本'은 빈종이의 묶음(공책)이라는 뜻이며, '子'는 명사접미어로 이음절 단어를 만들기 위해 덧붙인 글자이다. 개체의 독립성을 나타낸다.
　◉ 子(자): 아들, 자식, 명사접미어

不 | 아닐 불 [bù] 안, 아니 (※ 부정(否定)을 나타냄)

菜 | 나물 채 [cài] 채소, 야채, 반찬, 음식

茶 | 차 다 / 차 [chá] (마시는) 차

喝茶 [hēchá] 차를 마시다 【술목구조】 차(茶)를 마시다(喝). ◉ 喝

(갈): 마시다

车 車 ┃ 수레 차 [chē] (타는) 차, 수레

出租车 [chūzūchē] 택시 【수식구조】 세(租)를 내고(出) 타는 차
(车). 出租(출조): 세금(租)을 내다(出). ◉ 出(출): 내다.
租(조): 세금, 세내다

吃 ┃ 먹을 흘 [chī] 먹다

出 ┃ 날 출 [chū] 나다, 나가다, 내어놓다

打 ┃ 때릴 타 [dǎ] 치다, 때리다, 하다

打电话 [dǎdiànhuà] 전화를 걸다, 전화하다 【술목구조】 전화(电
话)를 하다/치다(打). 电话(전화): 전기(电)로 말하는(话)
기계. ◉ 电(전): 전기. 话(화): 말

大 ┃ 큰 대 [dà] 크다, 넓다, 많다, 세다

的 ┃ 과녁 적 [de] …의, …ㄴ/은/는(통상 명사를 수식
할 때 씀), …것

点 點 ┃ 점 점 [diǎn] 점, 조금, 시(時)

一点儿 [yìdiǎnr] 조금, 약간 【수식구조】 하나의(一) 점(点儿)처럼
작은. 一点(일점): 조금. 儿(아)는 명사접미어로 덧붙은 글
자이다. 북방방언으로 발음을 부드럽게 하는 역할을 한
다. ◉ 一(일): 하나, 일. 儿(아): 아이, 접미어

电 電 ┃전기 전 [diàn] 전기

电视 [diànshì] 텔레비전 【수식구조】 전기(电)로 보는(视) 기계. '电视'는 '电视机'[diànshìjī]의 준말이다. '电话机'(전화기)를 '电话'라고 하는 것과 같다. ◉ 视(시): 보다

电影 [diànyǐng] 영화 【수식구조】 전기(电)로 만들어 내는 빛그림자(影). ◉ 影(영): 그림자

电话 [diànhuà] 전화 【수식구조】 전기(电)로 말하는(话) 기계. ◉ 话(화): 말, 말하다

店 | 가게 점 [diàn] 가게, 상점

饭店 [fàndiàn] 호텔 【수식구조】 밥(饭)을 제공하는 가게(店). [※ '饭店'은 표면상 식당을 뜻하는 단어이나, 단순히 밥만을 제공하는 것이 아니라, 여행객들을 위한 단기투숙 외에, 또 식사, 수영, 연회, 비즈니스 업무 등 다양한 서비스를 제공하므로, 종합하여 호텔이라고 한다.] ◉ 饭(반): 밥

书店 [shūdiàn] 서점 【수식구조】 책(书) 가게(店). ◉ 书(서): 책, 글

东 東 | 동녘 동 [dōng] 동쪽, 주인

东西 [dōngxi] 물건, 것 【연합구조】 동서남북 사방에서 나는 것으로, 東西(동서)로 대표하였다. [※ 이는 하나의 견해이다.] ◉ 西(서): 서쪽

都 都 | 도읍 도 [dōu] 모두, 다, 전부 / [dū] 도시

读 讀 | 읽을 독 [dú] 읽다, 공부하다

对 對 | 마주할 대 [duì] 맞다, 마주보다, 대하여

对不起 [duìbuqǐ] 미안하다 【술보구조】 마주보고(对) 몸을 일으키지(起) 못하다(不). 미안한 상태를 설명하는 말임. -不起(불기): (동사 뒤에 위치하여) '일으키지 못하다, …하지 못하

다'는 뜻을 나타내는 가능보어. ◉ 不(불): 안, 아니. 起(기): 일어나다, 일으키다

多 | 많을 **다** [duō] 많다

多少 [duōshao] 얼마 【연합구조】 많고(多) 적음(少) 사이의 정도. ◉ 少(소): 적다, 젊다

儿兒 | 아이 **아** [ér] 아이, 명사접미어(개체의 독립성을 나타냄), 장소접미어

儿子 [érzi] 아들, 아이 【부가구조】 '儿'은 남녀아이를 모두 뜻할 수 있지만, '儿子'는 통상 남자아이를 뜻한다. 여기에서 子(자)는 명사접미어로 덧붙은 글자이며, 개체의 독립성을 나타낸다. ◉ 子(자): 아들, 자식, 명사접미어

女儿 [nǚ'ér] 딸 【수식구조】 여자(女) 아이(儿). 女(녀)는 '여성'이라는 뜻이고, 儿(아)는 명사로서 '아이'라는 뜻임 ◉ 女(녀): 여자, 딸

点儿 [diǎnr] 조금, 약간 【부가구조】 '一点儿'의 생략형태. '儿'은 명사접미어로 덧붙은 글자이다. 북방어의 특징으로, 발음을 부드럽게 한다. ◉ 点(점): 점, 조금

哪儿 [nǎr] 어디, 어느 곳 【부가구조】 哪(나): '어느'라는 의문사이다. 여기에서 '儿'은 장소접미어로 '곳, 장소'를 나타낸다. ◉ 哪(나): 어느, 어찌

二 | 두 **이** [èr] 둘, 2

饭飯 | 밥 **반** [fàn] 밥

饭店 [fàndiàn] 호텔 【수식구조】 밥(饭) 가게(店). [※ '店' 참조] ◉ 店(점): 가게, 상점

飞 飛 │ 날 비 [fēi] 날다

飞机 [fēijī] 비행기, 항공기 【수식구조】 나는(飞) 기계/틀(机). ◉
机(기): 기계, 틀

分 │ 나눌 분 [fēn] 나누다, 떨어지다, 분(시간단위)

服 │ 옷 복 [fú] 옷, 따르다

衣服 [yīfu] 옷, 의복 【연합구조】 두 글자 모두 '옷'이라는 뜻이다.
◉ 衣(의): 옷, 웃옷

高 │ 높을 고 [gāo] 높다, 높이다

高兴 [gāoxìng] 기쁘다, 신나다 【수식구조】 높은/고상한(高) 단계
의 흥취(兴), 곧 기쁜 상태. ◉ 兴(흥): 흥, 재미, 취미

个 個 │ 낱 개 [gè] (단위)개, 명

工 │ 장인 공 [gōng] 장인, 기술

工作 [gōngzuò] 일, 일하다 【수식구조】 기술(工)로 일하다(作).
노동을 하다. ◉ 作(작): 일하다, 만들다, 작업

狗 │ 개 구 [gǒu] 개

关 關 │ 빗장 관 [guān] 빗장, 관문, 연결

关系 [guānxi] 관계, 연줄 【연합구조】 연결하여(关) 맺다(系). ◉
系(계): [xì] 연결, 줄, 맺다 / [jì] 매다, 묶다

国 國 │ 나라 국 [guó] 나라

中国 [Zhōngguó] 중국 【수식구조】 가운데(中) 나라(国). ⊙ 中 (중): 가운데

果 | 열매 과 [guǒ] 열매, 과일, 정말, 만약

苹果 [píngguǒ] 사과 【수식구조】 사과(苹) 열매(果). ⊙ 苹(평): '蘋'(빈: 사과)의 간화자. 원래 뜻은 개구리밥풀(부평초)

水果 [shuǐguǒ] 과일 【수식구조】 수분(水)이 많은 열매(果). ⊙ 果 (과): 과일, 열매

汉 漢 | 한나라 한 [Hàn] 한나라

汉语 [Hànyǔ] 중국어, 한어 【수식구조】 한족(汉)의 말(语). ⊙ 语 (어): 말

好 | 좋을 호 [hǎo] 좋다

号 號 | 부르짖을 호 [hào] 번호, 일(日), 부르짖다

喝 | 마실 갈 [hē] 마시다

和 | 부드러울 화 [hé] …와, 어울리다, 부드럽다, 평화 롭다

很 | 매우 흔 [hěn] 매우, 아주

后 後 | 뒤 후 [hòu] 뒤, 황후

后面 [hòumiàn] 뒤, 뒤쪽 【부가구조】 뒤(后) 쪽(面). '面'은 방향 사 뒤에 덧붙은 접미어이다. ⊙ 面(면): 얼굴, 방향, 쪽

候 | 기후 후 [hòu] 철, 시절, 정황, 기다리다

时候 [shíhou] 때, 무렵 【연합구조】 두 글자 모두 '때'를 뜻한다.
◉ 时(시): 때, 시간

欢 歡 | 기뻐할 환 [huān] 좋아하다, 기뻐하다

喜欢 [xǐhuan] 좋아하다 【연합구조】 기뻐하고(喜) 좋아하다(欢).
두 글자 모두 '기뻐하다'는 뜻이다. ◉ 喜(희): 기쁘다

话 話 | 말씀 화 [huà] 말

打电话 [dǎdiànhuà] 전화를 걸다, 전화하다 【술목구조】 전화(电
话)를 치다/하다(打). ◉ 打(타): 치다, 하다. 电话(전화):
전화. 电(전): 전기

回 | 돌아올 회 [huí] 돌아오다, 되돌아오다

回来 [huílái] 돌아오다 【술보구조】 돌아(回) 오다(来). [※ '来'는
'回'의 방향보어이다.] ◉ 来(래): 오다, 하다

会 會 | 모일 회 [huì] 할 수 있다, 할 줄 알다 (※ 배워서
할 수 있다는 후천적 능력을 나타낸다)

机 機 | 틀 기 [jī] 틀, 기계

飞机 [fēijī] 비행기 【수식구조】 나는(飞) 틀/기계(机). ◉ 飞(비):
날다

几 幾 | 몇 기 [jǐ] 몇, 거의

家 | 집 가 [jiā] 집, 가정, 권위자, 집단

见 見 | 견 [jiàn] 보다, 만나보다, 보이다

看见 [kànjiàn] 보다(보여서 보다) 【술보구조】 봐서(看) 보이다
(见). 보여서(见) 보다(看). [※ '见'은 '看'의 결과보어이다.]
　◉ 看(간): 보다

叫 | 부를 규 [jiào] …라고 부르다, 소리치다, 하게하다

觉 覺 | 느낄 각 [jiào] 잠 / [jué] 느끼다, 깨닫다, 감각 [※
'觉'은 원래 '잠'과 관련된 두 가지 뜻을 가지고 있
다. 하나는 '잠을 자는' 상황이고, 다른 하나는 '잠
에서 깨어나는' 상황이다. 전자는 '잠'[jiào]이고,
후자는 '느끼다'[jué]이다. 발음 또한 달리한다.
'觉'의 본의는 '깨닫다, 터득하다'이다.]

睡觉 [shuìjiào] 잠자다 【술목구조】 잠(觉)을 자다(睡). [※ '觉'는
'睡'의 목적어이다.] ◉ 睡(수): 잠자다

姐 | 누이 저 [jiě] 누나, 언니, 아가씨

小姐 [xiǎojiě] 아가씨 【부가구조】 작은/귀여운(小) 아가씨(姐). 여
기에서 '小'는 명사접두어로서 작고 귀엽다는 뜻을 나타낸
다. ◉ 小(소): 작다, 귀엽다, 명사접두어

今 | 이제 금 [jīn] 이제, 지금

今天 [jīntiān] 오늘 【수식구조】 지금(今)의 날(天). ◉ 天(천): 날[日]

京 | 서울 경 [jīng] 서울, 수도

北京 [Běijīng] 북경, 베이징 【수식구조】 북쪽(北)에 있는 서울(京).
　◉ 北(북): 북쪽

| 九 | 아홉 구 [jiǔ] 아홉, 9 |

| 开 開 | 열 개 [kāi] 열다, (불)켜다, (꽃)피다, 분리하다 |

开门 [kāimén] 문을 열다 【술목구조】 문(门)을 열다(开). ◉ 门
(문): 문

开花 [kāihuā] 꽃이 피다 【술목구조】 (하늘이) 꽃(花)을 피게 하다
(开). (※ 자연현상은 형식상 주술관계로 해석을 하지만, 본
래 '하늘이' 그렇게 하도록 했다는 의미로, 통상 술목관계
로 간주한다. '下雨'(비가 내리다), '刮风[guāfēng]'(바람이
불다) 등등 모두 마찬가지이다.) ◉ 花(화): 꽃

| 看 | 볼 간 [kàn] 보다, 구경하다 |

看书 [kànshū] 공부하다, 책을 보다 【술목구조】 책(书)을 보다
(看). ◉ 书(서): 책, 글

| 客 | 손님 객 [kè] 손님 |

客气 [kèqi] 사양하다, 체면 차리다 【수식구조】 손님(客)(의) 나타
내는 기색(气). ◉ 气(기): 기운, 기색, 공기

不客气 [bùkèqi] 사양하지 않다, 체면/격식을 차리지 않다 【수식
구조】 손님(客)의 기색(气)를 하지 말라(不). 사양하지 말라.
◉ 不(불): 안, 아니, 말라. 气(기): 기운, 기색, 공기

| 块 塊 | 덩이 괴 [kuài] 덩이, 덩어리, 중국 화폐단위(=元) |

| 来 來 | 올 래 [lái] 오다, 하다 |

| 老 | 늙을 로 [lǎo] 늙다, 오래되다, 노련하다, 잘하다,
친하다, 늘, 접두어 |

老师 [lǎoshī] 선생님, 스승 【부가구조】 노련하신(老) 스승(师). '老'는 명사접두어로서, '늙다'는 뜻이 아니라, '노련하다, 잘하다'는 뜻이다. ◉ 师(사): 스승, 선생님

| 了 | 마칠 료 [le] 행위의 완성이나 사태의 변화를 나타냄(어기, 시태조사) |

| 冷 | 찰 랭 [lěng] 춥다, 차다, 시리다 |

| 里 裏 | 마을 리 / 속 리 [lǐ] 속(裏), 안(裏), 곳(裏), 마을(里), 거리단위(里) |

| 亮 | 밝을 량 [liàng] 밝다, 빛나다 |

漂亮 [piàoliang] 예쁘다, 아름답다, 곱다 【연합구조】 깨끗하고 (漂) 밝다(亮). ◉ 漂(표): 깨끗하다

| 六 | 여섯 륙 [liù] 여섯, 6 |

| 吗 嗎 | 어조사 마 [ma] 어기조사, 의문의 어기를 나타낸다. (몰라서 물을 때 사용함) |

| 妈 媽 | 엄마 마 [mā] 엄마, 어머니 |

妈妈 [māma] 엄마, 어머니 【중첩구조】 가족의 호칭으로, 같은 글자를 중첩한다.

| 买 買 | 살 매 [mǎi] 사다, 구매하다 |

| 猫 | 고양이 묘 [māo] 고양이 |

小猫 [xiǎomāo] 고양이 【부가구조】 작은/귀여운(小) 고양이(猫). '小'는 명사접두어로, 작고 귀엽다는 뜻을 나타낸다. ◉ 小 (소): 작다. 명사접두어

么 麽 ┃ 어조사 마 [me] 대명사, 의문사의 접미어, '什么' (무엇), '怎么'(어떻게) 등등. [※ '么'는 원래 '어릴 요(幺: yāo)'의 이체자이나, 이제 '麽'(마)의 간체 자로만 쓰인다.]

什么 [shénme] 무엇, 무슨 【부가구조】 '什么'는 글자 자체로 뜻을 나타내지 못한다. '무엇'을 뜻하는 중국어 'shénme'의 소리를 표기한 것이다. 이전에는 '甚麽'[shénme]로 쓰기도 하였다. ◉ 什(십): 열사람, 'shén'의 표음글자

没 沒 ┃ 빠질 몰 [méi] '有'의 부정부사, 아니. '没有'는 소유, 과거행위의 부정을 나타낸다.(없다, …지 않았다) '有'는 생략할 수 있다.

没关系 [méiguānxi] 괜찮다, 관계없다 【술목구조】 관계(关系) 없다(没). '没'는 '没有'의 생략형태. 关系(관계): 연결하여(关) 맺어줌(系). ◉ 关(관): 관문, 연결. 系(계): 줄, 연결, 맺다

们 們 ┃ 무리 문 [men] …들(인칭복수접미어)

米 ┃ 쌀 미 [mǐ] 쌀

米饭 [mǐfàn] 쌀밥 【수식구조】 쌀(米) 밥(饭). ◉ 饭(반): 밥

面 ┃ 낯 면 [miàn] 얼굴, 쪽(보통 경성으로 읽는다), 면, 마주보다, 밀가루(麵) [※ '面'은 '麵'(밀가루 면)의 간체자이기도 하다.]

上面 [shàngmian] 위, 위쪽 【부가구조】 위(上) 쪽(面). '面'은 방

향을 나타내는 접미어이다. ◉ 上(상): 위

明 | 밝을 명 [míng] 밝다

明天 [míngtiān] 내일, 명일 【수식구조】 밝아오는(明) 날(天). ◉
天(천): 하늘, 날[日]

名 | 이름 명 [míng] 이름

名字 [míngzi] 이름, 성명 【수식구조】 이름(名) 글자(字). ◉ 字
(자): 글자

哪 | 어느 나 [nǎ] 어느, 어찌, 어디

哪儿 [nǎr] 어디, 어느 곳 【부가구조】 어느(哪) 곳(儿). '儿'(아)는
지시/의문대명사 뒤에 쓰여 장소를 나타냄. ◉ 儿(아): 아
이, 장소접미어, 명사접미어

那 | 저것 나 [nà] 저, 그, 그렇다면(=那么)

脑 腦 | 뇌 뇌 [nǎo] 뇌

电脑 [diànnǎo] 컴퓨터(computer) 【수식구조】 전기(电)로 작동하
는 뇌(脑) 같은 기계. ◉ 电(전): 전기

呢 | 어조사 니 [ne] 확인, 강조, 의문 등을 나타냄(어
기조사). 의문조사로서의 '呢'는 전제된 사실에 대
한 이동(異同) 여부를 물음.

能 | 능할 능 [néng] …할 수 있다. 선천적인 능력 외
에 가능, 허락을 나타낸다.

| 你 | 너 니 [nǐ] 너, 자네 |

| 年 | 해 년 [nián] 년, 해 |

今年 [jīnnián] 금년, 올해 【수식구조】 지금(今)의 해(年). ◉ 今
(금): 이제, 지금

| 女 | 여자 녀 [nǚ] 여자 |

女儿 [nǚ'ér] 딸 【수식구조】 여자(女) 아이(儿). 여기에서 '儿'은
명사이다. ◉ 儿(아): 아이, 접미어

女人 [nǚrén] 여자, 여인, 여성 【수식구조】 여성(女)인 사람(人).
◉ 人(인): 사람

| 朋 | 벗 붕 [péng] 벗, 친구 |

朋友 [péngyou] 친구, 벗 【연합구조】 두 글자 모두 '벗'이라는 뜻
이다. ◉ 友(우): 벗

| 漂 | 떠돌 표 [piào] 깨끗하다 / 떠다니다(piāo), 희게
하다(piǎo) |

漂亮 [piàoliang] 예쁘다, 아름답다, 곱다 【연합구조】 깨끗하고(漂)
밝다(亮). ◉ 亮(량): 밝다

| 苹 蘋 | 개구리밥풀(부평초) 평 / 사과 빈 [píng] '蘋'(사
과 빈)의 간화자. 본의는 개구리밥풀(평) |

苹果 [píngguǒ] 사과 【수식구조】 사과(苹) 열매(果). ◉ 果(과):
과일, 열매

| 七 | 일곱 칠 [qī] 일곱, 7 |

期 │ 기약할 기 [qī] 시기, 기간, 기대하다

星期 [xīngqī] 요일, 주(週) 【수식구조】 '별(星) 주기(期)'라는 뜻으로 7일을 의미함. ◉ 星(성): 별

起 │ 일어날 기 [qǐ] 일어나다, 올라가다

气 氣 │ 기운 기 [qì] 공기, 기운, 분위기, 날씨

天气 [tiānqì] 날씨, 일기 【수식구조】 하늘(天)의 기운(气). ◉ 天(천): 하늘, 날

前 │ 앞 전 [qián] 앞, 앞당기다

前面 [qiánmian] 앞쪽 【부가구조】 앞(前) 쪽(面). '面'은 방향을 나타내는 접미어이다. ◉ 面(면): 낯, 방향(쪽)

钱 錢 │ 돈 전 [qián] 돈, 화폐

请 請 │ 청할 청 [qǐng] 청하다, 부탁하다, 요구하다, 신청하다

去 │ 갈 거 [qù] 가다, 버리다

热 熱 │ 뜨거울 열 [rè] 덥다, 뜨겁다

人 │ 사람 인 [rén] 사람, 인간

认 認 │ 알 인 [rèn] 알다, 인지하다

认识 [rènshi] 알다, 인식하다 【연합구조】 두 글자 모두 '알다'는

뜻이다. ◉ 识(식): 알다

三 | 석 삼 [sān] 삼, 3

商 | 장사할 상 [shāng] 거래하다, 헤아리다, 상의하다

商店 [shāngdiàn] 가게, 상점 【수식구조】 장사하는(商) 가게(店).
◉ 店(점): 가게

上 | 위 상 [shàng] 위, 올라서다, 시작하다, 지난

上午 [shàngwǔ] 오전, 상오 【술목구조】 정오(午)를 향해가다(上),
정오이전, 오전. ◉ 午(오): 낮12시(11시~13시), 낮, 남

少 | 적을 소 [shǎo] 적다, 젊다

多少 [duōshao] 얼마 【연합구조】 많고(多) 적음(少) 사이의 정도.
◉ 多(다): 많다

谁 誰 | 누구 수 [shéi] 누구

什 | 열사람 십 [shén] 열사람, 갖가지의. '什么'의 구
성글자

什么 [shénme] 무엇, 무슨 【부가구조】 '무엇'을 뜻하는 말인
'shénme'의 가차표기. '甚麽'로 쓰기도 한다. ◉ 么(마):
'麽'(마)의 간체자로 접미어로 사용됨. 什么, 怎么(어떻게,
어찌), 这么(이렇게), 那么(그렇게, 그렇다면) 등등. [※
'么'(마)는 원래 '어릴 요(幺: yāo)'의 이체자이나, 이제
'麽'(마)의 간체자로만 쓰임.]

生 | 날 생 [shēng] 태어나다, 살다, 사람

学生 [xuésheng] 학생 【수식구조】 배우는(学) 사람(生). ◉ 学

(학): 배우다

师 師 | 스승 사 [shī] 선생님, 스승

老师 [lǎoshī] 선생님, 스승 【부가구조】 노련하신(老) 스승(师).
'老'(로)는 '노련하다'는 의미의 접두어로 덧붙은 글자이다.
◉ 老(로): 늙다, 오래되다, 친하다, 늘, 접두어

十 | 열 십 [shí] 열, 10

时 時 | 때 시 [shí] 때, 시간, 시기

时候 [shíhou] 때, 무렵 【연합구조】 두 글자 모두 '때'라는 뜻이
다. ◉ 候(후): 때, 철, 기다리다

识 識 | 알 식 [shí] 알다

认识 [rènshi] 알다, 인식하다 【연합구조】 두 글자 모두 '알다'는
뜻이다. ◉ 认(인): 알다, 인지하다

是 | 이 시 [shì] 이다, 그렇다, 맞다, 옳다

视 視 | 볼 시 [shì] 보다, 주시하다

电视 [diànshì] 텔레비전 【수식구조】 전기(电)로 보는(视) 기계.
◉ 电(전): 전기

书 書 | 글 서 [shū] 책, 글

书店 [shūdiàn] 서점 【수식구조】 책(书) 가게(店). ◉ 店(점): 가게

水 | 물 수 [shuǐ] 물

水果 [shuǐguǒ] 과일 【수식구조】 수분(水)이 많은 열매(果). ◉ 果

(과): 열매, 과일

| 睡 | 잠잘 수 [shuì] 잠자다 |

睡觉 [shuìjiào] 잠을 자다 【술목구조】 잠(觉)을 자다(睡). ◉ 觉
(각): 잠, 느끼다

| 说 說 | 말할 설 [shuō] 말하다, 견해 |

| 四 | 넉 사 [sì] 넷, 4 |

| 岁 歲 | 해 세 [suì] 해, 살, 세(나이) |

| 她 | 그녀 타 [tā] 그녀, 그 여자 |

| 他 | 다를 타 [tā] 그, 그 사람, 그이 |

| 太 | 클 태 [tài] 너무, 크다 |

| 天 | 하늘 천 [tiān] 하늘, 날[日] |

天气 [tiānqì] 날씨, 일기 【수식구조】 하늘(天)의 기운(气). ◉ 气
(기): 기운, 공기
明天 [míngtiān] 내일, 명일 【수식구조】 밝아오는(明) 날(天). ◉
明(명): 밝다

| 听 聽 | 들을 청 [tīng] 듣다 [※ '听'은 본래 '웃을 은'자
이나, 이제 '聽'의 간화자로 사용됨.] |

| 同 | 같을 동 [tóng] 같다 |

同学 [tóngxué] 학우 【수식구조】 '함께(同) 배우는(学) 사람'. (※ 이는 일견 '배움(学)을 함께하는(同) 사람'으로 해석하여 술목관계로 여길 수도 있다. 그러나 '同屋'(룸메이트), '同事'(동료) 등등과 같이, '同+○'의 다른 사례를 참고하면 여전히 수식관계로 여기는 것이 바람직하다.) ◉ 学(학): 배우다, 학문

喂 │ 부르는 소리 위 [wèi] 여보세요

我 │ 나 아 [wǒ] 나, 저

我们 [wǒmen] 우리, 저희 【부가구조】 나(我) 들(们). ◉ 们(문): …들. 복수접미어

午 │ 낮 오 [wǔ] 정오, 낮12시,

上午 [shàngwǔ] 오전, 상오 【술목구조】 정오(午)를 향해 올라가는(上) 시간, 곧 자정부터 정오까지. ◉ 上(상): 위, 올라가다

下午 [xiàwǔ] 오후 【술목구조】 정오(午)에서 내려가는(下) 시간, 정오부터 자정까지. ◉ 下(하): 아래, 내려가다

中午 [zhōngwǔ] 정오, 낮 12시 전후 【수식구조】 가운데(中)의 오시(午). ◉ 中(중): 가운데, 중심

五 │ 다섯 오 [wǔ] 다섯, 5

西 │ 서녘 서 [xī] 서쪽

东西 [dōngxi] 물건 【연합구조】 동서남북(東西南北) 사방에서 나는 것이라는 뜻으로, '동서'(東西)로 대표함. (※ [dōngxī]로 발음하면 '동쪽과 서쪽'을 뜻함) ◉ 东(동): 동쪽

习 習 │ 익힐 습 [xí] 익히다, 반복해서 공부하다

学习 [xuéxí] 배우다, 공부하다, 학습하다 【연합구조】 배우고(学) 익히다(习). (※ 모르는 것을 배우는 것을 '学'(학)이라고 하고, 배운 것을 익히는 것을 '习'(습)이라고 한다.) ◉ 学(학): 배우다

喜 │ 기쁠 희 [xǐ] 기쁘다

喜欢 [xǐhuan] 좋아하다 【연합구조】 기뻐하고(喜) 좋아하다(欢). ◉ 欢(환): 좋아하다

系 │ 맬 계 [xì] 잇다, 맺다, 연결, 학과, [jì] 매다

没关系 [méiguānxi] 관계없다, 괜찮다 【술목구조】 关系(관계) 없다(没). ◉ 没(몰): 없다. '沒有'(몰유)의 생략형태. 关系(관계): 관계. 关(관): 관문, 연결

下 │ 아래 하 [xià] 밑, 아래, 다음, 내리다

下午 [xiàwǔ] 오후 【술목구조】 정오(午)에서 내려가다(下). 또는 그 시간, 정오부터 자정까지. ◉ 午(오): 정오, 오시(11시~13시), 낮

下雨 [xiàyǔ] 비가 오다 【술목구조】 (하늘이) 비(雨)를 내리다(下). (※ 자연현상으로 '下'는 동사술어이고, '雨'는 목적어이다. '비가 오다'로 해석되어 '雨'(비)가 주어처럼 보이는 것은 순전히 한국어와 관련된 문제이다. 앞의 '开花' 참조.) ◉ 雨(우): 비

先 │ 먼저 선 [xiān] 먼저

先生 [xiānsheng] 씨, 선생님(성인 남성에 대한 경칭) 【수식구조】 먼저(先) 태어나다(生), 또는 그런 사람. ◉ 生(생): 태어나다, 살다

现 現 ┃ 나타날 현 [xiàn] 지금, 나타나다

现在 [xiànzài] 지금, 현재, 이제 【수식구조】 나타나(现) 있다(在), 지금. ◉ 在(재): 있다

想 ┃ 생각할 상 [xiǎng] 생각하다, 하려고 하다, 하고 싶다

小 ┃ 작을 소 [xiǎo] 작다, 어리다, 귀엽다, 접두어(작고 귀여움을 나타냄. 小↔老)

小姐 [xiǎojiě] 아씨, 아가씨 【부가구조】 작은/귀여운(小) 아씨(姐). '小'는 작고 귀엽다는 뜻의 접두어. ◉ 姐(저): 아가씨, 아씨

小金 [xiǎojīn] 김군 【부가구조】 어린/귀여운/친한(小) 김(金)씨. 자신보다 나이가 어린 사람을 친근하게 부르는 호칭. ◉ 金(김/금): 성, 쇠

校 ┃ 학교 교 [xiào] 학교, 배움집

学校 [xuéxiào] 학교 【연합구조】 배움집. 두 글자 모두 '배움집' 이라는 뜻이다. '学'과 '校'는 모두 중국의 고대 교육기관의 이름이다. ◉ 学(학): 배우다, 학교

些 ┃ 약간 사 [xiē] 조금, 약간 (적은 수량을 나타냄)

一些 [yìxiē] 약간, 조금, 어느 정도 【수식구조】 하나의(一) 몇몇 (些). ◉ 一(일): 하나, 조금

写 寫 ┃ 베낄 사 [xiě] (글씨)쓰다, 베끼다

谢 謝 ┃ 사례할 사 [xiè] 고맙다, 감사하다

谢谢 [xièxie] 고맙다, 감사하다 【중첩구조】 고맙고(谢) 고맙다

(谢). 매우 고맙다. 형용사의 중첩으로, '정도의 심화'를 나타낸다.

星 | 별 성 [xīng] 별

星期 [xīngqī] 요일, 주(週) 【수식구조】 별(星) 주기(期), 7일을 의미함. ◉ 期(기): 주기, 기다리다

兴 興 | 일 흥 [xìng] 흥, 재미, 취미 / [xīng] 일어나다, 흥하다

高兴 [gāoxìng] 기쁘다, 신나다 【수식구조】 높은/고상한(高) 단계의 흥취(兴), 곧 기쁜 상태 ◉ 高(고): 높다, 높이다

学 學 | 배울 학 [xué] 배우다, 공부하다

样 樣 | 모양 양 [yàng] 모양, 상태

怎么样 [zěnmeyàng] 어떠하다 【수식구조】 어떠한(怎么) 상태/모양(样). ◉ 怎么(즘마): 어떻게. 怎(즘): 어찌. 么(마): 어기접미사

同样 [tóngyàng] 같다 【수식구조】 같은(同) 모양(样). ◉ 同(동): 같다

一 | 한 일 [yī] 하나, 1

一点儿 [yìdiǎnr] 조금, 약간 【수식구조】 하나(一)의 점(点儿)일 정도. 一点(일점): 하나의 점, 조금, 한시. '儿'은 접미어로서 발음을 부드럽게 하는 동시에, '작다'는 뜻을 나타낸다. ◉ 点(점): 점, 조금. 儿(아): 아이, 접미어

衣 | 옷 의 [yī] 옷, 웃옷

衣服 [yīfu] 옷, 의복 【연합구조】 두 글자 모두 '옷'이라는 뜻이다. ◉ 服(복): 옷, 따르다

医 醫 | 병고칠 의 [yī] 치료하다, 병을 고치다

医生 [yīshēng] 의사, 의원 【수식구조】 병을 고치는(医) 사람(生).
　　◉ 生(생): 태어나다, 생기다, 사람
医院 [yīyuàn] 병원 【수식구조】 병을 고치는(医) 집(院). ◉ 院
　　(원): 집, 기관

椅 | 의자 의 [yǐ] 의자, 나무이름

椅子 [yǐzi] 의자 【부가구조】 의자(椅). '子'(자)는 명사접미어로 덧
　　붙은 글자이다. (개체의 독립성을 나타냄) ◉ 子(자): 아들,
　　자식, 명사접미어

影 | 그림자 영 [yǐng] 그림자

电影 [diànyǐng] 영화 【수식구조】 전기(电)로 만드는 빛 그림자
　　(影). ◉ 电(전): 전기

友 | 벗 우 [yǒu] 친구, 벗

朋友 [péngyou] 친구, 벗 【연합구조】 두 글자 모두 '벗'이라는 뜻
　　이다. ◉ 朋(붕): 벗

有 | 있을 유 [yǒu] (가지고) 있다 (소유를 나타냄)

没有 [méiyǒu] 없다(소유 부정). …지 않았다(과거부정) 【수식구
　　조】 가지고 있지(有) 않다(没). ◉ 没(몰): 안, 아니('有'를
　　부정하는 부정부사)

雨 | 비 우 [yǔ] 비

下雨 [xiàyǔ] 비가 오다, 비가 내리다 【술목구조】 비(雨)를 내리다
　　(下). ◉ 下(하): 내리다, 아래

语 語	말씀 어 [yǔ] 말, 언어

汉语 [Hànyǔ] 중국어, 한어 【수식구조】 한족(汉)의 말(语). ◉ 汉 (한): 한나라, 한족

院	집 원 [yuàn] 집, 저택, 공공기관, 단과대학

医院 [yīyuàn] 병원 【수식구조】 병을 고치는(医) 집(院). ◉ 医 (의): 병을 고치다

月	달 월 [yuè] 달, 월

再	다시 재 [zài] 다시, 또 (미래 시제에 사용)

再见 [zàijiàn] 또 만나다, 또 보다 【수식구조】 다시/또(再) 보다 (见). ◉ 见(견): 보다, 만나다

在	있을 재 [zài] 있다, 존재하다, 생존하다

现在 [xiànzài] 지금, 현재, 이제 【수식구조】 지금(现) 있는(在) 때. ◉ 现(현): 지금, 나타나다

怎	어찌 즘 [zěn] 어찌

怎么 [zěnme] 어떻게, 어찌 【부가구조】 어찌(怎). ◉ 么(마): 어 기접미어. ['么'(마)는 원래 '작을 요(幺: [yāo])'의 이체자이 나, 이제 '麼'의 간체자로만 쓰임.]

这 這	이것 저 [zhè] 이것, '那(저것)'의 상대적인 개념

中	가운데 중 [zhōng] 가운데

中国 [Zhōngguó] 중국, 나라 이름 【수식구조】 가운데(中) 나라

(国). ◉ 国(국): 나라

| 钟 鐘 | 쇠북 종 [zhōng] 종, 시계, 시간 |

分钟 [fēnzhōng] 분(시간단위) 【부가구조】 여기에서 '分'은 시간단위이다, 钟은 앞의 '分'이 시간의 개념으로 사용되었다는 것을 의미한다. ◉ 分(분): 나누다, '돈[一分钱], 시간[一分钟]' 등의 단위로도 사용된다.

| 住 | 살 주 [zhù] 묵다, 살다 |

| 桌 | 책상 탁 [zhuō] 탁자, 책상 |

桌子 [zhuōzi] 탁자, 책상 【부가구조】 子(자): 명사접미어(독립된 개체를 나타냄)

| 子 | 아들 자 [zi] 명사접미어 (의사 전달과정에서 의미를 분명하게 하기 위하여, 한 글자 단어를 두 글자로 만들기 위해 덧붙이는 글자. 앞말이 독립된 개체라는 의미를 아울러 나타냄) / [zǐ] 아들, 자식, 존칭 |

| 字 | 글자 자 [zì] 글자, 문자 |

汉字 [Hànzì] 한자 【수식구조】 한족(汉)의 글자(字). ◉ 汉(한): 한나라

| 租 | 구실 조 [zū] 구실(세금의 총칭), 세금, 세놓다 |

出租车 [chūzūchē] 택시 【수식구조】 세(租)를 내고(出) 타는 차(车). ◉ 出租(출조): 세금(租)을 내다(出). 出(출): 내다. 车(차): 자동차

| 昨 | 어제 작 [zuó] 어제, 지난날 |

昨天 [zuótiān] 어제 【수식구조】 어제(昨) 날(天). 天(천): 하늘, 날[日]

坐　│ 앉을 좌 [zuò] 앉다, 타다

坐车 [zuòchē] 차를 타다 【술목구조】 차(车)를 타다(坐). 车(차): 자동차, 수레

做　│ 지을 주 [zuò] 하다, 일하다, 짓다

作　│ 지을 작 [zuò] 만들다, 일하다, 글을 쓰다

工作 [gōngzuò] 일, 일하다 【수식구조】 기술(工)로 일하다(作). ◉ 工(공): 장인, 기술, 노력

HSK

2급 신출한자

175자

| 吧 | 어조사 파 [ba] 권유, 청유, 추측 등의 감정을 표시함(어기조사) |

| 白 | 흰 백 [bái] 희다, 밝다, 분명하다, 헛되다 |

| 百 | 일백 백 [bǎi] 백, 100 |

一百 [yìbǎi] 100 【수식구조】 하나의(一) 백(百). ◉ 一(일): 하나, 일

| 班 | 나눌 반 [bān] 반(나누어진 한 부분), 반열, 부서, 차례, 나누다 |

上班 [shàngbān] 출근하다 【술목구조】 소속반(班)에 나아가다(上). ◉ 上(상): 위, 올라가다, 시작하다

| 帮 帮 | 도울 방 [bāng] 돕다, 무리 |

帮助 [bāngzhù] 돕다 【연합구조】 두 글자 모두 '돕다'는 뜻이다. ◉ 助(조): 돕다

| 报 報 | 알릴 보 [bào] 알리다, 신문 |

报纸 [bàozhǐ] 신문, 신문지 【수식구조】 알리는(报) 종이(纸). ◉ 纸(지): 종이

| 备 備 | 갖출 비 [bèi] 갖추다, 구비하다 |

准备 [zhǔnbèi] 준비하다 【수식구조】 기준(准)에 맞게 갖추다(备), 빠짐없이 갖추다. ◉ 准(준): 허락하다, 본받다, 기준

| 比 | 견줄 비 [bǐ] 견주다, 비교하다 |

笔 筆 ┃ 붓 필 [bǐ] 붓, 필기구

铅笔 [qiānbǐ] 연필 【수식구조】 흑연(铅)으로 된 필기구(笔). ◉
铅(연): 흑연, 납

边 邊 ┃ 가 변 [biān] 가, …쪽, …변

东边 [dōngbiān] 동쪽 【부가구조】 동(东) 쪽(边). '边'은 방위사의
후미에 붙는 접미어이다. ◉ 东(동): 동쪽

表 錶 ┃ 겉 표 / 시계 표 [biǎo] 겉, 표, 표시하다 / 시계
['錶'(표)의 간체자]

手表 [shǒubiǎo] 손목시계 【수식구조】 손(手)에 차는 시계(表/錶).
◉ 手(수): 손

别 ┃ 다를 별 [bié] 다르다, 구별하다, 하지 말라(=不要)

宾 賓 ┃ 손님 빈 [bīn] 손님

宾馆 [bīnguǎn] 호텔 【수식구조】 손님(宾)이 묵는 큰집(馆). ◉
馆(관): 큰집, 손님을 접대하고 묵게 하는 건물

病 ┃ 병 병 [bìng] 병

生病 [shēngbìng] 병이 나다, 아프다 【술목구조】 병(病)을 일으키
다(生). ◉ 生(생): 태어나다, 생기다

步 ┃ 걸음 보 [bù] 걸음

跑步 [pǎobù] 달리다 【술목구조】 걸음(步)을 빨리하다(跑). ◉ 跑
(포): 달리다

2급

b

常 | 떳떳할 상 [cháng] 항상, 보통, 일정하다

非常 [fēicháng] 대단히, 매우 【술목구조】 보통(常)이 아니다(非).
　　◉ 非(비): 아니다

长 長 | 긴 장 [cháng] 길다 / [zhǎng] 자라다, 생기다, 어른, 대표

场 場 | 마당 장 [chǎng] 마당, 장소

机场 [jīchǎng] 공항, 비행장 【수식구조】 비행기(机) 마당(场). ◉
　　机(기): 비행기, 기계

唱 | 부를 창 [chàng] (노래)부르다, 외치다

唱歌 [chànggē] 노래하다 【술목구조】 노래(歌)를 부르다(唱). ◉
　　歌(가): 노래

穿 | 뚫을 천 [chuān] 입다, 뚫다, 꿰뚫다

床 | 평상 상 [chuáng] 침대

起床 [qǐchuáng] 일어나다, 기상하다 【술목구조】 침대(床)에서 일
　　어나다(起). ◉ 起(기): 일어나다

次 | 차례 차 [cì] 차례, 번, 버금가다(두번째의)

从 從 | 따를 종 [cóng] 따르다, 좇다, …로부터

错 錯 | 어긋날 착 [cuò] 틀리다

但 | 다만 단 [dàn] 다만, 단지, 그러나

但是 [dànshì] 그러나 【수식구조】 단지(但) …이다(是). [※ 'O+是' 형태에서 '是'는 허화된 문법요소의 접미어로 보아 부가관계로 여길 수도 있다. 그러나 단어의 형성과정에서 갖는 최초의 의미와 결합 양상을 중시하면, 여전히 '…이다'의 뜻으로서 수식관계로 파악된다.] ◉ 是(시): 이다, 이것, 옳다

蛋 | 새알 단 [dàn] 새알, 알

鸡蛋 [jīdàn] 계란, 달걀 【수식구조】 닭(鸡)의 알(蛋). ◉ 鸡(계): 닭

道 | 길 도 [dào] 길, 도리, 방법, 이치, 말하다

知道 [zhīdào] 알다 【술목구조】 세상의 이치(道)를 통달하다(知). ◉ 知(지): 알다, 통달하다

到 | 이를 도 [dào] 이르다, 도착하다, …로, …까지

得 | 얻을 득 [de] 구조조사 / [dé] 얻다 / [děi] 해야 한다

觉得 [juéde] …라고 여기다, 느끼다 【부가구조】 '得'은 '얻다'의 뜻이 허화된 문법요소로, 덧붙은 글자이다. ◉ 觉(각): 느끼다

等 | 같을 등 [děng] 같다, 기다리다, 무리, 등급, 등등

弟 | 아우 제 [dì] 남동생, 아우

弟弟 [dìdi] 남동생 【중첩구조】 가족구성원의 경우, 쌍음절 단어를 이루기 위해 중첩한다. [중첩시 뒷음은 경성으로 읽는다.]

第	차례 제 [dì] 순서를 나타내는 접두어, 차례, 과거 시험

第一 [dìyī] 첫번째, 처음, 제일 【부가구조】 첫(一) 째(第). '第'는 접두어이다. ◉ 一(일): 일, 하나

懂	알 동 [dǒng] 알다, 이해하다

动 動	움직일 동 [dòng] 움직이다

运动 [yùndòng] 운동, 운동하다 【연합구조】 두 글자 모두 '움직이다'는 뜻이다. ◉ 运(운): 움직이다, 나르다, 옮기다

房	방 방 [fáng] 집, 방

房间 [fángjiān] 방 【수식구조】 방(房)으로 된 공간(间). 칸칸의 방. ◉ 间(간): 사이, 칸

非	아닐 비 [fēi] 아니다

非常 [fēicháng] 대단히, 굉장히 【수식구조】 보통(常)이 아니다 (非). ◉ 常(상): 보통, 늘

啡	가배 배 [fēi] '咖啡'(커피)의 구성글자

咖啡 [kāfēi] 커피 【연합구조】 'coffee'의 음역표기. ◉ 咖(가): '咖啡'의 구성글자

夫	장부 부 [fū] 남편, 남자, 지체가 높은 사람

丈夫 [zhàngfu] 남편 【연합구조】 두 글자 모두 '어른, 남자, 남편'이라는 뜻이다. ◉ 丈(장): 어른, 남자, 남편, 길이의 단위(10척)

告 | 알릴 고 [gào] 알리다, 아뢰다

告诉 [gàosu] 알리다 【연합구조】 알리고(告) 호소하다(诉). ◉ 诉(소): 아뢰다, 하소연하다

歌 | 노래 가 [gē] 노래

唱歌 [chànggē] 노래하다 【술목구조】 노래(歌)를 부르다(唱). ◉ 唱(창): 노래하다, 부르다

哥 | 형 가 [gē] 형

哥哥 [gēge] 형, 오빠 【중첩구조】 가족구성원으로 쌍음절 단어를 이루기 위해 중첩하였다.

给 给 | 줄 급 [gěi] 주다, …에게

公 | 공정할 공 [gōng] 공공의, 모두의, 공정하다, 킬로-

公共汽车 [gōnggòngqìchē] 버스, 대중교통 【수식구조】 공공(公共)의 자동차(汽车). ◉ 公共(공공): 공공의, 공적인. 共(공): 함께. 汽车(기차): 자동차. 汽(기): 증기. 车(차): 차

公司 [gōngsī] 회사 【주술구조】 공공(公)이 관리하는(司) 기업, 국영기업. 모든 회사를 통칭함. ◉ 司(사): 관리하다

共 | 함께 공 [gòng] 함께, 공통의, 전부

公共汽车 [gōnggòngqìchē] 버스, 대중교통 【수식구조】 공공(公共)의 자동차(汽车). ◉ 公共(공공): 공공의, 공적인. 公(공): 공공의, 여럿의. 汽车(기차): 자동차. 汽(기): 증기. 车(차): 차

瓜 | 오이 과 [guā] 박[瓜]과의 열매, 덩굴열매

西瓜 [xīguā] 수박 【수식구조】 서방의(西) 박 같은 과일(瓜). ◉ 西
(서): 서쪽, 서방

馆 館 | 집 관 [guǎn] 집, 큰집, 손님을 접대하거나 묵게
하는 건물

宾馆 [bīnguǎn] 호텔 【수식구조】 손님(宾)이 묵는 집(馆). ◉ 宾
(빈): 손님

贵 貴 | 귀할 귀 [guì] 귀하다, 비싸다

过 過 | 지날 과 [guo] …한 적이 있다(경험) / [guò] 지
나다, 건너다

孩 | 어린아이 해 [hái] 어린아이

孩子 [háizi] 아이 【부가구조】 子(자)는 독립된 개체를 뜻하는 명
사접미어이다. ◉ 子(자): 아들, 명사접미어

过 過 | 지날 과 [guò] 지나다, 건너다 [guo] …한 적이
있다(경험)

过去 [guòqù] 지나가다, 과거 【술보구조】 지나서(过) 가다(去).
'去'는 동사 '过'의 방향보어로 충당됨. ◉ 去(거): 가다

还 還 | 돌아올 환 [hái] 또한, 역시, 여전히, 그런대로 /
[huán] 돌려주다, 돌아오다

黑 | 검을 흑 [hēi] 검다

红 紅 | 붉을 홍 [hóng] 붉다

火 | 불 화 [huǒ] 불

火车 [huǒchē] 기차 【수식구조】 불(火)을 떼서 가는 차(车), 초기의 (증기)기차. ◉ 车(차): 차

鸡 鷄 | 닭 계 [jī] 닭

鸡蛋 [jīdàn] 계란, 달걀 【수식구조】 닭(鸡)의 알(蛋). ◉ 蛋(단): 알

间 間 | 사이 간 [jiān] 사이, 칸

时间 [shíjiān] 시간 【수식구조】 때(时)의 사이(间). ◉ 时(시): 때
房间 [fángjiān] 방 【수식구조】 방(房)으로 된 칸(间). ◉ 房(방): 방, 집(房子)

件 | 물건 건 [jiàn] 건, 개 등 수량단위, 물건, 문건

教 | 가르칠 교 [jiào] 가르치다(결합사용) / [jiāo] 가르치다(단독사용)

教室 [jiàoshì] 교실 【수식구조】 가르치는(教) 방(室). ◉ 室(실): 방

介 | 끼일 개 [jiè] 끼다, 소개하다

介绍 [jièshào] 소개하다 【연합구조】 사이에 끼어(介) 이어주다 (绍). ◉ 绍(소): 잇다, 주선하다

进 進 | 나아갈 진 [jìn] 나아가다, 들어가다

近 | 가까울 근 [jìn] 가깝다

睛 | 눈동자 정 [jīng] 눈동자

眼睛 [yǎnjing] 눈 【수식구조】 눈(眼)의 동자(睛). ◉ 睛(정): 눈동자

经 經 ┃ 날실 경 [jīng] 날실, 지나다, 거치다, 다스리다, 평소, 법, 경서

已经 [yǐjing] 이미, 벌써 【수식구조】 이미(已) 지난(经). ◉ 已(이): 이미

就 ┃ 나아갈 취 [jiù] 바로, 나아가다, 이루다

觉 覺 ┃ 느낄 각 [jué] 느끼다, 깨닫다 / [jiào] 잠

觉得 [juéde] …라고 여기다, 느끼다 【부가구조】 '得'는 '얻다'의 뜻이 약화되고 남은 덧붙은 글자이다. ◉ 得(득): 얻다, 접미어(동사 뒤에 쓰임)

咖 ┃ 가배 가 [kā] '咖啡'(가배: 커피)의 구성글자

咖啡 [kāfēi] 커피 【연합구조】 두 글자의 결합은 연합관계이나, 전체적으로는 단순사이다. 'coffee'의 음역표기. ◉ 啡(배): '咖啡'의 구성글자

考 ┃ 생각할 고 [kǎo] 생각하다, 시험 치다

考试 [kǎoshi] 시험치다 【술목구조】 시험(试)을 치다(考). ◉ 试 (시): 시험

可 ┃ 옳을 가 [kě] 할 수 있다(상황의 허락), 할 만하다, 옳다

可能 [kěnéng] 가능하다 【연합구조】 두 글자 모두 '할 수 있다'는 뜻이다. ◉ 能(능): 할 수 있다.(선천적 능력)

可以 [kěyǐ] 할 수 있다 【부가구조】 문언(文言)에서 유래한 단어로, '以'는 원래의 뜻이 약화되고 남은 덧붙은 글자이다.

'可以'는 상황의 허락에 따른 '가능'을 나타낸다. ◉ 以(이): …로써, 그리고(而)

课 課 | 공부할 **과** [kè] 수업, 본문, 과

快 | 유쾌할 **쾌** [kuài] 빠르다, 즐겁다

快乐 [kuàilè] 즐겁다, 유쾌하다 【연합구조】 기쁘고(快) 즐겁다 (乐). ◉ 乐(락): 즐겁다

篮 籃 | 바구니 **람** [lán] 바구니

打篮球 [dǎlánqiú] 농구하다 【술목구조】 농구공(篮球)을 치다(打). 농구(篮球)를 하다(打). 篮球(람구): 바구니(篮)에 집어넣는 공놀이(球), 농구. ◉ 打(타): 치다, 하다. 球(구): 공

乐 樂 | 즐거울 **락** / 풍류 **악** [lè] 즐겁다 / [yuè] 음악

快乐 [kuàilè] 즐겁다, 유쾌하다 【연합구조】 두 글자 모두 '즐겁다'는 뜻이다. 즐겁고(快) 유쾌하다(乐). ◉ 快(쾌): 즐겁다, 빠르다

累 | 묶을 **루** [lèi] 힘들다, 피곤하다

离 離 | 떠날 **리** [lí] 떠나다

两 兩 | 두 **량** [liǎng] 둘, 두 (개수를 나타냄)

零 | 떨어질 **령** [líng] 영, 0, 나머지, 부스러기

路 | 길 **로** [lù] 길

| 旅 | 나그네 려 [lǚ] 나그네, 여행하다, 길을 나서다

旅游 [lǚyóu] 여행하다, 유람하다, 관광 【연합구조】 나그네가 되어 /길을 나서(旅) 노닐다(游). ◉ 游(유): 놀다, 헤엄치다

| 卖 賣 | 팔 매 [mài] 팔다

| 慢 | 게으를 만 [màn] 느리다, 게으르다

| 忙 | 바쁠 망 [máng] 바쁘다

| 妹 | 누이 매 [mèi] 누이동생

妹妹 [mèimei] 여동생(손아래의 여자형제) 【중첩구조】 가족의 호칭으로, 쌍음절 단어를 만들기 위해 중첩함.

| 每 | 매양 매 [měi] 마다, 모든, 매…

| 门 門 | 문 문 [mén] 문

| 奶 | 젖 내 [nǎi] 젖, 젖을 먹이다

牛奶 [niúnǎi] 우유, 소젖 【수식구조】 소(牛)의 젖(奶). ◉ 牛(우): 소

| 男 | 사내 남 [nán] 남자, 사내

男人 [nánrén] 남자, 남성 【수식구조】 남성(男)인 사람(人). ◉ 人 (인): 사람

| 您 | 당신 니 [nín] 你의 존칭, 선생님

牛 | 소 우 [niú] 소

牛奶 [niúnǎi] 우유, 소젖 【수식구조】 소(牛)의 젖(奶). ◉ 奶(내): 젖, 유모

旁 | 곁 방 [páng] 옆, 곁

旁边 [pángbiān] 옆, 곁 【부가구조】 옆(旁) 면(边). '边'은 방향접미어로 '쪽, 면'의 뜻을 나타낸다. ◉ 边(변): 가, 쪽

跑 | 달릴 포 [pǎo] 달리다, 뛰어가다

跑步 [pǎobù] 달리다 【술목구조】 걸음(步)을 빨리하다(跑). ◉ 步(보): 걸음

便 | 편할 편 [pián] '便宜'(싸다)의 구성글자 [biàn] 편리하다, 편하다

便宜 [piányi] (값이)싸다, 저렴하다 【연합구조】 값이 편하고(便) 적당하다(宜). ◉ 宜(의): 적합하다, 적당하다

票 | 표 표 [piào] 표

妻 | 아내 처 [qī] 아내

妻子 [qīzi] 아내 【부가구조】 子는 명사접미어(개체의 독립성을 나타냄)로 덧붙은 글자이다. ◉ 子(자): 아들, 자식, 명사접미어

汽 | 김 기 [qì] 수증기, 김

汽车 [qìchē] 자동차 【수식구조】 김/증기(汽)로 움직이는 차(车). [※ 최초의 자동차 구동상태를 반영한 말이다.] ◉ 车(차): 차, 수레

| 千 | 일천 천 [qiān] 천, 1000 |

| 铅 鉛 | 납 연 [qiān] 납, 흑연 |

铅笔 [qiānbǐ] 연필【수식구조】흑연(铅)으로 된 붓/필기구(笔).
◉ 笔(필): 붓, 펜

| 晴 | 갤 청 [qíng] 개다, 맑다 |

| 情 | 뜻 정 [qíng] 뜻, 감정, 정황 |

事情 [shìqing] 일, 사건【수식구조】일(事)의 정황(情). ◉ 事(사): 일

| 球 | 공 구 [qiú] 공 |

足球 [tīzúqiú] 축구【수식구조】발(足)로 하는 공(球)의 놀이. ◉
足(족): 발

| 然 | 그럴 연 [rán] 그렇다, 그러한 상태 |

虽然 [suīrán] 비록 …일지라도【부가구조】'虽然'에서 '然'은 덧
붙은 글자로, 상태를 나타내는 부사접미어로 간주한다. ◉
虽(수): 비록

| 让 讓 | 사양할 양 [ràng] …하게 하다, 양보하다, 사양하다 |

| 日 | 날 일 [rì] 일, 해, 날 |

生日 [shēngrì] 생일【수식구조】태어난(生) 날(日). ◉ 生(생): 태
어나다

| 肉 | 고기 육 [ròu] 고기 |

羊肉 [yángròu] 양고기 【수식구조】 양(羊)의 고기(肉). ◉ 羊(양): 양

色 | 빛깔 색 [sè] 색, 색채

颜色 [yánsè] 색, 색깔, 안색 【연합구조】 두 글자 모두 '색채'라는 뜻이다. [※ '색채'라는 개념은 두 글자가 모두 '색'이라는 뜻으로 연합관계이지만, '얼굴색/안색'이라는 뜻은 '얼굴의 색'으로 수식관계이다.] ◉ 颜(안): 색채, 얼굴

绍 紹 | 이을 소 [shào] 잇다, 소개하다

介绍 [jièshào] 소개하다 【연합구조】 사이에 끼어(介) 이어주다 (绍). ◉ 介(개): 끼다, 사이에 들어가다

身 | 몸 신 [shēn] 몸

身体 [shēntǐ] 건강, 신체, 몸 【연합구조】 두 글자 모두 '몸'이라는 뜻이다. ◉ 体(체): 몸, 신체, 물체

始 | 비롯할 시 [shǐ] 시작하다, 처음

开始 [kāishǐ] 시작하다, 개시하다 【연합구조】 열고(开) 시작하다 (始). ◉ 开(개): 열다, 시작하다

事 | 일 사 [shì] 일, 섬기다

事情 [shìqing] 일, 사건, 사정 【수식구조】 일(事)의 정황(情). ◉ 情(정): 뜻, 감정, 정황

试 試 | 시험 시 [shì] 시험, 시험하다, 시도하다

考试 [kǎoshì] 시험을 치다, 시험 【술목구조】 시험(试)을 치다(考). ◉ 考(고): 생각하다, 시험치다

| 室 | 방 실 [shì] 방, 집 |

教室 [jiàoshì] 교실 【수식구조】 가르치는(教) 집/방(室). ◉ 教
(교): 가르치다

| 手 | 손 수 [shǒu] 손 |

手机 [shǒujī] 손전화, 휴대폰 【수식구조】 손(手) 전화기(机). ◉
机(기): 기계, 전화기

手表 [shǒubiǎo] 손목시계 【수식구조】 손(手)에 차는 시계(表). ◉
表(표): 시계('錶'[표]의 간체자: 시계, 계기)

| 思 | 생각 사 [sī] 생각(하다), 그리워하다 |

意思 [yìsi] 의미, 뜻, 재미 【연합구조】 뜻(意)과 생각(思). 두 글자
모두 '뜻, 의미'라는 뜻이다. ◉ 意(의): 뜻, 마음

| 司 | 맡을 사 [sī] 맡다, 관리하다, 관장하다 |

公司 [gōngsī] 회사 【주술구조】 공공(公)이 관리하는(司) 기관, 국
영기업. 모든 회사의 총칭으로 사용됨. ◉ 公(공): 공공의, 여
럿의

| 送 | 보낼 송 [sòng] 보내다, 환송하다 |

| 诉 訴 | 하소연할 소 [sù] 알리다, 호소하다 |

告诉 [gàosu] 알리다 【연합구조】 알리고(告) 호소하다(诉). ◉ 告
(고): 알리다

| 虽 雖 | 비록 수 [suī] 비록 |

虽然 [suīrán] 비록 …일지라도 【부가구조】 비록(虽). '然'은 덧붙

은 글자이다. ⊙ 然(연): 상태를 나타내는 부사접미어, 그렇다

所 | 바 소 [suǒ] …하는 바, 것

所以 [suǒyǐ] 그러므로, 그래서【부가구조】문언(文言)에서 유래된 단어로, '까닭(以)인 바(所)'로 풀이된다. '以'는 '까닭, …로써' 등의 뜻으로 이유나 도구를 표시하고, '所'는 구조조사로 후행하는 동사/개사를 명사절로 전환한다. '所以'는 원인에 대한 결과를 나타낸다. ⊙ 以(이): 까닭, …때문에, …로써

它 | 다를 타 [tā] 그것, 다르다

踢 | 찰 척 [tī] (발로) 차다

踢足球 [tīzúqiú] 축구하다, 공을 차다【술목구조】축구공(足球)을 차다(踢). 足球(족구): 발(足)로 하는 공(球) 놀이, 축구. ⊙ 足(족): 발. 球(구): 공

题 題 | 제목 제 [tí] 제목, 주제, 적다

问题 [wèntí] 문제【수식구조】의문스러운(问) 주제(题). ⊙ 問(문): 묻다

体 體 | 몸 체 [tǐ] 몸

身体 [shēntǐ] 몸, 신체, 건강【연합구조】두 글자 모두 '몸'이라는 뜻이다. ⊙ 身(신): 몸

条 條 | 가지 조 [tiáo] 가지, 가늘고 길쭉하게 생긴 물건, 단위사

面条 [miàntiáo] 국수【수식구조】밀가루(面)로 만든 가늘고 길쭉한(条) 먹거리. [※ 원래 '面'은 '얼굴 면'이나, 여기에서는

'밀가루 麵(면)'의 간체자로 사용됨.] ⊙ 面(면): 낯, 얼굴, 밀가루(麵)

跳 | 뛸 도 [tiào] 뛰다

跳舞 [tiàowǔ] 춤추다 【술목구조】 춤(舞)을 추다(跳). ⊙ 舞(무): 춤, 춤추다

外 | 밖 외 [wài] 밖

完 | 완전할 완 [wán] 완성하다, 마치다

玩 | 희롱할 완 [wán] 놀다

玩儿 [wánr] 놀다 【부가구조】 놀다(玩). '儿'은 덧붙은 글자이다. ⊙ 儿(아): 동사접미어, 발음을 부드럽게 함과 동시에 귀여운 의미를 나타냄.

晚 | 늦을 완 [wǎn] 저녁, 늦다

晚上 [wǎnshang] 저녁 【부가구조】 늦은(晚) 때(上). ⊙ 上(상): 시(공)간접미어, 범위(때)나 위치(위)를 나타냄.

往 | 갈 왕 [wǎng] 가다, 향하다, 지나간, 이따금, …로

望 | 바랄 망 [wàng] 바라보다, 바라다

希望 [xīwàng] 바라다, 희망 【연합구조】 두 글자 모두 '바라다'는 뜻이다. ⊙ 希(희): 바라다

为 爲 | 할 위 [wèi] 때문에, 위하여 / [wéi] 되다, 하다

为什么 [wèishénme] 왜 【술목구조】 무엇(什么) 때문에(为). ⊙

什么(십마): 무엇. 'shénme'의 음역표기. 什(십): 열사람, 'shén'의 음역글자. 么(마): 'me'의 음역글자로 '麼'의 간체자. (※ 원래 '么'는 '작을 요(幺)'의 이체자였다.)

因为 [yīnwèi] 왜냐하면【연합구조】두 글자 모두 '이유, 까닭'을 나타낸다. ⊙ 因(인): 원인, 때문

问 問 │ 물을 문 [wèn] 묻다

问题 [wèntí] 문제【수식구조】의문스러운(问) 주제(题). ⊙ 题 (제): 제목, 주제

舞 │ 춤출 무 [wǔ] 춤추다

跳舞 [tiàowǔ] 춤을 추다【술목구조】춤(舞)을 추다(跳). ⊙ 跳(도): 뛰다

务 務 │ 힘쓸 무 [wù] 힘쓰다, 일, 업무

服务 [fúwù] 종사하다, 복무하다, 서비스하다【연합구조】따르며/ 일하며(服) 힘쓰다(务). ⊙ 服(복): 옷, 입다, 따르다, 일하다

息 │ 쉴 식 [xī] (숨을/몸을) 쉬다, 번식하다, 자라다

休息 [xiūxi] 쉬다, 휴식【연합구조】두 글자 모두 '쉬다'는 뜻이 다. ⊙ 休(휴): 쉬다

希 │ 바랄 희 [xī] 바라다

希望 [xīwàng] 바라다, 희망【연합구조】두 글자 모두 '바라다'는 뜻이다. ⊙ 望(망): 멀리보다, 바라보다, 바라다

洗 │ 씻을 세 [xǐ] 씻다

笑 | 웃을 소 [xiào] 웃다

新 | 새 신 [xīn] 새, 새롭다

姓 | 성씨 성 [xìng] 성씨

休 | 쉴 휴 [xiū] 쉬다

休息 [xiūxi] 쉬다, 휴식 【연합구조】 두 글자 모두 '쉬다'는 뜻이다. ◉ 息(식): 쉬다, 자라다

雪 | 눈 설 [xuě] 눈

顔 顔 | 얼굴 안 [yán] 색깔, 얼굴

顔色 [yánsè] 색, 색깔, 안색 【연합구조】 두 글자 모두 '색채'라는 뜻이다. [※ '색채'라는 개념은 두 글자 모두 '색'이라는 뜻으로 연합관계이지만, '얼굴색/안색'이라는 개념은 '얼굴의 색'으로 수식관계이다.] ◉ 色(색): 색깔

眼 | 눈 안 [yǎn] 눈

眼睛 [yǎnjing] 눈동자 【수식구조】 눈(眼)의 동자(睛). ◉ 睛(정): 눈동자, 눈알

羊 | 양 양 [yáng] 양

羊肉 [yángròu] 양고기 【수식구조】 양(羊)의 고기(肉). ◉ 肉(육): 고기

药 藥 | 약 약 [yào] 약

| 要 | 요강 요 [yào] …하려고 하다, 요구하다, 필요로 하다 |

| 也 | 어조사 야 [yě] 또한, …도 |

| 宜 | 마땅할 의 [yí] 알맞다, 마땅하다 |

便宜 [piányi] (값이)싸다, 저렴하다 【연합구조】 편하고(便) 마땅하다(宜). ◉ 便(편): 저렴하다, 편하다

| 已 | 이미 이 [yǐ] 이미, 벌써 |

已经 [yǐjing] 이미, 벌써 【수식구조】 벌써(已) 지난(经). ◉ 经 (경): 지나다, 거치다, 다스리다

| 以 以 | 써 이 [yǐ] …로서, …로써, …때문, 까닭 |

可以 [kěyǐ] 할 수 있다 【부가구조】 문언에서 유래된 단어로, '可' 는 상황의 허락에 따른 가능을 나타내고, '以'는 뜻과 기능 이 거의 없어진 덧붙은 글자에 지나지 않는다. ◉ 可(가): …할 수 있다(상황의 허락)

所以 [suǒyǐ] 그러므로, 그래서 【부가구조】 문언(文言)에서 유래된 단어로, '까닭(以)인 바(所)'로 풀이된다. '以'는 '까닭, …로써' 등의 뜻으로 이유나 도구를 표시하고, '所'는 후행하는 동사/개사를 명사절로 전환한다. '所以'는 원인에 대한 결과를 나타낸다. ◉ 所(소): …바, 것

| 意 | 뜻 의 [yì] 뜻, 마음, 의지 |

意思 [yìsi] 뜻, 의미, 재미 【연합구조】 뜻(意)과 생각(思). 두 글자 모두 '뜻, 의미'라는 뜻이다. ◉ 思(사): 생각(하다), 그리워하다

阴 陰 | 그늘 음 [yīn] 그늘

因 | 인할 인 [yīn] 원인, 이유, 때문

因为 [yīnwèi] 왜냐하면 【연합구조】 두 글자 모두 '이유, 까닭'을
나타낸다. ◉ 为(위): 때문에, 위하여

泳 | 헤엄칠 영 [yǒng] 헤엄치다

游泳 [yóuyǒng] 헤엄치다 【연합구조】 두 글자 모두 '헤엄치다'는
뜻이다. ◉ 游(유): (물에서)놀다, 헤엄치다

游 遊 | 헤엄칠 유 / 놀 유 [yóu] 놀다, 헤엄치다 [※ '游'
는 본래 '물에서 놀다, 수영하다'는 뜻이었고, 길
거리/땅에서 노는 것은 특별히 '遊'(유)라고 하였
는데, 이제 모두 '游'로 간화하였다.]

游泳 [yóuyǒng] 헤엄치다, 수영 【연합구조】 두 글자 모두 '헤엄치
다'는 뜻이다. ◉ 泳(영): 헤엄치다
旅游 [lǚyóu] 여행하다, 관광 【연합구조】 길을 나서(旅) 놀다(游).
[※ 여기에서 '游'는 본래 '길거리나 땅에서 놀다'는 뜻의
'遊'(유)의 의미이다.] ◉ 旅(려): 나그네, 길을 나서다

右 | 오른 우 [yòu] 오른쪽

右边 [yòubian] 오른쪽, 우측(右側) 【부가구조】 오른(右) 쪽(边).
'边'은 방향접미어로 '쪽, 면'의 뜻을 나타낸다. ◉ 边(변):
가, 쪽, 변

鱼 魚 | 물고기 어 [yú] 물고기

员 員 | 인원 원 [yuán] 인원, 구성원

服务员 [fúwùyuán] 종업원, 승무원【수식구조】서비스(服务)하는 사람(员). 服务(복무): 따르며(服) 힘씀(务). 서비스. ◉ 服(복): 따르다, 옷. 务(무): 힘쓰다

远 遠 ┃ 멀 원 [yuǎn] 멀다

运 運 ┃ 옮길 운 [yùn] 나르다, 옮기다, 움직이다

运动 [yùndòng] 운동, 운동하다【연합구조】두 글자 모두 '움직이다'는 뜻이다. ◉ 动(동): 움직이다

早 ┃ 이를 조 [zǎo] 이르다, 아침

早上 [zǎoshang] 아침【부가구조】이른(早) 때(上). ◉ 上(상): 시간접미어, 시간의 범위를 나타냄

站 ┃ 우두커니 설 참 [zhàn] 서다, 멈추다, 역, 승강장

火车站 [huǒchēzhàn] 기차역【수식구조】기차(火车) 역(站). 火车(화차): 불(火)을 때어 가는 차(车). 기차. ◉ 火(화): 불. 车(차): 차

丈 ┃ 어른 장 [zhàng] 어른, 남자, 남편, 길이의 단위(10척)

丈夫 [zhàngfu] 남편【연합구조】두 글자 모두 '어른, 남자, 남편'이라는 뜻이다. 혼인한 여자의 짝이 된 남자를 말한다. ◉ 夫(부): 남편, 남자, 지위가 있는 사람

找 ┃ 찾을 조 [zhǎo] 찾다

着 着 ┃ 붙을 착 [zhe] 상태의 지속을 나타냄(조사)

真 眞 | 참 진 [zhēn] 참, 진짜, 정말

正 | 바를 정 [zhèng] 바르다, 바로, 막

正在 [zhèngzài] 바로 …하는 중이다, …하고 있다 【수식구조】 바로(正) …하고 있다/있는 중이다(在). ◉ 在(재): …에 있다 (존재). …하고 있다(진행)

知 | 알 지 [zhī] 알다, 통달하다

知道 [zhīdào] 알다 【술목구조】 세상의 이치(道)를 통달하다(知), 알다. ◉ 道(도): 길, 도리, 방법, 이치

纸 紙 | 종이 지 [zhǐ] 종이

报纸 [bàozhǐ] 신문, 신문지 【수식구조】 알리는(报) 종이(纸). ◉ 报(보): 알리다, 신문

助 | 도울 조 [zhù] 돕다

帮助 [bāngzhù] 돕다 【연합구조】 두 글자 모두 '돕다'는 뜻이다. ◉ 帮(방): 돕다

准 準 | 준할 준 [zhǔn] 기준, 정확하다, 허락하다, 고르다

准备 [zhǔnbèi] 준비하다 【수식구조】 기준에 맞게(准) 갖추다(备), 빠짐없이 갖추다. ◉ 备(비): 갖추다

走 | 달릴 주 [zǒu] 걷다

足 | 발 족 [zú] 발, 넉넉하다

足球 [zúqiú] 축구 【수식구조】 발(足)로 하는 공(球) 놀이. ◉ 球(구): 공

| 最 | 가장 최 [zui] 가장 |

| 左 | 왼 좌 [zuǒ] 왼쪽 |

左边 [zuǒbian] 왼쪽, 왼편 【부가구조】 왼(左) 쪽(边). '边'은 방향 접미어로 '쪽, 면'의 뜻을 나타낸다. ◉ 边(변): 가, 쪽, 변

好 | 좋을 호 [hǎo] 좋다 1급신출자

好吃 [hǎochī] 맛있다 【술목구조】 먹기(吃)가 좋다(好) 〉 맛있다.
[※ '吃'는 '好'의 목적어이다.] ◉ 吃(흘): 먹다

家 | 집 가 [jiā] 집, 가정, 권위자, 집단 1급신출자

大家 [dàjiā] 모두, 다들 (집단 내의 모든 사람을 지칭함) 【수식구
조】 '大家'는 원래 '巨室'(거실: 큰 집안)이라는 뜻이나, 후
에 구성원 전체를 뜻하는 말로 바뀐 듯하다. '큰 무리(大伙
儿)'라는 뜻으로, 범위 내의 모든 사람을 지칭한다. [※ 伙
(화): 무리, 떼] ◉ 大(대): 크다

姐 | 누이 저 [jiě] 누나, 언니, 아가씨 1급신출자

姐姐 [jiějie] 누나, 언니 【중첩구조】 가족호칭으로 중첩하였다. ◉
姐(저): 누나, 아씨

去 | 갈 거 [qù] 가다, 버리다, 없애다 1급신출자

去年 [qùnián] 작년 【수식구조】 지나간(去) 해(年), 거년. ◉ 年(년): 해

说 说 | 말할 설 [shuō] 말하다, 견해 1급신출자

说话 [shuōhuà] 말하다, 이야기하다 【술목구조】 말(话)을 하다
(说). ◉ 话(화): 말, 이야기

小 | 작을 소 [xiǎo] 작다, 어리다, 귀엽다, 접두어(작고 귀여움을 나타냄. 小↔老) 1급신출자

小时 [xiǎoshí] 시간 (시간 단위, 60분)【부가구조】작은(小) 토막의 시간(时). [※ '小时'는 시간의 길이를 뜻하는 말로, 60분을 밀한다.] ◉ 时(시): 때, 시

一 | 한 일 [yī] 하나, 1 1급신출자

一起 [yìqǐ] 같이, 더불어, 함께【수식구조】하나로(一) 일어서다 (起). ◉ 起(기): 일어나다, 일으키다

一下 [yíxià] 한번, 한 차례, 단시간【수식구조】한(一) 바탕(下). [※ '一下'에서 '下'는 '극히 짧은 시간이나 행위의 신속함'을 뜻한다.] ◉ 下(하): 아래, 다음, 내리다, 마치다, 동작의 차수(차례, 바탕)

2급
단어

h
:
y

HSK

3급 신출한자

287자

| 阿 | 언덕 아 [ā] 언덕, 접두어(이름, 성씨 앞에 쓰여 친근감을 나타냄) |

阿姨 [āyí] 아주머니 【부가구조】 친밀한(阿) 이모(姨) 같은 사람. '阿'는 접두어로서 친밀함을 나타냄. ⦿ 姨(이): 이모

| 啊 | 어조사 아 [a] 어기조사(문장 끝에 쓰여 확인, 강조 등의 감정을 나타냄) |

| 矮 | 작을 왜 [ǎi] 작다 |

| 安 | 편안할 안 [ān] 편안하다 |

安静 [ānjìng] 조용하다, 고요하다 【연합구조】 편안하고(安) 고요하다(静). ⦿ 静(정): 고요하다

| 把 | 잡을 파 [bǎ] …을/를 (목적어를 동사 앞으로 전치시켜 처치의 개념을 나타냄으로써 의미상의 강조를 꾀함) |

| 般 | 가지 반 [bān] 나르다, 모양, 종류, 상태 |

一般 [yìbān] 일반적이다, 보통이다 【수식구조】 한(一) 가지 상태(般). ⦿ 一(일): 하나, 한

| 搬 | 옮길 반 [bān] 옮기다, 이사하다, 운반하다 |

| 板 | 널빤지 판 [bǎn] 판, 판자 |

黑板 [hēibǎn] 흑판, 칠판 【수식구조】 검게(黑) 칠한 널판(板). ⦿ 黑(흑): 검다

半 | 반 반 [bàn] 절반, 2분의 1

办 辦 | 힘쓸 판 [bàn] 힘쓰다, (일)하다, 처리하다, 운영하다

办法 [bànfǎ] 방법, 해결책 【수식구조】 하는(办) 방법(法). ◉ 法
(법): 법, 방법, 본받다

办公室 [bàngōngshì] 사무실 【수식구조】 공무(公)를 처리하는(办)
방(室). ◉ 办公(판공): 공무(公)를 처리하다(办). 公(공): 공
공의, 공적인. 室(실): 방

包 | 쌀 포 [bāo] 싸다, 싸매다, 꾸리다, 포, 보자기,
자루, 가방

面包 [miànbāo] 빵 【수식구조】 밀가루(面)로 만든 보자기(包) 모
양처럼 생긴 먹거리. ◉ 面(면): 얼굴, 쪽, 면, 밀가루(麵)

饱 飽 | 배부를 포 [bǎo] 배부르다

被 | 입을 피 [bèi] 덮다, 이불, …에 의해, 당하다

鼻 | 코 비 [bí] 코, 처음의

鼻子 [bízi] 코 【부가구조】 子(자): 명사접미어, 개체를 나타냄.

必 | 반드시 필 [bì] 반드시, 꼭, 분명히

必须 [bìxū] 반드시 (…해야 한다), 필수(必须)적으로 【연합구조】
두 글자 모두 '반드시'라는 뜻이다. ◉ 须(수): 반드시, 모름
지기

变 變 | 변할 변 [biàn] 바뀌다, 변하다

3급

a
b

变化 [biànhuà] 변화하다 【연합구조】 변하고(变) 바뀌다(化). 두
글자 모두 '바뀌다'는 뜻이다. ◉ 化(화): 바뀌다, 변하다,
되다

| 便 | 편할 **편** / 대소변 **변** [biàn] 편하다, 편리, 간편 /
[pián] '便宜(싸다)'의 구성글자

方便 [fāngbiàn] 편리하다, 편하다 【연합구조】 바르고(方) 편하다
(便). ◉ 方(방): 반듯하다, 바르다, 네모, 방법, 수단

| 冰 | 얼음 **빙** [bīng] 얼음

冰箱 [bīngxiāng] 냉장고, 아이스박스 【수식구조】 얼음(冰) 상자
(箱). ◉ 箱(상): 상자

| 才 纔 | 재주 **재** [cái] 비로소, 막, 재능, 재주

刚才 [gāngcái] 막, 방금, 금방 【연합구조】 두 글자 모두 '방금'이
라는 뜻이다. ◉ 刚(강): 막, 방금, 굳세다

| 参 參 | 참여할 **참** [cān] 참여하다, 참고하다, 관계하다,
나란하다

参加 [cānjiā] 참가하다, 참여하다 【연합구조】 참여하여(参) 더하
다(加). ◉ 加(가): 더하다, 보태다

| 草 | 풀 **초** [cǎo] 풀

| 层 層 | 층 **층** [céng] 층

| 查 | 조사할 **사** [chá] 조사하다

检查 [jiǎnchá] 검사하다, 점검하다, 조사하다 【연합구조】 점검하
고(检) 조사하다(查). ◉ 检(검): 검사하다

差 差 | 어긋날 차 [chà] 모자라다, 차이가 있다, 차이

超 | 뛰어넘을 초 [chāo] 뛰어넘다, 초월하다

超市 [chāoshì] 대형할인가게 【수식구조】 슈퍼(超) 마켓(市). 超级
市场([chāojí shìchǎng] 초급시장: 슈퍼마켓)의 줄임말. ◉
超(초): 뛰어나다, 초급(超级[chāojí])의, 슈퍼. 市(시): 저자,
시장(市场[shìchǎng]), 도시

衬 襯 | 속옷 친 [chèn] 속옷, 안에 대다, 드러내다, 부각
시키다

衬衫 [chènshān] 셔츠, 블라우스 【수식구조】 겉옷을 드러내기 위
해 안에 받쳐(衬) 입는 적삼(衫). ◉ 衫(삼): 적삼, 셔츠

城 | 재 성 [chéng] 성, 도시

城市 [chéngshì] 도시 【연합구조】 두 글자 모두 '사람이 많이 모
여 있는 곳'이라는 뜻이다. ◉ 市(시): 저자(시장), 도시

成 | 이룰 성 [chéng] 이루다, 완성하다

完成 [wánchéng] 마치다, 완성하다, 끝내다 【술보구조】 마쳐서
(完) 이루다(成). ◉ 完(완): 마치다

迟 遲 | 늦을 지 [chí] 늦다, 더디다

迟到 [chídào] 지각하다 【수식구조】 늦게(迟) 도착하다(到). ◉ 到
(도): 이르다, 도착하다

除 | 덜 제 [chú] 없애다, 빼다, 제외하다

除了 [chúle] …을 제외하고('以外'와 호응을 이룸) 【부가구조】 제
외되는(除) 상태가 되다(了). ◉ 了(료): 어기조사(사태의 변

화를 나타냄.)

楚 │ 초나라 초 [chǔ] 나라이름, 가시나무, 산뜻하다

清楚 [qīngchu] 또렷하다, 뚜렷하다, 분명하다 【연합구조】 맑고 (清) 산뜻하다(楚). ◉ 清(청): 맑다, 깨끗하다, 선명하다

船 │ 배 선 [chuán] 배

春 │ 봄 춘 [chūn] 봄

词 詞 │ 단어 사 [cí] 단어, 말

词语 [cíyǔ] 단어, 어휘 【수식구조】 단어(词)가 되는 말(语). ◉ 语(어): 말

聪 聰 │ 귀밝을 총 [cōng] 귀밝다, 똑똑하다

聪明 [cōngming] 똑똑하다, 총명하다 【연합구조】 귀도 밝고(聪) 눈도 밝다(明), 잘 알아듣고(聪) 분별력이 좋다(明). ◉ 明 (명): 밝다

答 │ 대답할 답 [dá] 답(하다), 대답하다

回答 [huídá] 대답하다, 회답하다 【술목구조】 답(答)을 돌려주다 (回). ◉ 回(회): 돌다, 되돌다

带 帶 │ 띠 대 [dài] 띠, 벨트, 테이프, 수반하다, 휴대하다

担 擔 │ 멜 담 [dān] 메다, 맡다 / [dàn] 멜대

担心 [dānxīn] 걱정하다, 염려하다 【술목구조】 마음(心)을 메다 (担), 마음을 놓지 못하다, 걱정하다. ◉ 心(심): 마음

单 單 ┃ 홑 단 [dān] 홑, 단독의, 단순하다, 표

菜单 [càidān] 차림표, 식단, 메뉴 【수식구조】 요리(菜) 표(单). ◉
菜(채): 요리, 반찬, 채소

简单 [jiǎndān] 간단하다, 단순하다 【연합구조】 간략하고(简) 단순
하다(单). ◉ 简(간): 대쪽, 간략하다

当 當 ┃ 마땅할 당 [dāng] 마땅하다, 당연하다, 맡다, 대하다

当然 [dāngrán] 마땅하다, 당연하다, 당연히 【수식구조】마땅히(当)
그러하다(然) / 【부가구조】 마땅(当) 히(然). 이 경우 '然'은
접미어로 앞말의 상태를 나타냄. ◉ 然(연): 그렇다, 부사접
미어(상태를 나타냄)

地 ┃ 땅 지 [de] 부사접미어('-히, 게')

地 ┃ 땅 지 [dì] 땅, 곳, 지역, 자리

地图 [dìtú] 지도 【수식구조】 땅(地)의 그림(图). ◉ 图(도): 그림

地方 [dìfāng] 지점, 곳, 지방 【연합구조】 두 글자 모두 '곳'이라
는 뜻이다. ◉ 方(방): 곳, 지점

地铁 [dìtiě] 지하철 【수식구조】 땅(地) 속에 있는 철로(铁). ◉ 铁
(철): 쇠, 철로

典 ┃ 법 전 [diǎn] 모범, 본보기

词典 [cídiǎn] 사전 【수식구조】 단어(词)의 본보기 책(典). ◉ 词
(사): 단어, 말

字典 [zìdiǎn] 자전, 사전 【수식구조】 글자(字)의 본보기(典) 책.
◉ 字(자): 글자, 문자

定 ┃ 정할 정 [dìng] 정하다, 일정하다, 안정되다

一定 [yídìng] 틀림없이, 반드시, 꼭 【수식구조】 하나같이(一) 안정
되게(定). ◉ 一(일): 하나

| 冬 | 겨울 동 [dōng] 겨울

| 短 | 짧을 단 [duǎn] 짧다

| 锻 鍛 | 쇠불릴 단 [duàn] 단조하다, 단련하다, 벼리다

锻炼 [duànliàn] 단련하다 【연합구조】 (쇠를) 불리고(锻) 달구다
(炼). 두 글자 모두 '단단하게 하다'는 뜻이다. ◉ 炼(련):
(쇠를 불에) 달구어 다듬다, 단련하다

| 段 | 구분 단 [duàn] 단락, 토막

| 朵 | 귓불 타 [duǒ] 송이, 조각, 접미어(개체의 부속물
을 의미함)

耳朵 [ěrduo] 귀, 귀바퀴 【부가구조】 귀(耳) 바퀴(朵). ◉ 耳(이): 귀

| 饿 餓 | 주릴 아 [è] 배고프다

| 而 | 말이을 이 [ér] 그리고, 그러나

而且 [érqiě] 뿐만 아니라, 또한 ('不但'과 호응) 【연합구조】 그리
고(而) 또한(且). ◉ 且(차): 또, 또한

| 耳 | 귀 이 [ěr] 귀

耳朵 [ěrduo] 귀 【부가구조】 귀(耳) 바퀴(朵). ◉ 朵(타): 송이, 조
각, 접미어(개체의 부속물을 의미함)

发 發 | 필 발 [fā] 피다, 일어나다, 떠나다, 보내다, 떼다

发现 [fāxiàn] 발견하다 【술보구조】 일으켜(发) 드러내다(现). ◉
现(현): 나타나다, 드러내다, 지금

发烧 [fāshāo] 열이 나다 【술목구조】 (몸이) 열(烧)을 일으키다
(发). ◉ 烧(소): 태우다, 굽다, 열

发 髮 | 필 발 / 머리카락 발 [fà] 머리카락

头发 [tóufà] 머리카락, 두발 【수식구조】 머리(头) 카락(发). ◉
头(두): 머리

法 | 법 법 [fǎ] 법, 본보기

办法 [bànfǎ] 방법, 해결책 【수식구조】 하는(办) 법(法). ◉ 办
(판): 힘쓰다, 일하다, 운영하다

方 | 모 방 [fāng] 사각형, 곳, 쪽, 반듯하다

方便 [fāngbiàn] 편리하다 【연합구조】 바르고(方) 편하다(便). ◉
便(편): 간편하다, 편하다

北方 [běifāng] 북방, 북쪽 【수식구조】 북쪽(北) 지방(方). ◉ 北
(북): 북쪽

地方 [dìfāng] 지점, 곳, 지방 【연합구조】 두 글자 모두 '곳'이라
는 뜻이다. ◉ 地(지): 땅, 곳

放 | 놓을 방 [fàng] 놓다, 풀어주다

放心 [fàngxīn] 안심하다 【술목구조】 마음(心)을 놓다(放). ◉ 心
(심): 마음

风 風 | 바람 풍 [fēng] 바람, 모습, 기질, 풍습

刮风 [guāfēng] 바람이 불다 【술목구조】 (하늘이) 바람(风)을 불게

하다(刮). 바람(风)이 불다(刮). [※ 자연현상은 본래 '하늘이' 그렇게 하도록 했다는 의미로 통상 술목관계로 나타난다. '下雨'(비가 내리다), '下雪'(눈이 오다), '打雷'(천둥치다) 등등이 모두 그러하다.] ⊙ 刮(괄): 깎다, 긁다, 바람 불다.('颳괄: 바람 불다, 세찬바람'의 간체자)

附 | 붙을 부 [fù] 붙다, 딸리다, 덧붙다, 인접하다

附近 [fùjìn] 부근, 가까운 【수식구조】 딸리어(附) 가까운(近) 곳. ⊙ 近(근): 가깝다

复 復/複 | 돌아올 복, 다시 부 / 겹옷 복 [fù] 돌아오다, 반복하다(復), 다시(復) / 겹옷, 겹치다, 복잡하다(複)

复习 [fùxí] 복습하다 【수식구조】 반복해서(复) 익히다(习). ⊙ 习(습): 익히다

该 該 | 갖출 해 [gāi] 해야 한다, 해당

应该 [yīnggāi] 반드시 …해야 한다 【연합구조】 마땅히(应) …해야 한다(该). 두 글자 모두 '해야 한다'는 뜻이다. ⊙ 应(응): 마땅히, 응하다

干 乾 | 방패 간 / 마를 건 [gān] 마르다 [※ '干'은 본래 '방패 간'이나, '乾'(마를 건)의 간화자를 겸함] / [gàn] 일하다, 담당하다, 줄기

干净 [gānjìng] 깨끗하다, 맑다 【연합구조】 마르고(干) 맑다(净). ⊙ 净(정): 맑다, 깨끗하다

感 | 느낄 감 [gǎn] 느끼다

感冒 [gǎnmào] 감기 들다 【술목구조】 무릅써야(冒) 할 상태를 느

끼다(感), 몸에 이상 기운을 느끼다. ◉ 冒(모): (위험을) 무
릅쓰다, 무모하다

感兴趣 [gǎnxìngqù] 흥미를 느끼다, 관심이 있다 【술목구조】 흥
미(兴趣)를 느끼다(感). 兴趣(흥취): 흥미와 풍취 ◉ 兴(흥):
일다, 흥겹다, 기뻐하다. 흥미, 재미. 趣(취): 뜻, 취지, 멋,
달리다

刚 剛 | 굳셀 **강** [gāng] 지금, 막

刚才 [gāngcái] 막, 방금, 금방 【연합구조】 두 글자 모두 '막, 방
금'이라는 뜻이다. ◉ 才(재): 비로소, 막

糕 | 떡 **고** [gāo] 떡, 케이크

蛋糕 [dàngāo] 케이크 【수식구조】 계란(蛋)으로 만든 떡(糕). ◉
蛋(단): 알, 계란

根 | 뿌리 **근** [gēn] 뿌리, 근본, 뿌리 박다

根据 [gēnjù] 근거하다, …에 따라 【연합구조】 뿌리를 두고(根) 의
거하다(据). ◉ 据(거): 기대다, 붙잡다, 의거하다

跟 | 발꿈치 **근** [gēn] …와 (함께), …을 따라

更 | 고칠 **경**, 다시 **갱** [gèng] 더욱, 훨씬

故 | 연고 **고** [gù] 연고, 까닭, 옛날

故事 [gùshi] 이야기, 고사 【수식구조】 연고가 있는 옛(故) 일(事).
◉ 事(사): 일, 사건

顾 顧 | 돌아볼 **고** [gù] 뒤돌아보다, 돌보다

照顾 [zhàogù] 보살피다, 돌보다 【연합구조】 비춰주고(照) 돌아보다(顾). ◉ 照(조): 비추다, 밝다, 사진찍다

刮 颳 | 깎을 괄 / 모진바람 괄 [guā] 바람불다(颳), 깎다(刮) [※ '刮'은 '깎을 괄'이었으나, 이제 '颳'(모진바람 괄)의 간화자를 겸한다.]

刮风 [guāfēng] 바람이 불다 【술목구조】 (하늘이) 바람(风)을 불게 하다(刮). 바람(风)이 불다(刮). ◉ 风(풍): 바람

怪 | 기이할 괴 [guài] 기이하다, 이상하다, 괴이하다

奇怪 [qíguài] 이상하다, 기괴하다 【연합구조】 기이하고(奇) 괴상하다(怪). ◉ 奇(기): 기이하다, 이상하다

惯 慣 | 버릇 관 [guàn] 버릇, 습관

习惯 [xíguàn] 버릇, 습관 【수식구조】 익은(习) 버릇(惯). ◉ 习(습): 익히다, 반복해서 공부하다

过 過 | 지날 과 [guò] 지나다, 건너다 [guo] …한 적이 있다(경험)

过去 [guòqù] 지나가다, 과거 【술보구조】 지나서(过) 가다(去). ['去'는 동사 '过'의 방향보어로 충당됨] ◉ 去(거): 가다

害 | 해로울 해 [hài] 해롭다, 거리끼다, 재해

害怕 [hàipà] 두려워하다, 겁내다 【연합구조】 거리끼고(害) 두렵다(怕). ◉ 怕(파): 두려워하다, 무서워하다

好 | 좋아할 호 [hào] 좋아하다 [hǎo] 좋다

爱好 [àihào] 취미, 애호하다 【연합구조】 아끼고(爱) 좋아하다(好). ◉ 爱(애): 사랑하다, 아끼다, 즐기다, 좋아하다

河 | 물이름 하 [hé] 황하, 강, 하천

黄河 [Huánghé] 황하 【수식구조】 물빛이 누런(黄) 강/하(河). ◉
黄(황): 누렇다, 노랗다

行 | 항렬 항 [háng] 줄, 항렬, 업종 / [xíng] 가다(행)

银行 [yínháng] 은행 【수식구조】 은/돈(银)을 취급하는 업종(行).
◉ 银(은): 은, 은전, 돈

乎 | 어조사 호 [hū] 의문, 감탄, 강조 등의 감정을 나타냄(어기조사)

几乎 [jīhū] 거의 【부가구조】 미미한(几), 乎(호)는 부사접미어로
'几'의 의미를 강조하는 역할을 함. ◉ 几(기): 몇, 낌새, 미미한

护 護 | 지킬 호 [hù] 지키다, 보호하다

护照 [hùzhào] 여권 【연합구조】 지키고(护) 밝혀주는(照) 증명서.
◉ 照(조): 비추다, 밝히다

花 | 꽃 화 [huā] 꽃 / (돈을) 쓰다, 소비하다

化 | 될 화 [huà] 되다, 바뀌다, 변하다

变化 [biànhuà] 변화하다 【연합구조】 변하여(变) 바뀌다(化). ◉
变(변): 변하다

文化 [wénhuà] 문화 【수식구조】 인문적/문명적(文) 변화(化). ◉
文(문): 글, 문학, 인문

画 畫 | 그림 화 [huà] 그림, 그리다

3급

g
h

坏 壞 | 무너질 괴 [huài] 나쁘다 [※ '坏'는 본래 '언덕 배'이나, 이제 '壞'의 간화자가 되었다.]

还 還 | 돌아올 환 [huán] 돌아오다, 돌려주다 / [hái] 또한, 여전히

环 環 | 고리 환 [huán] 고리, 둘레, 주변

环境 [huánjìng] 환경 【수식구조】 고리처럼 둘러싸고(环) 있는 지경(境). ◉ 境(경): 지경, 장소, 상태

换 換 | 바꿀 환 [huàn] 바꾸다, 교환하다

黄 黃 | 누를 황 [huáng] 노랗다, 누렇다

黄河 [Huánghé] 황하 【수식구조】 물빛이 누런(黄) 강/하(河). ◉ 河(하): 강이름(고유명사), 하천(일반명사)

回 | 돌 회 [huí] 돌다, 돌아가다, 회답하다

回答 [huídá] 대답하다, 회답하다 【술목구조】 답(答)을 돌려주다(回). ◉ 答(답): 답하다, 대답하다

婚 | 혼인할 혼 [hūn] 혼인

结婚 [jiéhūn] 결혼하다 【술목구조】 혼인(婚)을 맺다(结). ◉ 结(결): 맺다

或 | 혹 혹 [huò] 또는, 혹은

或者 [huòzhě] 또는, 아마도 【수식구조】 어떤(或) 경우/사람(者). ◉ 者(자): 의존명사. 사람, 것 등의 의미로 강조를 꾀함.

急 | 급할 급 [jí] 급하다, 안달하다, 조급하다

着急 [zháojí] 조급하게 굴다, 안달하다 【술목구조】 급함(急)을 드러내다(着). ◉ 着(착): 닿다, 드러내다('著:저'의 간화자)

极 極 | 다할 극 [jí] 극점, 절정, 끝, 다하다, 지극하다, 극히

级 級 | 차례 급 [jí] 등급, 계급, 학년, 학번

年级 [niánjí] 학년 【수식구조】 해/년(年)의 등급(级). ◉ 年(년): 해, 년

己 | 자기 기 [jǐ] 자기, 자신

自己 [zìjǐ] 자기, 자신, 스스로, 혼자 【연합구조】 두 글자 모두 '자신'을 뜻하는 글자이다. ◉ 自(자): 스스로, 자신

绩 績 | 길쌈할 적 [jì] (실을)잣다, 성과, 업적

成绩 [chéngjì] 성적 【수식구조】 이룬(成) 업적(绩). ◉ 成(성): 이루다

季 | 철 계 [jì] 철, 계절, 절기, 시기

季节 [jìjié] 계절 【수식구조】 철(季)의 마디(节). ◉ 节(절): 마디, 매듭

记 記 | 기록할 기 [jì] 기록하다, 기억하다

记得 [jìde] 기억하다 【부가구조】 기억하다(记). '得'(득): '얻다'는 동사적 의미가 약화된 문법요소로, 덧붙은 글자이다. 동사 접미어로 여길 수 있다. ◉ 得 (득): 얻다, 구조조사, 접미어
笔记本 [bǐjìběn] 노트북컴퓨터 【수속구조】 필기(笔记) 노트(本) 같은 휴대용 컴퓨터('笔记本电脑' [bǐjìběn diànnǎo]의 생략어). 笔记(필기): 붓/펜(笔)으로 기록하다(记). ◉ 笔(필): 붓, 펜. 本(본): 노트, 공책(本子)

忘记 [wàngjì] 잊다, 잊어버리다 【술목구조】 기억(记)을 잊다(忘).
⊙ 忘(망): 잊다

加 | 더할 가 [jiā] 더하다, 보태다

参加 [cānjiā] 참가하다, 참여하다 【연합구조】 참여하여(参) 더하다(加). ⊙ 参(참): 참여하다, 참고하다, 관계하다, 나란하다

假 | 거짓 가 [jiǎ] 휴가, 방학, 틈, 겨를

请假 [qǐngjià] 휴가를 내다 【술목구조】 휴가(假)를 청하다. ⊙ 请(청): 청하다, 요청하다

简 簡 | 편지 간 [jiǎn] 간단하다

简单 [jiǎndān] 간단하다, 단순하다 【연합구조】 간략하고(简) 단순하다(单). ⊙ 单(단): 단순하다, 홑, 명세서

检 檢 | 검사할 검 [jiǎn] 점검하다, 조사하다

检查 [jiǎnchá] 검사하다, 조사하다 【연합구조】 점검하고(检) 조사하다(查). ⊙ 查(사): 조사하다, 살피다

健 | 굳셀 건 [jiàn] 굳세다, 튼튼하다, 건강하다

健康 [jiànkāng] 건강하다 【연합구조】 굳세고(健) 편안하다(康). ⊙ 康(강): 편안하다, 건강하다

讲 講 | 외울 강 [jiǎng] 말하다, 설명하다, 꾀하다

蕉 | 파초 초 [jiāo] 파초, 香蕉(바나나)의 구성글자

香蕉 [xiāngjiāo] 바나나 【수식구조】 달콤한(香) 파초(蕉) 같은 나무 과일. ⊙ 香(향): 향기, 맛있다

教 | 가르칠 교 [jiāo] 가르치다(단독사용) [jiào] 가르치다('教室', '教育' 등과 같이 결합사용)

脚 | 발 각 [jiǎo] 발

角 角 | 뿔 각 [jiǎo] 뿔, 화폐단위(元의 1/10, 구어로는 '毛'[máo]라고 함), 모서리, 코너

较 較 | 견줄 교 [jiào] 비교하다, 비교적

比较 [bǐjiào] 비교적, 비교하다 【연합구조】 두 글자 모두 '견주다'는 뜻이다. ◉ 比(비): 나란히 하다, 견주다, …보다

接 | 이을 접 [jiē] 잇다, 접촉하다, 맞이하다 .

街 | 거리 가 [jiē] 거리, 큰길

街道 [jiēdào] 거리, 큰길 【연합구조】 두 글자 모두 '길'이라는 뜻이다. ◉ 道(도): 길, 이치, 도리

结 結 | 맺을 결 [jié] 맺다, 묶다

结婚 [jiéhūn] 결혼하다 【술목구조】 혼인(婚)을 맺다(结). ◉ 婚(혼): 혼인

结束 [jiéshù] 끝나다, 마치다 【연합구조】 맺고(结) 묶다(束), 끝내다. ◉ 束(속): 묶다, 매다, 묶음

节 節 | 마디 절 [jié] 마디, 절기, 명절, 절약

节日 [jiérì] 명절, 기념일, 경축일 【수식구조】 한 철(节)의 명일(日), 기념(节)하는 날(日). ◉ 日(일): 날, 해

节目 [jiémù] 프로그램(program), 종목, 항목 【연합구조】 마디
(节)와 항목(目), 절목. ◉ 目(목): 눈, 조목, 항목

解 ┃ 풀 해 [jiě] 풀다, 열다, 흩어지다

解决 [jiějué] 해결하다 【연합구조】 풀어서(解) 결정짓다(决). ◉
决(결): 결정짓다, 틔우다, 끝내다, 절대로

了解 [liǎojiě] 이해하다 【수식구조】 완전하게/분명하게(了) 풀다
(解). ◉ 了(료): '瞭'(료: 밝다, 뚜렷하다)의 간화자. 마치
다, 완결하다

借 ┃ 빌릴 차 [jiè] 빌리다

界 ┃ 지경 계 [jiè] 지경, 범위, 경계

世界 [shìjiè] 세계 【수식구조】 인간세상(世)의 범위(界). ◉ 世(세):
대(代), 세대(30년), 인간세상

斤 ┃ 도끼 근 [jīn] 근 (중국 전통사회의 무게단위, 1斤
=500g), 도끼

公斤 [gōngjīn] 킬로그램(kg) 【부가구조】 중국 전통사회의 무게단
위를 국제사회의 공인무게 단위로 바꾼 형태이다. ◉ 公
(공): 국제사회 단위계의 1,000을 나타내는 접두어, kilo-
(키로-)

净 淨 ┃ 맑을 정 [jìng] 깨끗하다, 청결하다

干净 [gānjìng] 깨끗하다 【연합구조】 마르고(干) 맑다(净). ◉ 干
(간/건): 마르다. 乾(건: 마르다)의 간체자

静 靜 ┃ 고요할 정 [jìng] 고요하다

安静 [ānjìng] 고요하다, 조용하다 【연합구조】 편안하고(安) 조용

하다(静). ◉ 安(안): 편안하다

| 境 | 지경 경 [jìng] 지경, 경계, 상태

环境 [huánjìng] 환경 【수식구조】 고리처럼 둘러싸고(环) 있는 지
경(境). ◉ 环(환): 고리, 둘러싸다

| 酒 | 술 주 [jiǔ] 술

啤酒 [píjiǔ] 맥주 【수식구조】 '비어 beer'(啤)인 술(酒)'. 'beer'의
외래어 표기. ◉ 啤(비): '비'소리, 맥주

| 久 | 오랠 구 [jiǔ] 오래되다

| 旧 舊 | 옛 구 [jiù] 헐다, 낡다, 오래 되다

| 居 | 살 거 [jū] 살다, 거주하다

| 据 據 | 의거할 거 [jū] 점거하다, 의거하다

根据 [gēnjù] …에 근거하다, …에 따라 【연합구조】 뿌리를 두고
(根) 기대다(据) ◉ 根(근): 뿌리, 뿌리를 두다, 근거하다

| 句 | 글귀 구 [jù] 문장, 마디

句子 [jùzi] 문장, 문(文) 【부가구조】 'sentence'를 의미하며, 한국
어의 '구(句)'와 다르다. ◉ 子(자): 명사접미어(개체의 독립
성을 나타냄)

| 决 決 | 결단할 결 [jué] 결정짓다, 확고하다, 결코, 기필코

解决 [jiějué] 풀다, 해결하다 【연합구조】 풀어(解) 결정짓다(决).
◉ 解(해): 풀다, 풀이하다

決定 [juédìng] 결정하다 【연합구조】 결정지어(決) 안정시키다(定).
　　◉ 定(정): 정하다, 일정하다, 안정되다

| 卡 | 카드 가 / 지킬 잡 [kǎ] 카드, 트럭 등의 외래어 표기글자 |

信用卡 [xìnyòngkǎ] 신용카드 【수식구조】 믿고(信) 쓰는(用) 카드
　　(卡). ◉ 信用(신용): 믿고 씀. 信(신): 믿다. 用(용): 쓰다,
　　사용하다

| 康 | 편안할 강 [kāng] 편안하다, 건강하다 |

健康 [jiànkāng] 건강하다 【연합구조】 굳세고(健) 편안하다(康). ◉
　　健(건): 굳세다, 튼튼하다

| 渴 | 목마를 갈 [kě] 목마르다 |

| 刻 | 새길 각 [kè] 새기다, 시각, 15분 |

| 空 | 빌 공 [kōng] 비다, 헛되다, 空气(공기)의 준말 [kòng] 공간, 틈 |

空调 [kōngtiáo] 에어컨 【수식구조】 공기(空) 조절(调) 기기. '空
　　气调节器(공기조절기)'의 준말. [명사가 명사를 수식하는
　　경우이다.] ◉ 调(조): 조절하다

| 口 | 입 구 [kǒu] 입, 식구, 출입처, 항구 |

| 哭 | 울 곡 [kū] (소리내어) 울다 |

| 裤 褲 | 바지 고 [kù] 바지 |

裤子 [kùzi] 바지 【부가구조】 子(자): 명사접미어, 독립된 개체의 뜻을 나타냄.

筷 | 젓가락 쾌 [kuài] 젓가락

筷子 [kuàizi] 젓가락 【부가구조】 子(자): 명사접미어, 독립된 개체의 뜻을 나타냄.

蓝 藍 | 쪽 람 [lán] 남색, 하늘색

理 | 다스릴 리 [lǐ] 다스리다, 이치

经理 [jīnglǐ] 부서의 책임자, 과장, 부장 등등 매니저(manager) 【연합구조】 경영하여(经) 다스리다(理). 또는 그런 사람. ◉ 经(경): 경영하다, 운영하다

礼 禮 | 예절 례 [lǐ] 예, 예의, 예절

礼物 [lǐwù] 선물, 예물 【수식구조】 예(礼)로 주는 물건(物). ◉ 物 (물): 물건, 사물

李 | 오얏 리 [lǐ] 자두(오얏), 성씨, '行李'(짐)의 구성글자

行李 [xínglǐ] 짐, 화물 【연합구조】 길을 나서면서(行) 꾸리는(李= 理) 짐. '李'는 '理'(리: 다스리다)의 가차로 여김. ◉ 行 (행): 길을 가다

力 | 힘 력 [lì] 힘

努力 [nǔlì] 힘쓰다, 노력하다 【술목구조】 힘(力)을 쓰다(努). ◉ 努 (노): 애쓰다, 힘쓰다

历 歷 | 지낼 력 [lì] 지나다, 겪다, 경험하다

历史 [lìshǐ] 역사 【수식구조】 겪어 지나온(历) 기록(史). ◉ 史(사): 기록, 역사

脸 臉 | 뺨 검 [liǎn] 얼굴

炼 煉 | 불릴 련 [liàn] 달구다, 다듬다, 정련하다

锻炼 [duànliàn] 단련하다 【연합구조】 (쇠를) 불리고(锻) 달구어 (炼) 단단하게 하다. ◉ 锻(단): 불리다, 단련하다, 벼리다

练 練 | 익힐 련 [liàn] 익히다, 능숙하다

练习 [liànxí] 연습하다, 익히다 【연합구조】 두 글자 모두 '반복하 여 익히다'는 뜻이다. '练'은 갓뽑은 명주실을 삶아 희게 하는 일이고, '习'은 어린 새의 끊임없는 날갯짓 연습을 말 한다. ◉ 习(습): 익히다, 반복하다

辆 輛 | 수레 량 [liàng] 대, 량 (차량을 세는 단위)

聊 | 한담할 료 [liáo] 한담하다, 잡담하다

聊天 [liáotiān] 한담하다, 수다떨다 【술목구조】 날씨(天) 이야기를 하다(聊). 주제없이 가볍게 이야기하다. ◉ 天(천): 하늘, 날

了 瞭 | 마칠 료 / 밝을 료 [liǎo] 마치다, 완결하다, 밝다 (瞭)

了解 [liǎojiě] 이해하다 【수식구조】 완전하게/분명하게(了) 풀다 (解). 여기에서 '了'는 '瞭'(밝을 료)의 간화자이다. ◉ 解 (해): 풀다, 열다, 흩어지다

料 | 헤아릴 료 [liào] 헤아리다, 생각하다, 재료

饮料 [yǐnliào] 음료, 마실 것 【수식구조】 마시는(饮) 재료(料). ◉

饮(음): 마시다

邻 鄰 | 이웃 린 [lín] 이웃

邻居 [línjū] 이웃 【수식구조】 이웃(邻)에 사는(居) 사람. ◉ 居
(거): 살다

留 | 머무를 류 [liú] 머무르다, 남기다

留学 [liúxué] 유학하다 【연합구조】 머물러(留) 공부하다(学). ◉
学(학): 공부하다, 배우다

楼 樓 | 다락 루 [lóu] 건물, 층, 누각

绿 綠 | 푸를 록 [lǜ] 푸르다, 녹색

马 馬 | 말 마 [mǎ] 말

马上 [mǎshàng] 곧, 즉시, 바로 【수식구조】 말(마)(을 탄 채로)
위에서(上). ◉ 上(상): 위

满 | 찰 만 [mǎn] 가득하다, 만족하다

满意 [mǎnyì] 만족하다, 만족스럽다 【술목구조】 마음(意)에 꽉 차
다(满). ◉ 意(의): 뜻, 마음, 생각

帽 | 모자 모 [mào] 모자

帽子 [màozi] 모자 【부가구조】 '子'는 명사접미어로 덧붙은 글자
이다. ◉ 자(子): 아들, 명사접미어

冒 | 무릅쓸 모 [mào] 무릅쓰다, 발산하다

感冒 [gǎnmào] 감기 들다 【술목구조】 무릅써야(冒) 할 상태를 느

끼다(感), 몸에 이상한 기운(감기기운)을 느끼다. ◉ 感(감): 느끼다

末 | 끝 말 [mò] 끝, 마지막

周末 [zhōumò] 주말 【수식구조】 주간(周)의 끝부분(末). ◉ 周 (주): 주('週'의 간체자), 두루

目 | 눈 목 [mù] 눈, 조목, 목록

节目 [jiémù] 프로그램(program), 종목, 항목 【연합구조】 마디 (节)와 항목(目), 절목. ◉ 节(절): 마디, 절기, 명절, 절약

拿 | 잡을 나 [ná] 잡다, 가지다

南 | 남녘 남 [nán] 남, 남쪽

难 難 | 어려울 난 [nán] 어렵다, 힘들다, 곤란하다

难过 [nánguò] 견디기 어렵다, 힘들다, 괴롭다 【술목구조】 지내 기(过) 어렵다(难). ◉ 过(과): 지나다, 지내다, …한 적이 있다(경험)

鸟 鳥 | 새 조 [niǎo] 새, 날짐승

努 | 힘쓸 노 [nǔ] 힘쓰다, 애쓰다

努力 [nǔlì] 힘쓰다, 노력하다 【술목구조】 힘(力)을 쓰다(努). ◉ 力 (력): 힘

爬 | 길 파 [pá] 기다, 기어오르다

爬山 [páshān] 산을 오르다, 등산하다 【술목구조】 산(山)을 기어

오르다(爬). ⊙ 山(산): 산

| 怕 | 두려울 **파** [pà] 두려워하다, 무서워하다 |

害怕 [hàipà] 무서워하다, 겁내다 【연합구조】 거리끼고(害) 두렵다(怕). ⊙ 害(해): 재앙, 해롭다, 거리끼다

| 盘 盤 | 소반 **반** [pán] 쟁반, 소반, 대야 |

盘子 [pánzi] 쟁반 【부가구조】 '盘'(반)은 쟁반과 같은 널찍한 그릇을 말한다. ⊙ 子(자): 명사접미어, 독립된 개체의 뜻을 나타냄.

| 胖 | 클 **반** [pàng] 뚱뚱하다, 살찌다 |

| 皮 | 가죽 **피** [pí] 가죽 |

皮鞋 [píxié] 구두 【수식구조】 가죽(皮) 신발(鞋). ⊙ 鞋(혜): 신발

| 片 | 조각 **편** [piàn] 조각, 필름, 편 |

照片 [zhàopiàn] 사진 【수식구조】 빛을 쬔(照) 조각(片). ⊙ 照(조): 빛을 비추다

| 平 | 평평할 **평** [píng] 평평하다, 공평하다, 보통 |

水平 [shuǐpíng] 수준 【주술구조】 물(水)이 평평한(平) 상태. ⊙ 水(수): 물

| 瓶 | 병 **병** [píng] 병 |

瓶子 [píngzi] 병 【부가구조】 子(자): 명사접미어, 독립된 개체의 뜻을 나타냄.

其 | 그 기 [qí] 그, 그것

其实 [qíshí] 사실(은) 【수식구조】 그(其) 실(实)은. ◉ 实(실): 실
체, 사실, 열매

其他 [qítā] 기타, 다른, 그 외 【수식구조】 그(其) 나머지 다른 것
(他). ◉ 他(타): 다른, 그, 그 사람

奇 | 기이할 기 [qí] 기이하다, 이상하다

奇怪 [qíguài] 이상하다, 기괴하다 【연합구조】 기이하고(奇) 괴상
하다(怪). ◉ 怪(괴): 괴이하다, 이상하다

骑 騎 | 말탈 기 [qí] (다리를 벌리고) 타다(말, 자전거 등)

且 | 또 차 [qiě] 또, 또한, 게다가

而且 [érqiě] 뿐만 아니라, 또한 ('不但'과 호응) 【연합구조】 그리
고(而) 또한(且). ◉ 而(이): 접속사. 그리고, 그러나

清 | 맑을 청 [qīng] 맑다

清楚 [qīngchu] 또렷하다, 뚜렷하다, 분명하다 【연합구조】 맑고
(清) 선명하다(楚). ◉ 楚(초): 나라이름, 가시나무, 산뜻하
다, 선명하다

轻 輕 | 가벼울 경 [qīng] 가볍다, 어리다

年轻 [niánqīng] 젊다, 어리다 【주술구조】 나이(年)가 어리다(轻).
◉ 年(년): 해, 년, 나이

求 | 구할 구 [qiú] 구하다, 부탁하다

要求 [yāoqiú] 요구하다 【연합구조】 두 글자 모두 '요구하다'는

뜻이다. ◉ 要(요): 요구하다, 바라다, 필요하다

秋 | 가을 추 [qiū] 가을

趣 | 뜻 취 [qù] 뜻, 취지, 풍취, 달려가다

興趣 [xìngqù] 흥취, 취미【연합구조】흥미(興)와 풍취(趣). 두 글자 모두 '흥취'라는 뜻이다. ◉ 興(흥): 흥미, 취미, 재미, 흥성하다, 일다

裙 | 치마 군 [qún] 치마

裙子 [qúnzi] 치마【부가구조】'子'(자)는 명사접미어로 덧붙은 글자이다. 개체의 독립성을 나타낸다. ◉ '子'(자): 아들, 자식, 명사접미어

容 | 얼굴 용 [róng] 모습, 받아들이다, 허용하다, 쉽다

容易 [róngyì] 쉽다, 용이하다【연합구조】두 글자 모두 '쉽다'는 뜻이다. ◉ 易(이/역): 쉽다(이), 바꾸다(역)

如 | 같을 여 [rú] 같다, 만약

如果 [rúguǒ] 만약, 만일【연합구조】정말(果) …와 같다면(如). ◉ 果(과): 과연, 정말, 열매

賽 赛 | 내기할 새 [sài] 시합, 겨루다

比賽 [bǐsài] 경기, 시합【연합구조】두 글자 모두 '겨루다'는 뜻이다. ◉ 比(비): 비교하다, 겨루다

傘 伞 | 우산 산 [sǎn] 우산

3급
p
q
r
s

扫 掃 | 쓸 소 [sǎo] 쓸다, 청소하다, 소제하다

打扫 [dǎsǎo] 청소하다 【술목구조】 비질(扫)을 하다(打). ◉ 打
(타): 하다, 치다

山 | 뫼 산 [shān] 산

爬山 [páshān] 산을 오르다, 등산하다 【술목구조】 산(山)을 기어
오르다(爬). ◉ 爬(파): 기다, 기어오르다

衫 | 적삼 삼 [shān] 적삼, 셔츠, 블라우스

衬衫 [chènshān] 셔츠, 블라우스 【수식구조】 안에 받쳐(衬) 입는
옷(衫). ◉ 衬(친): 안에 덧대다, 부각시키다

烧 燒 | 불사를 소 [shāo] 태우다, 열나다

发烧 [fāshāo] 열이 나다 【술목구조】 (몸이) 열(烧)을 일으키다
(发). ◉ 发(발) 피다, 일어나다, 떠나다, 보내다, 떼다

声 聲 | 소리 성 [shēng] 소리, 명성

声音 [shēngyīn] 소리, 목소리 【연합구조】 두 글자 모두 '소리'라
는 뜻이다. ◉ 音(음): 소리

实 實 | 열매 실 [shí] 열매, 실체, 사실, 진실

其实 [qíshí] 사실(은) 【수식구조】 그(其) 실(实)은. ◉ 其(기): 그, 그것

史 | 문자기록 사 [shǐ] 기록, 역사, 꾸미다

历史 [lìshǐ] 역사 【수식구조】 겪어 지나온(历) 기록(史). ◉ 历
(력): 지나다, 겪다, 경험하다

| 市 | 저자 시 [shì] 저자(시장), 도시 |

城市 [chéngshì] 도시 【연합구조】 성(城) 안과 저자(市) 거리처럼 사람이 붐비는 곳. ◉ 城(성): 성, 도시

| 世 | 인간 세 [shì] 대(代), 세대(30년), 세상 |

世界 [shìjiè] 세계 【수식구조】 인간세상(世)의 범위(界). ◉ 界(계): 지경, 범위, 경계

| 瘦 | 파리할 수 [shòu] 마르다, 여위다 |

| 叔 | 아재비 숙 [shū] 삼촌, 아저씨 |

叔叔 [shūshu] 숙부, 삼촌 【중첩구조】 가족호칭의 중첩이다.

| 舒 | 펼 서 [shū] 펴다, 느슨하다, 여유롭다, 편안하다 |

舒服 [shūfu] 편안하다, 안락하다 【연합구조】 느슨하고(舒) 편안하다(服). ◉ 服(복): 입다, 따르다, 사용하다, 옷

| 数 數 | 셀 수 [shù] 수(명사) / [shǔ] 세다(동사) |

数学 [shùxué] 수학 【수식구조】 수(数)의 학문(学). ◉ 学(학): 학문, 학술, 배우다

| 束 | 묶을 속 [shù] 묶다, 매다, 묶음, 다발 |

结束 [jiéshù] 끝나다, 마치다 【연합구조】 맺고(结) 묶다(束), 끝내다. ◉ 结(결): 맺다, 묶다

| 树 樹 | 나무 수 [shù] 나무, 수목 |

刷 | 인쇄할 쇄 [shuā] 솔, 솔질하다, 찍어내다

刷牙 [shuāyá] 이를 닦다, 양치질하다【술목구조】이(牙)를 솔질하다(刷). ◉ 牙(아): 어금니, 이

双 雙 | 둘씩 쌍 [shuāng] 짝, 켤레, 쌍

算 | 계산할 산 [suàn] 셈, 계산, 계산하다

打算 [dǎsuan] (계획적으로) 하려고 하다【술목구조】셈(算)을 하다(打), 타산하다, 계획하다, 하려고 하다. ◉ 打(타): 치다, 하다

特 | 수컷 특 [tè] 특별하다, 특히, 유달리, 황소, 수소

特別 [tèbié] 특별하다, 특별히【수식구조】황소(特)처럼 다른(別), 유달리 다르다. ◉ 別(별): 다르다

疼 | 아플 동 [téng] 아프다

梯 | 사다리 제 [tī] 사다리

电梯 [diàntī] 엘리베이터【수식구조】전기(电) 사다리(梯). ◉ 电(전): 전기

提 | 끌 제 [tí] 들다, 끌다, 끌어당기다

提高 [tígāo] 높이다, 제고하다, 향상시키다【술보구조】들어(提) 높이다(高). ◉ 高(고): 높다, 높이다, 높이

甜 | 달 첨 [tián] 달다, 달콤하다

调 調 | 고를 조 [tiáo] 고르다, 조절하다 [diào] 조사하다, (부서를) 옮기다

空调 [kōngtiáo] 에어컨 【수식구조】 공기(空) 조절(调) 기기. '空气调节器'(공기조절기)의 준말. [명사가 명사를 수식하는 예이다.] ◉ 空(공): 비다, 헛되다, 여기에서는 공기(空气)의 준말

铁 鐵 | 쇠 철 [tiě] 쇠, 철, 철도

地铁 [dìtiě] 지하철 【수식구조】 땅(地)속 철로(铁). ◉ 地(지): 땅

头 頭 | 머리 두 [tóu] 머리

头发 [tóufà] 머리카락, 두발 【수식구조】 머리(头) 카락(发). ◉ 发(발): 머리카락, '髮'(발)의 간체자

突 | 갑자기 돌 [tū] 갑자기, 돌연히

突然 [tūrán] 갑자기, 문득 【부가구조】 쑥 나오는(突) 듯(然). ◉ 然(연): 부사접미어(상태가 그러함을 나타냄)

图 圖 | 그림 도 [tú] 그림

图书馆 [túshūguǎn] 도서관 【수식구조】 책(图书)을 보관하는 큰 집(馆). ◉ 图书(도서): 책, 그림(图)과 书(글)로 이루어진 묶음. 书(서): 글, 책. 馆(관): 큰집

腿 | 넓적다리 퇴 [tuǐ] 다리

碗 | 사발 완 [wǎn] 그릇, 사발, 공기

万 萬 | 일만 만 [wàn] 만, 10000

网 網 | 그물 망 [wǎng] 그물, 조직, 계통, 망, 네트

上网 [shàngwǎng] 인터넷을 하다 【술목구조】 그물/넷(网)에 오르
다(上). 인터넷(网)을 접속하다(上). ◉ 上(상): 시작하다, 올
라서다, 접속하다

忘 | 잊을 망 [wàng] 잊다

忘记 [wàngjì] 잊다, 잊어버리다 【술목구조】 기억(记)을 잊다(忘).
◉ 记(기): 기하다, 기억하다

为 爲 | 할 위 [wéi] 하다, 되다, 여기다 / [wèi] 위하여, 때문에

认为 [rènwéi] 여기다, 간주하다 【술보구조】 …로 알게(认) 되다
(为). ◉ 认(인): 알다, 인식하다

位 | 자리 위 [wèi] 자리, 곳, 위치, 분(사람존칭 단위사)

文 | 글월 문 [wén] 글, 문자, 무늬, 문학

文化 [wénhuà] 문화 【수식구조】 인문적/문명적(文) 변화(化). ◉
化(화): 바뀌다, 변화하다
中文 [Zhōngwén] 중국의 언어와 문자, 중문 【수식구조】 중국(中)
의 글(文). ◉ 中(중): '中國'(중국)의 준말

闻 聞 | 들을 문 [wén] 들리다, 듣다

新闻 [xīnwén] 소식, 뉴스 【수식구조】 새로운(新) 들림/소문(闻).
◉ 新(신): 새, 새로운

物 | 사물 물 [wù] 물건, 물체, 사물

动物 [dòngwù] 동물 【수식구조】 살아 움직이는(动) 물체(物). ◉

动(동): 움직이다

礼物 [lǐwù] 선물, 예물 【수식구조】 예(礼)로 주는 물건(物). ◉ 礼 (례): 예, 예의, 예절

戏 戲 | 놀 희 [xì] 놀이, 연극, 놀다, 장난치다, 조롱하다

游戏 [yóuxì] 놀이, 게임, 유희 【연합구조】 놀고(游) 장난치다(戏). ◉ 游(유): (물에서) 놀다, 헤엄치다, '遊'(유): 거닐며 놀다. [※ 간화자는 '游'로 통일함]

夏 | 여름 하 [xià] 여름

鲜 鮮 | 고울 선 [xiān] 신선하다, 선명하다

新鲜 [xīnxiān] 신선하다, 싱싱하다 【연합구조】 새롭고(新) 싱싱하다(鲜). ◉ 新(신): 새, 새롭다

香 | 향기로울 향 [xiāng] 향기롭다, 맛이 좋다, 고소하다

香蕉 [xiāngjiāo] 바나나 【수식구조】 달콤한(香) 파초(蕉) 같은 나무 열매. ◉ 蕉(초): 파초, 파초과의 큰잎을 가진 열대식물

箱 | 상자 상 [xiāng] 상자

行李箱 [xínglǐxiāng] 여행용 가방, 화물칸 【수식구조】 짐(行李)을 넣는 상자(箱). 行李(행리): 짐, 화물. ◉ 行(행): 길을 가다. 李(리): 자두(오야), '行李'의 구성글자('理'의 가차로 보기도 함. '李' 참조.)

相 | 서로 상 [xiāng] 서로 / [xiàng] 모습, 생김새, 외모, 돕다

相信 [xiāngxìn] 믿다 【수식구조】 서로(相) 믿다(信). ◉ 信(신): 믿다, 편지

相 | 서로 상 [xiàng] 모습, 생김새, 외모, 돕다 /
[xiāng] 서로

照相机 [zhàoxiàngjī] 사진기, 카메라 【수식구조】 모습(相)을 찍는
(照) 기계(机). 照相(조상): 모습을 찍다. ◉ 照(조): 빛을 비
추다, 사진 찍다. 机(기): 기계

响 響 | 울릴 향 [xiǎng] (소리가) 울리다, 음향

影响 [yǐngxiǎng] 영향을 주다, 영향 【연합구조】 그림자(影)와 울
림(响). 어떤 물체의 그림자와 소리의 남은 울림 같은 여파 /
영향. ◉ 影(영): 그림자

像 像 | 형상 상 [xiàng] 닮다, 비슷하다, 같다, 모습

向 | 향할 향 [xiàng] …향하여, …(으)로, …게

鞋 | 신발 혜 [xié] 신(발), 구두

皮鞋 [píxié] 구두 【수식구조】 가죽(皮) 신발(鞋). ◉ 皮(피): 가죽

心 | 마음 심 [xīn] 마음

担心 [dānxīn] 걱정하다, 염려하다 【술목구조】 마음(心)을 둘러메
다(担), 마음을 놓지 못하다, 걱정하다. ◉ 担(담): 둘러메
다, 맡다

放心 [fàngxīn] 마음을 놓다, 안심하다 【술목구조】 마음(心)을 내
려놓다(放). ◉ 放(방): 놓다, 풀어주다

小心 [xiǎoxīn] 조심하다 【술목구조】 마음(心)을 작게 하다(小).
◉ 小(소): 작다

关心 [guānxīn] 관심을 갖다, 마음을 기울이다 【술목구조】 마음
(心)을 끊지 않고 연결하다(关). ◉ 关(관): 이어주다, 관문,

(관문은 단절된 양쪽을 이어주는 통로 역할을 하는 곳임)

信 | 믿을 신 [xìn] 믿다, 편지

相信 [xiāngxìn] 믿다 【수식구조】 서로(相) 믿다(信). ◉ 相(상): 서로, 편지

信用卡 [xìnyòngkǎ] 신용카드 【수식구조】 믿고(信) 쓰는(用) 카드 (卡). ◉ 用(용):쓰다, 사용하다. 卡(가/잡): 'card'(카드)의 음역글자

行 | 갈 행 [xíng] 가다, 좋다 / [háng](항) 줄, 항렬, 업종

自行车 [zìxíngchē] 자전거 【수식구조】 스스로(自) 굴러가는(行) 수레(车). ◉ 自(자): 스스로, 저절로. 车(거/차): 수레, 차

熊 | 곰 웅 [xióng] 곰

熊猫 [xióngmāo] 팬더 【수식구조】 곰(熊)과의 고양이(猫)처럼 귀여운 동물. ◉ 猫(묘): 고양이

需 | 쓰일 수 [xū] 쓰이다, 필요하다

需要 [xūyào] 필요하다, 요구되다, 해야한다 【연합구조】 쓰이고 (需) 필요하다(要). ◉ 要(요): 필요하다, 긴요하다

须 須 | 모름지기 수 [xū] 반드시, 꼭 …해야 한다

选 選 | 가릴 선 [xuǎn] 뽑다, 고르다

选择 [xuǎnzé] 고르다, 선택하다 【연합구조】 고르고(选) 가리다 (择). ◉ 择(택): 가리다, 고르다

牙 牙 | 어금니 아 [yá] 어금니, 이

刷牙 [shuāyá] 이를 닦다, 양치질하다 【술목구조】 이(牙)를 솔질하다(刷). ◉ 刷(쇄): 쓸다, 솔질하다, 찍다

阳 陽 | 볕 양 [yáng] 볕, 햇볕, 양지

太阳 [tàiyáng] 해, 태양 【수식구조】 큰(太) 볕(阳) 덩어리. ◉ 太(태): 크다, 너무

要 | 구할 요 [yāo] 구하다, 요구하다, 강요하다

要求 [yāoqiú] 요구하다 【연합구조】 요하고(要) 구하다(求). 두 글자 모두 '요구하다'는 뜻이다. ◉ 求(구): 구하다, 부탁하다

爷 爺 | 아비 야 [yé] 영감님. 옛날 관료나 주인, 미신의 신 등에 대한 칭호

爷爷 [yéye] 할아버지 【중첩구조】 가족관계의 중첩형태이다.

业 業 | 업 업 [yè] 일, 업

作业 [zuòyè] 숙제, 과제 【수식구조】 완성을 위해 하는(作) 업무(业). ◉ 作(작): 하다, 만들다

姨 | 이모 이 [yí] 이모

阿姨 [āyí] 아주머니 【부가구조】 친근한(阿) 이모(姨) 같은 사람. ◉ 阿(아): 명사접두어. 이름, 호칭 앞에 사용하여 친근함을 나타냄. 본래의 뜻은 '언덕'

议 議 | 의논할 의 [yì] 의논하다, 상의하다

会议 [huìyì] 회의 【연합구조】 모여서(会) 의논함(议). ◉ 会(회): 모이다, 모임, 활동, 회의

易 | 쉬울 이, 바꿀 역 [yì] 쉽다(이), 바꾸다(역)

容易 [róngyì] 쉽다, 용이하다 【연합구조】 두 글자 모두 '쉽다'는 뜻이다. ◉ 容(용): 쉽다, 받아들이다, 모습

音 | 소리 음 [yīn] 소리, 음(사물에서 나는 가락이 있는 소리)

声音 [shēngyīn] 소리 【연합구조】 두 글자 모두 '소리'라는 뜻이다. ◉ 声(성): 소리, 목소리

音乐 [yīnyuè] 음악 【연합구조】 소리(音)와 풍류(乐). ◉ 乐(악): 음악 / (락): 즐겁다

银 銀 | 은 은 [yín] 은, 돈, 보물

银行 [yínháng] 은행 【수식구조】 은/돈(银)을 취급하는 업종(行). 行(항): 줄, 항렬, 업종 / 가다(행)

饮 飮 | 마실 음 [yǐn] 마시다

饮料 [yǐnliào] 음료, 마실 것 【수식구조】 마시는(饮) 재료(料). ◉ 料(료): 재료, 원료, 짐작하다

应 應 | 응할 응 [yīng] 마땅히 / [yìng] 반응하다, 응하다

应该 [yīnggāi] 반드시 …해야 한다 【연합구조】 마땅히(应) …해야 한다(该). 두 글자 모두 '해야 한다'는 뜻이다. ◉ 该(해): 마땅히 …해야 한다, 해당

迎 | 맞이할 영 [yíng] 맞이하다

欢迎 [huānyíng] 기쁘게 맞이하다, 환영하다 【수식구조】 기뻐하며(欢) 맞이하다(迎). ◉ 欢(황): 기뻐하다, 좋아하다

用 | 쓸 용 [yòng] 쓰다, 사용하다, …로써

信用卡 [xìnyòngkǎ] 신용카드 【수식구조】 믿고(信) 쓰는(用) 카드

3급

y

(卡). ◉ 信(신): 믿다. 卡(가/잡): 'card'(카드)의 음역글자

邮 邮 | 우편 우 [yóu] 역참, 우편, 치달리다

电子邮件 [diànzǐyóujiàn] 전자우편, 이메일 【수식구조】 전자(电
子) 우편물(邮件). 电子(전자): 전자, 기호는 e. 邮件(우건): 부
치는(邮) 문건(件), 우편물. ◉ 电(전): 전기. 子(자): 명사접
미어, 독립된 개체의 뜻을 나타냄. 件(건): 물건, 사건, 사물

又 | 또 우 [yòu] 또, 다시, 거듭 (동작, 상황 등의 중
복을 나타냄)

于 於 | 어조사 우 / 어조사 어 [yú] …에, 에서. (장소나
시간, 방면 등을 나타냄, 현대한어의 '在'에 상당
하는 문어) 통상 동사나 형용사 뒤에 보어로 충당
되어, 시간이나 장소 대상을 연계한다.

关于 [guānyú] …에 관하여 【술보구조】 …에(于) 관하여(关). ◉
关(관): 상관하다, 관계하다, 관문
终于 [zhōngyú] 끝내, 마침내, 결국 【술보구조】 …에서(于) 끝나
다(终). 끝내 …에 이르다, 끝내. ◉ 终(종): 마치다, 끝나다

遇 | 만날 우 [yù] (우연히)만나다, 마주치다

遇到 [yùdào] 만나다, 마주치다 【술보구조】 만나서(遇) 만나다(到).
◉ 到(도): 결과보어(동사 뒤에 위치하여 행위의 목적이 이
루어진 결과를 나타냄.) 본래의 뜻은 이르다, 도착하다

育 | 기를 육 [yù] 기르다, 키우다

体育 [tǐyù] 체육 【수식구조】 신체(体)에 대한 교육(育). ◉ 体(체):
몸, 신체

元 | 으뜸 원 [yuán] 으뜸, 중국의 화폐단위(구어로는 '块[kuài]라고 함.)

园 園 | 동산 원 [yuán] 동산, 전원

公园 [gōngyuán] 공원 【수식구조】 공공(公)의 정원(园). ◉ 公(공): 여러 사람의, 공공의, 공적인

愿 願 | 바랄 원 [yuàn] 바라다, 소원

愿意 [yuànyì] 바라다, 원하다 【연합구조】 원하고(愿) 마음으로 바라다(意). ◉ 意(의): 뜻, 마음, 생각

乐 樂 | 풍류 악 [yuè] 악기, 음악 [lè] 즐겁다

音乐 [yīnyuè] 음악 【연합구조】 소리(音)와 풍류(乐). 두 글자 모두 '음악, 소리, 악기'라는 뜻이다. ◉ 音(음): 소리, 음, 음악

越 | 넘을 월 [yuè] 넘다, 뛰어넘다, …할수록

澡 | 씻을 조 [zǎo] 씻다

洗澡 [xǐzǎo] 목욕하다, 몸을 씻다 【연합구조】 씻고(洗) 헹구다(澡). 두 글자 모두 '씻다'는 뜻이다. ◉ 澡(조): 씻다

择 擇 | 가릴 택 [zé] 고르다, 선택하다

选择 [xuǎnzé] 고르다, 선택하다 【연합구조】 고르고(选) 가리다(择). ◉ 选(선): 뽑다, 고르다

长 長 | 긴 장 [zhǎng] 어른, 자라다, 생기다

校长 [xiàozhǎng] 학교장(교장, 총장) 【수식구조】 학교(校)의 어른

(长). ◉ 校(교): 학교

張 張 | 베풀 장 [zhāng] 펼치다, 장(종이류의 단위사)

着 | 붙을 착 [zháo] 닿다, 붙다, 불붙다, '着急'의 구
성글자 / [zhe] 상태조사

着急 [zháojí] 안달하다, 초조해하다 【술목구조】 급함(急)을 드러
내다(着). [着(착): '著'(저: zháo)의 간화통용자] ◉ 急(급):
급하다, 조급하다

照 | 비출 조 [zhào] 비추다, 밝다, (사진)찍다

护照 [hùzhào] 여권 【연합구조】 지켜주고(护) 밝혀주는(照) 증명
서. ◉ 护(호): 지키다, 보호하다
照顾 [zhàogù] 보살피다, 돌보다 【연합구조】 비춰주고(照) 돌아보
다(顾). ◉ 顾(고): 뒤돌아보다, 돌보다
照片 [zhàopiàn] 사진 【수식구조】 빛을 쬔(照) 조각(片). ◉ 片
(편): 조각
照相机 [zhàoxiàngjī] 사진기, 카메라 【수식구조】 사진(相)을 찍는
(照) 기계(机). 照相(조상): 사진을 찍다. ◉ 相(상): 사진.
机(기): 기계

者 者 | 사람 자 [zhě] 사람, 것, 경우

或者 [huòzhě] 또는 【수식구조】 어떤(或) 경우/사람(者). 者(자):
부사접미어. 사람, 것, 경우 등의 의미로 강조를 나타냄.
◉ 或(혹): 또는, 혹은

直 直 | 곧을 직 [zhí] 바르다, 곧다, 직접

一直 [yìzhí] 줄곧, 내내 【수식구조】 하나(一)같이 똑바로(直). ◉
一(일): 하나, 온통, 전체

只 隻 │ 다만 지 / 마리 척 [zhī] 마리(동물류의 단위사)

只 │ 다만 지 [zhǐ] 단지, 다만, 오직, 겨우

只有 [zhǐyǒu] 단지, …만 있다 【수식구조】 단지(只) …만 있다 (有). ◉ 有(유): 있다, 가지고 있다

终 終 │ 마칠 종 [zhōng] 마치다, 끝내다

终于 [zhōngyú] 끝내, 마침내, 결국 【술보구조】 …에서(于) 끝나다/마치다(终). ◉ 于(우): …에, 에서

种 種 │ 씨 종 [zhǒng] 종자, 씨(앗), 종류, 단위사

重 │ 무거울 중 [zhòng] 무겁다 / [chóng] 중복하다

重要 [zhòngyào] 중요하다 【연합구조】 무겁고(重) 긴요하다(要). ◉ 要(요): 필요하다, 요체

周 週 │ 두루 주 / 돌 주 [zhōu] 주, 주일('週'의 간체자), 두루

周末 [zhōumò] 주말 【수식구조】 주일(周)의 끝부분(末). ◉ 末 (말): 끝, 끝부분

主 │ 주인 주 [zhǔ] 주인, 중심

主要 [zhǔyào] 주된, 주요한 【수식구조】 중심적(主)으로 중요한 (要). ◉ 要(요): 요체, 필요하다, 긴요하다

注 │ 물댈 주 [zhù] 쏟아 붓다, 물을 대다, 집중하다, 풀이하다

注意 [zhùyi] 주의하다 【술목구조】 뜻(意)을 쏟아 붓다(注). ◉ 意
(의): 뜻, 마음

| 祝 | 빌 축 [zhù] 빌다, 기원하다, 축원하다 |

| 子 | 아들 자 [zǐ] 아들, 자식, 입자(粒子) / [zi] 명사접미어(개체의 독립성을 나타냄) |

电子邮件 [diànzǐyóujiàn] 이메일, 전자우편 【수식구조】 전자(电
子) 우편물(邮件). 电子(전자): 전자(기호는 e). [※ '电子'에
서 '子'는 명사접미어가 아니라, '입자'라는 실사(實詞)이다.
3성으로 읽는다.] 邮件(우건): 부치는(邮) 문건(件), 우편물.
◉ 电(전): 전기. 邮(우): 역참, 우편. 件(건): 물건, 사건,
사물

| 自 | 스스로 자 [zì] 스스로, 저절로, …로부터 |

自己 [zìjǐ] 자기, 자신, 스스로, 혼자 【연합구조】 두 글자 모두 '자
신'이라는 뜻이다. ◉ 己(기): 스스로, 자기, 자신
自行车 [zìxíngchē] 자전거 【수식구조】 스스로(自) 굴러가는(行)
수레(车). ◉ 行(행): 가다. 车(거/차): 수레, 차

| 总 總 | 거느릴 총 [zǒng] 모으다, 총괄하다, 모두, 늘 |

总是 [zǒngshi] (영원히, 예외없이) 늘, 언제나 【수식구조】 늘(总)
(…하는 상황)이다(是). 여기에서 '是'는 허화(虛化)되어 부
사접미어로 사용됨. ◉ 是(시): 이다. 부사접미어

| 嘴 | 부리 취 [zuǐ] 부리, 주둥이, 입의 속칭 |

帮 帮 │ 도울 방 [bāng] 돕다, 무리 2급신출자

帮忙 [bāngmáng] 돕다, 거들다 【술목구조】 바쁨(忙)을 돕다(帮).
⊙ 忙(망): 바쁘다

別 │ 다를 별 [bié] 다르다, 구별하다, 하지 말라(=不要)
2급신출자

別人 [biéren] 남, 다른 사람 【수식구조】 다른(別) 사람(人). ⊙
人(인): 사람

但 │ 다만 단 [dàn] 단지, 다만, 그러나 2급신출자

不但 [búdàn] …뿐만 아니라 ('而且(érqiě): 또한', '并且
(bìngqiě): 또한, 아울러'와 호응함) 【수식구조】 단지 …일
뿐만(但) 아니라(不). [※ '不'는 '但'을 부정하는 수식어이
다.] ⊙ 不(불): 안, 아니

多 │ 많을 다 [duō] 많다 1급신출자

多么 [duōme] 얼마나 【부가구조】 많은(多) 상태(么) ⊙ 么(마):
접미어. '麼'(마)의 간체자로, 상태나 방법을 나타냄.

个 個 │ 낱 개 [gè] (단위)개, 명 1급신출자

个子 [gèzi] (사람의) 키, 체격 【부가구조】 '个'는 물체의 '낱개'를
뜻하는 말로, 여기에서는 '(사람의) 몸체'를 뜻한다. '子'는
개체의 독립성을 나타내는 명사접미어로 실체적 개념이 없

는 덧붙은 글자이나, 여기에서는 특별히 '个'와 결합하여 '몸체의 크기' 곧 '키'를 의미하는 단어를 이룬다.) ◉ 子 (자): 명사접미어, 아들, 자식

国 國 | 나라 국 [guó] 나라 1급신출자

国家 [guójiā] 국가, 나라 【연합구조】 중앙국가(国)와 지방국가 (家). ◉ 家(가): 집. 옛날에 제후가 다스리던 영지를 또한 '家'라고 함.

还 還 | 돌아올 환 [hái] 또한, 여전히 [huán] 돌아오다, 돌려주다 2급신출자

还是 [háishi] 그래도, 여전히, 또한, 역시, 그런대로 【수식구조】 또한(还) …이다.(是) 是(시): …이다.(원래 동사이나, 여기에 서는 뜻이 약화되어 문법적 기능을 수행함)

后 後 | 뒤 후 [hòu] 뒤, 황후 1급신출자

后来 [hòulái] 뒤에, 그 후에 【수식구조】 뒤(后)에 오다/계속되다 (来). ◉ 来(래): 오다, 하다, 계속하다

机 機 | 틀 기 [jī] 틀, 기계, 시기 1급신출자

机会 [jīhuì] 기회 【연합구조】 두 글자 모두 '딱 좋은 시기(机/会)' 라는 뜻이다. ◉ 会(회): 모임, 만남, 시기, 할 수 있다

见 見 | 견 [jiàn] 보다, 만나보다, 보이다 1급신출자

见面 [jiànmiàn] 만나다 【술목구조】 얼굴(面)을 보다(见). ◉ 面 (면): 얼굴

经 經 | 날실 경 [jīng] 날실, 불변, 항상, 지나다, 거치다, 다스리다, 평소, 법, 경서 2급신출자

经常 [jīngcháng] 평상, 일상, 늘 【연합구조】 두 글자 모두 '변함이 없다'는 뜻이다. ◉ 常(상): 늘, 항상, 일정하다, 예사롭다

经过 [jīngguò] 지나다, 거치다, 통과하다 【연합구조】 거쳐서(经) 지나가다(过). 두 글자 모두 '지나다'는 뜻이다. ◉ 过(과): 지나다

可 | 옳을 가 [kě] 할 수 있다(상황의 허락), 할 만하다, 옳다 2급신출자

可爱 [kě'ài] 사랑스럽다, 귀엽다 【수식구조】 사랑할(爱) 만하다(可). ◉ 爱(애): 사랑하다

客 | 손님 객 [kè] 손님 1급신출자

客人 [kèrén] 손님 【수식구조】 손님(客)인 사람(人). ◉ 人(인): 사람

3급
단어

g
⋮
q

离 離 | 떠날 리 [lí] 떠나다, 떨어지다 2급신출자

离开 [líkāi] 떠나다 【술보구조】 떨어져(离) 벗어나다(开). '开'는 결과보어. ◉ 开(개): 열다, 벗어나다

明 | 밝을 명 [míng] 밝다 1급신출자

明白 [míngbai] 명백하다, 분명하다 【연합구조】 밝고(明) 희다(白). ◉ 白(백): 희다, 맑다, 밝다

奶 | 젖 내 [nǎi] 젖, 젖을 먹이다, 유모, 할머니 2급신출자

奶奶 [nǎinai] 할머니 【중첩구조】 가족호칭으로 중첩함.

起 | 일어날 기 [qǐ] 일어나다, 올라가다, …하기 시작하다 1급신출자

起来 [qǐlai] 일어나다 【술보구조】 일어(起) 나다(来). [※ '来'는 행위가 '계속되다'는 뜻을 나타내는 방향보어이다. '起来'는

자체로 '일어나다'는 뜻의 동사이지만, 또 다른 동사 뒤에 사용되어 '어떤 행위를 하기 시작하다'는 뜻의 결합방향보어로 사용되기도 한다.] ◉ 来(래): 오다, 하다, 계속하다

起飞 [qǐfēi] 이륙하다, 날아오르다 【술목구조】 날기(飞)를 일으키다/시작하다(起). ◉ 飞(비): 날다

然 | 그럴 연 [rán] 그렇다, 부사접미어(그러한 상태를 나타냄) 2급신출자

然后 [ránhòu] 그런 후에, 연후에 【수식구조】 그런(然) 후(后)에. ◉ 后(후): 뒤

热 熱 | 뜨거울 열 [rè] 덥다, 뜨겁다 1급신출자

热情 [rèqíng] 열정적이다, 친절하다 【수식구조】 뜨거운(热) 감정(情). ◉ 情(정): 뜻, 감정, 정감

认 認 | 알 인 [rèn] 알다, 인지하다 1급신출자

认真 [rènzhēn] 성실하다, 진솔하다 【술목구조】 진솔함으로(真) 여기다(认). ◉ 真(진); 참, 정말

生 | 날 생 [shēng] 태어나다, 생도 1급신출자

生气 [shēngqì] 화내다, 성나다, 생기 【술목구조】 노기(气)를 내다(生). ◉ 气(기): 기운, 공기, 기분, 노기

司 | 맡을 사 [sī] 맡다, 관리하다, 관장하다 2급신출자

司机 [sījī] 기사, 운전사 【술목구조】 기계/차(机)를 관장하는(司) 사람. ◉ 机(기): 틀, 기계

同 | 같을 동 [tóng] 같다, 같이하다, 한 가지 1급신출자

同事 [tóngshì] 동료 【수식구조】 같이(同) 일하는(事) 사람. ◉ 事

(사): 일, 일하다

同意 [tóngyì] 동의하다, 찬성하다 【수식구조】 같은(同) 생각(意)을 하다 ⊙ 意(의): 뜻, 마음

为 爲 ┃ 할 위 [wèi] 위하여, 때문에 / [wéi] 되다, 하다
2급신출자

为了 [wèile] …을 위하여 【부가구조】 '为'는 '위하다'는 뜻이다. ⊙ 了(료): 조사(사태의 변화를 나타냄)

洗 ┃ 씻을 세 [xǐ] 씻다 2급신출자

洗手间 [xǐshǒujiān] 화장실 【수식구조】 손(手)을 씻는(洗) 공간 (间). ⊙ 手(수): 손. 间(간): 칸, 곳, 사이, 공간

一 ┃ 한 일 [yī] 하나, 1 1급신출자

一边 [yìbiān] 한쪽, 한편으로 【수식구조】 한(一) 편(边). ⊙ 边 (변): 가, 변, 면, 편, 쪽

一共 [yígòng] 전부, 합계 【수식구조】 한번(一)에 모두(共). ⊙ 共 (공): 함께, 같이, 모두

一会儿 [yíhuìr] 잠시, 잠깐 【수식구조】 한(一) 동안(会儿). ⊙ 会 (회): 시간상의 잠간, 동안. 儿(아): 명사접미어, 말을 부드 럽게 함.

一样 [yíyàng] 같다 【수식구조】 한(一) 모양(样), 한 가지 모양. 같 다. ⊙ 样(양): 모양, 상태

以 以 ┃ 써 이 [yǐ] …로서, …로써, …때문, 까닭, 그리고(= 而) 2급신출자

以前 [yǐqián] 이전 【부가구조】 그리고(以) 앞에(前). '以'는 원래 접속사로 사용되었으나, 뒷말과 한 단어로 굳어져 의미가 허화된 덧붙은 글자로 변하였다. ⊙ 前(전): 앞

有	있을 유 [yǒu] (가지고) 있다 (소유를 나타냄) 1급신출자

有名 [yǒumíng] 유명하다 【술목구조】 (들리는) 이름(名)이 있다
(有). ◉ 名(명): 이름

月	달 월 [yuè] 달, 월 1급신출자

月亮 [yuèliang] 달 【주술구조】 달(月)이 밝음(亮). '亮'은 쌍음절
화를 위해 술어형태로 덧붙은 글자로 보임. ◉ 亮(량): 밝
다, 빛나다

中	가운데 중 [zhōng] 가운데, 중국 1급신출자

中间 [zhōngjiān] 중간 【수식구조】 가운데(中) 공간(间). ◉ 间
(간): 사이, 칸, 공간

最	가장 최 [zuì] 가장, 제일 2급신출자

最后 [zuìhòu] 최후, 맨 마지막 【수식구조】 가장(最) 뒤(后). ◉ 后
(후): 뒤
最近 [zuìjìn] 최근, 요즈음 【수식구조】 가장(最) 가까이(近). ◉
近(근): 가깝다, 가까운

HSK

4급 신출한자

464자

按	누를 안 [àn] 누르다, 쓰다듬다, 의거하다, 잡아당기다

按时 [ànshí] 제때, 시간에 맞추어 【술목구조】 때(时)에 따라(按). ⊙ 时(시): 때, 제시간

按照 [ànzhào] 따르다, 의거하다 【연합구조】 더듬고(按) 비추어 (照) 따라가다. ⊙ 照(조): 비추다, 따르다

案	책상 안 [àn] 책상, 안건, 문서

答案 [dá'àn] 답안, 답 【연합구조】 답(答)의 안(案), 답(答)이 있는 문서(案). ⊙ 答(답): 답, 답하다

傲	거만할 오 [ào] 거만하다, 도도하다, 뽐내다

骄傲 [jiāo'ào] 오만하다, 자랑스럽다 【연합구조】 교만하고(骄) 거만하다(傲). ⊙ 骄(교): 교만하다

拜	절 배 [bài] 절하다, 절

礼拜天 [lǐbàitiān] 일요일(星期天) 【수식구조】 예배(礼拜)의 날(天), 일요일. 礼拜(예배): 예를 갖추어(礼) 절하다(拜). ⊙ 礼(례): 예의, 예절, 예로 대하다. 天(천): 하늘, 날

败 败	패할 패 [bài] 지다, 실패하다﹨

失败 [shībài] 실패하다 【연합구조】 잃고(失) 지다(败). ⊙ 失(실): 잃다

扮	꾸밀 분 [bàn] 꾸미다, 단장하다, 분장하다

打扮 [dǎban] 꾸미다, 단장하다, 치장하다 【술목구조】 꾸밈(打)을 하다(打). ⊙ 打(타): 치다, 때리다, 하다(대동사)

棒	몽둥이 봉 [bàng] 막대, 방망이, 좋다, 건장하다

保 | 지킬 보 [bǎo] 지키다, 보존하다

保护 [bǎohù] 보호하다 【연합구조】 두 글자 모두 '지키다'는 뜻이다. ◉ 护(호): 지키다

保证 [bǎozhèng] 책임지다, 보증하다, 담보하다 【술목구조】 증명(证)을 지키다(保). ◉ 证(증): 증명하다, 증거

抱 | 안을 포 [bào] 안다, 껴안다, 품다

抱歉 [bàoqiàn] 사과하다, 미안해하다 【술목구조】 미안한 마음(歉)을 품다(抱). ◉ 歉(겸): 흉년들다, 부족하다, 겸연쩍다, 미안하다

倍 | 곱절 배 [bèi] 곱절, 배수

笨 | 거칠 분 [bèn] 멍청하다, 어리석다, 우둔하다

毕 畢 | 마칠 필 [bì] 마치다, 끝내다

毕业 [bìyè] 졸업하다, 졸업 【술목구조】 업(业)을 끝내다(毕). ◉ 业(업): 일, 업무, 직업, 학업

便 | 편할 편 [biàn] 편하다, 편리, 간편

顺便 [shùnbiàn] …하는 김에, 차제에 【술목구조】 편리(便)에 순응하여(顺). ◉ 顺(순): 따르다, 순응하다, 순하다

随便 [suíbiàn] 마음대로, 편한 대로 【술목구조】 편리(便)를 따라(随). ◉ 随(수): 따르다, 좇다

遍 | 두루 편 [biàn] 차례, 번, 온통, 두루 미치다

普遍 [pǔbiàn] 일반적인, 보편적인 【연합구조】 두루(普) 두루(遍)

퍼지다. ◉ 普(보): 두루, 널리

标 標 | 우듬지 표 [biāo] 나무 끝, 표지, 기호 [※ 우듬지: 나무의 꼭대기 줄기]

标准 [biāozhǔn] 표준, 기준, 잣대 【연합구조】 표지(标)와 기준 (准). ◉ 准(준): 의거하다, 본받다, 기준, 법도

饼 餅 | 떡 병 [bǐng] 부침개, 떡, 과자

饼干 [bǐnggān] 비스킷, 과자 【주술구조】 떡(饼)이 마른(干) 것, 과자. ◉ 干(건): 마르다(乾)의 간화자

并 并/並/竝 | 아우를 병 [bìng] 나란하다, 또한, 결코

并且 [bìngqiě] 아울러, 또한, 게다가 【연합구조】 아울러(并) 또한 (且). ◉ 且(차): 또, 잠시, 게다가

播 | 뿌릴 파 [bō] 뿌리다, 퍼뜨리다, 전파하다

广播 [guǎngbō] 방송하다, 널리 퍼뜨리다 【수식구조】 널리(广) 퍼 뜨리다(播). ◉ 广(광): 넓다, 널리

博 | 넓을 박 [bó] 넓다, 박식하다

博士 [bóshì] 박사 【수식구조】 많이 아는(博) 사람(士). ◉ 士(사): 선비, 사내, 벼슬아치

膊 | 팔뚝 박 [bó] 팔, 팔뚝, 상박

胳膊[gēbo] 팔 【연합구조】 겨드랑이(胳) 아래 팔뚝(膊). ◉ 胳(각): 겨드랑이

部 | 떼 부 [bù] 부분, 분류, 부서, 집단(떼) [※ '部'는 떼나 무리를 이룬 작은 집단을 의미한다.]

部分 [bùfen] 부분 【연합구조】 부분(部)과 나누어진(分) 것. ◉ 分 (분): 나누다, 쪼개다

全部 [quánbù] 전부, 전체 【수식구조】 전체(全) 부분(部). ◉ 全 (전): 전부, 모두, 온전하다

擦 | 문지를 찰 [cā] 문지르다, 닦다, 비비다

猜 | 샘할 시 [cāi] 추측하다, 알아맞히다

材 | 재목 재 [cái] 재목, 재료, 소재

材料 [cáiliào] 재료, 원료 【연합구조】 두 글자 모두 '재료'라는 뜻 이다. ◉ 料(료): 재료, 거리(-감), 헤아리다, 요량하다

彩 | 채색 채 [cǎi] 채색, 빛깔

精彩 [jīngcǎi] 훌륭하다, 멋지다 【연합구조】 뛰어나고(精) 다채롭 다(彩). ◉ 精(정): 순수하다, 정제되다, 뛰어나다

餐 | 밥 찬 [cān] 밥, 먹다, 물말이하다

餐厅 [cāntīng] 식당, 레스토랑 【수식구조】 밥 먹는(餐) 넓은 마루 집(厅). ◉ 厅(청): 마루, 관청

厕 | 뒷간 측 [cè] 변소, 뒷간

厕所 [cèsuǒ] 변소, 뒷간 【수식구조】 뒷간(厕) 곳(所). ◉ 所(소): …곳, …것, …바

4급

b
c

察 | 살필 찰 [chá] 살피다, 조사하다

警察 [jǐngchá] 경찰 【연합구조】 경계하며(警) 살피다(察)는 사람들. ◉ 警(경): 경계하다, 깨우치다

差 差 | 어긋날 차 [chāi] 임무, 사자(使者), 심부름꾼 / [chà] 다르다, 모자라다, 차이

出差 [chūchāi] 출장가다 【술목구조】 심부름(差)을 나가다(出). ◉ 出(출): 나가다

尝 嘗 | 맛볼 상 [cháng] 맛보다, 시도하다

程 | 길 정 [chéng] 길, 과정, 법칙, 한도, 헤아리다

过程 [guòchéng] 과정 【수식구조】 지나가는(过) 길(程). ◉ 过 (과): 지나다, 거치다

诚 誠 | 정성 성 [chéng] 정성, 참되다, 성실하다

诚实 [chéngshí] 참되다, 성실하다 【연합구조】 참되고(诚) 진실되다(实). ◉ 实(실): 열매, 진실, 실체, 알차다

乘 | 탈 승 [chéng] 타다

乘坐 [chéngzuò] 타다 【연합구조】 올라(乘) 타다(坐). ◉ 坐(좌): 앉다, 타다

持 | 가질 지 [chí] 잡다, 가지다, 견디다, 지키다

坚持 [jiānchí] 견지하다, 굳게 유지하다 【수식구조】 굳게(坚) 지키다(持). ◉ 坚(견): 굳세다, 딱딱하다
支持 [zhīchí] 지지하다 【연합구조】 받치고(支) 지키다(持). ◉ 支 (지): 받치다, 치르다, 가르다

重 | 무거울 중 [chóng] 거듭, 다시, 겹치다 / [zhòng] 무겁다, 중요하다

重新 [chóngxīn] 다시, 재차 【수식구조】 다시(重) 새롭게(新). ◉ 新(신): 새롭다, 신선하다

抽 | 뽑을 추 [chōu] 뽑다, 빼다

抽烟 [chōuyān] 담배를 피우다 【술목구조】 (담뱃갑에서) 담배(烟)를 뽑다(抽) 〉 담배를 피우다. ◉ 烟(연): 연기, 담배

厨 | 부엌 주 [chú] 부엌, 주방

厨房 [chúfáng] 부엌, 주방 【수식구조】 부엌(厨) 방(房). ◉ 房(방): 방, 집

础 礎 | 주춧돌 초 [chǔ] 주춧돌, 기초, 바탕

基础 [jīchǔ] 기초, 바탕, 토대 【연합구조】 터(基)와 주춧돌(础). ◉ 基(기): 터, 바탕, 기본

处 處 | 곳 처 [chù] 곳, 처소, 부처 / [chǔ] 처하다, 처리하다

到处 [dàochù] 곳곳, 도처 【수식구조】 이르는(到) 곳(处)마다. ◉ 到(도): 이르다, 도착하다

好处 [hǎochu] 장점, 좋은 점 【수식구조】 좋은(好) 곳/점(处). ◉ 好(호): 좋다, 잘하다

传 傳 | 전할 전 [chuán] 전하다, 보내다

传真 [chuánzhēn] 팩스, 팩시밀리 【술목구조】 참모습(真)을 보내다(传). ◉ 真(진): 참, 진짜, 실체

窗 窻 ┃ 창 창 [chuāng] 창문

窗户 [chuānghu] 창문, 창(窻) 【수식구조】 창(窗)으로 된 문(户).
　　　　⊙ 户(호): 문, 외짝문, 집

此 ┃ 이 차 [cǐ] 이, 이것

因此 [yīncǐ] 이 때문에, 그래서 【술목구조】 이(此) 때문에(因). ⊙
因(인): 때문에, 원인

粗 ┃ 거칠 조 [cū] 거칠다, 굵다

粗心 [cūxīn] 세심하지 못하다, 소홀하다 【술목구조】 마음(心)을
굵게 하다(粗). 조심하지 않다. ⊙ 心(심): 마음

存 ┃ 있을 존 [cún] 있다, 존재하다, 맡기다

大 ┃ 큰 대 [dài] 크다 ('大夫'의 구성글자)

大夫 [dàifu] 의사 【수식구조】 지위가 큰(大) 사람(夫). [※ '大夫'
(대부)는 옛날 벼슬이 높은 사람을 뜻하는 말이었으나, 오
늘날에는 '의사'를 뜻하는 말로 쓰임.] ⊙ 夫(부): 지위가
높은 사람, 남자, 남편

戴 ┃ 일 대 [dài] (머리에) 이다, 쓰다, 들다, 떠받들다

袋 ┃ 자루 대 [dài] 자루, 주머니, 봉지

塑料袋 [sùliàodài] 비닐봉지 【수식구조】 비닐(塑料) 봉지(袋). 塑料
(소료): 비닐, 플라스틱류. ['塑料'는 원래 '빚어 만드는 재
료'라는 뜻으로, 가소성고분자화합물(可塑性高分子化合物:
바뀌어진 형태가 그대로 유지되어 만들기 쉬운 화합물)의

재료를 말한다. 비닐, 플라스틱 등 합성수지가 이에 해당한다.] ◉ 塑(소): 빚다, 빚어 만들다. 料(료): 재료

| 刀 | 칼 도 [dāo] 칼 |

| 导 導 | 이끌 도 [dǎo] 이끌다, 지도하다 |

导游 [dǎoyóu] 관광안내원, 가이드 【술목구조】 유람(游)을 인도하는(导), 또는 그런 사람. ◉ 游(유): 놀다, 유람하다, 수영하다

| 倒 | 넘어질 도 [dào] 거꾸로, 도리어 / [dǎo] 넘어지다, 쓰러지다 |

| 得 | 얻을 득 [dé] 얻다, 할 수 있다(상황) |

得意 [déyì] 득의하다, 의기양양하다 【술목구조】 뜻(意)을 얻다(得). ◉ 意(의): 뜻, 마음, 의지

不得不 [bùdébù] 어쩔 수 없이, 부득불 【술목구조】 …하지 않을(不) 수 없다(不得). 不得(부득): 할 수 없다. ◉ 不(불): 안, 아니

| 得 | 얻을 득 [děi] 해야한다(=必须) |

| 登 | 오를 등 [dēng] 오르다, 올리다, 기재하다 |

登机牌 [dēngjīpái] 탑승권 【수식구조】 비행기(机)에 오르는(登) 패/증표(牌). 登机(등기): 비행기(机)에 오르다/타다(登). ◉ 登(등): 오르다. 机(기): 기계, 비행기

| 低 | 낮을 저 [dī] (높이가) 낮다, 싸다, 숙이다 |

降低 [jiàngdī] 내리다, 낮아지다, 인하하다 【술보구조】 내려서(降) 낮게 하다(低). ◉ 降(강): 내리다

底底 | 밑 저 [dǐ] 바닥, 밑, 토대

到底 [dàodǐ] 도대체 【술목구조】 끝(底)까지 다해봐도(到), 도대체.
⊙ 到(도): 이르다, 도착하다

的 | 과녁 적 [dì] 과녁, 목적

目的 [mùdì] 목적 【수식구조】 보고자 하는(目) 목표물(的), 목적.
⊙ 目(목): 눈, 보다

掉 | 흔들 도 [diào] -버리다, 떨어지다, 빠지다

调 調 | 고를 조 [diào] 옮기다, 이동하다 / [tiáo] 고르다,
알맞다

调查 [diàochá] 조사하다 【수식구조】 골고루(调) 살피다(查). ⊙
查(사): 조사하다

丢 | 잃을 주 [diū] 잃다, 잃어버리다

都 都 | 도읍 도 [dū] 도시 / [dōu] 모두

堵 堵 | 담 도 [dǔ] 막다, 막히다, 답답하다

堵车 [dǔchē] 차가 막히다 【술목구조】 차(车)를 막다(堵), 차가 막
히다. ⊙ 车(차): 자동차

度 | 법도 도 [dù] 정도, 도수, 법도, 모습, 기질자태,
헤아리다

速度 [sùdù] 속도 【수식구조】 빠름(速)의 정도(度). ⊙ 速(속): 빠르다
态度 [tàidu] 태도 【연합구조】 모습/몸짓(态)과 풍채/도량(度). ⊙

态(태): 모양, 모습, 몸짓

温度 [wēndù] 온도 【수식구조】 따뜻함(温)의 정도(度). ◉ 温(온): 따뜻하다

肚 │ 배 두 [dùzi] 배, 복부

肚子 [dùzi] 배, 복부 【부가구조】 '子'는 명사접미어로 덧붙은 글자이다. ◉ 子(자): 아들, 명사접미어

断 斷 │ 끊을 단 [duàn] 끊다, 단절하다, 자르다

判断 [pànduàn] 판단하다, 판정하다 【연합구조】 나누고(判) 끊다(断). 판별하고 결단하다. ◉ 判(판): 나누다, 판단하다, 분명하다

队 隊 │ 무리 대 [duì] 무리, 열, 대오, 단체, 팀

排队 [páiduì] 줄서다 【술목구조】 줄(队)을 서다(排). ◉ 排(배): 늘어서다

尔 爾 │ 너 이 [ěr] 부사접미어, 너

偶尔 [ǒu'ěr] 가끔, 때때로, 어쩌다 【부가구조】 뜻하지 않은(偶) 상태(尔). '尔'은 그런 상태를 나타내는 부사접미어이다. ◉ 偶(우): 짝, 뜻하지 않게

翻 飜 │ 날 번 [fān] 뒤집다, (위치를)바꾸다, 펼치다, 번역하다

翻译 [fānyì] 번역하다, 통역하다 【연합구조】 바꾸어/펼쳐(翻) 풀이하다(译) 〉 옮기다, 번역하다. ◉ 译(역): 풀이하다, 번역하다

烦 煩 │ 괴로워할 번 [fán] 귀찮다, 성가시다, 번거롭다

烦恼 [fánnǎo] 번뇌하다, 걱정하다 【연합구조】 번민하고(烦) 괴로워하다(恼). ⊙ 恼(뇌): 괴로워하다

麻烦 [máfan] 귀찮다, 성가시다, 번거롭다 【연합구조】 얼얼하고(麻) 귀찮게 하다(烦). ⊙ 麻(마): 삼, 거칠다, 얼얼하다, 마비시키다

反 | 되돌릴 반 [fǎn] 뒤집다, 되돌리다, 거꾸로, 돌아가다

反对 [fǎnduì] 반대하다 【수식구조】 거꾸로(反) 대하다(对). ⊙ 对(대) 맞다, 마주보다

相反 [xiāngfǎn] 상반되다, 거꾸로, 반대로 【수식구조】 서로(相) 반대되다(反). ⊙ 相(상): 서로

肥 | 살찔 비 [féi] 살찌다, 기름지다

减肥 [jiǎnféi] 살을 빼다, 다이어트하다 【술목구조】 살/기름/비계(肥)를 줄이다(减). ⊙ 减(감): 줄이다

费 費 | 쓸 비 [fèi] 쓰다, 소비하다, 비용

浪费 [làngfèi] 낭비하다, 허비하다 【수식구조】 물처럼/함부로(浪) 쓰다(费). ⊙ 浪(랑): 물결, 파도, 함부로, 멋대로이다

免费 [miǎnfèi] 무료, 공짜로 하다 【술목구조】 소비/비용(费)을 면제하다(免). ⊙ 免(면): 면제하다

份 | 부분 분, 빛날 빈 [fèn] 몫, 부분, 빛나다(빈)

奋 奮 | 떨칠 분 [fèn] 떨치다, 날개치다, 분발하다, 격분하다

兴奋 [xīngfèn] 흥분하다, 격동하다 【연합구조】 일어나고(兴) 떨치다(奋). ⊙ 兴(흥): 일으키다, 흥성하다

丰 豐 | 풍년 풍 [fēng] 풍부하다, 풍성하다

丰富 [fēngfù] 넉넉하다, 풍부하다 【연합구조】 풍성하고(丰) 넉넉하다(富). ◉ 富(부): 넉넉하다

封 | 봉할 봉 [fēng] 봉투, 봉하다(임명하다, 밀봉하다, 제한하다)

信封 [xìnfēng] 편지봉투 【수식구조】 편지(信)의 봉투(封). ◉ 信(신): 편지

否 | 안 그럴 부 [fǒu] 그렇지 않다, 아니다 [※ '不+동사/형용사'(…하지 않다)의 개념으로, '不'와 구별됨.]

否则 [fǒuzé] 그렇지 않으면 【연합구조】 그렇지 않다(否) 면(则). ◉ 则(즉): …한다면, 바로

是否 [shìfǒu] …인지 아닌지 【연합구조】 인지(是) 아닌지(否). 是否=是不是. ◉ 是(시): 이다, 이것, 옳다

肤 膚 | 살갗 부 [fū] 살갗

皮肤 [pífū] 살갗, 피부 【연합구조】 껍질(皮)과 살갗(肤). ◉ 皮(피): 가죽, 껍질

福 | 복 복 [fú] 복, 행운

幸福 [xìngfú] 행복하다 【연합구조】 다행스럽고(幸) 복많다(福). ◉ 幸[행]: 다행, 좋은 운, 은총

符 | 부절 부 [fú] 부절, 신표, 부호, 꼭맞다, 부합하다

符合 [fúhé] 부합하다, 일치하다 【수식구조】 부절(符)처럼 맞다(合). [※ 부절(符節): 옛날 대나무나 옥으로 만든 신표의

4급

f

일종. 주로 사신들이 사용하였으며, 둘로 갈라서 하나는 조정에 두고 나머지 하나는 본인이 지니고 다녀 신분의 증거로 사용함.] ◉ 合(합) 합하다, 맞다

父	아비 부 [fù] 아버지

父亲 [fùqīn] 아버지, 부친 【수식구조】 아버지(父)로서의 혈육(亲).
◉ 亲(친): 부모, 혈육, 친하다, 가깝다, 몸소

付	줄 부 [fù] 넘겨주다, 주다, 부탁하다, 지불하다

付款 [fùkuǎn] 돈을 지불하다 【술목구조】 대금(款)을 지불하다(付).
◉ 款(관): 항목, 조목, 큰돈, 경비

负 負	질 부 [fù] 지다, 맡다, 부담하다, 마이너스(-)

负责 [fùzé] 책임지다 【술목구조】 책임(责)을 짊어지다(负). ◉ 责(책): 책임, 빚, 꾸짖다

傅	스승 부 [fù] 스승, 도와주다, 보태다

师傅 [shīfu] 사부, 선생님 (숙련공 또는 일반인에 대한 호칭) 【연합구조】 두 글자 모두 '스승'이라는 뜻이다. ◉ 师(사): 선생, 스승

富	가멸 부 [fù] 부자, 부유하다, 넉넉하다 [※ 가멸다: 재산이 많고 넉넉하다]

丰富 [fēngfù] 넉넉하다, 풍부하다 【연합구조】 풍성하고(丰) 넉넉하다(富). ◉ 丰(풍): 풍부하다, 풍성하다

改	고칠 개 [gǎi] 고치다, 바꾸다

改变 [gǎibiàn] 고치다 【술보구조】 고쳐서(改) 바꾸다(变). ◉ 变(변): 바꾸다, 변하다

概 概 | 평미레 개 [gài] 대강, 대략, 개괄, 평미레(되나 말에 곡식을 담고 평평하게 하는 기구)

大概 [dàgài] 대개, 아마도 【수식구조】 크게(大) 개괄하여(概). ◉ 大(대): 크다, 세다, 많다

赶 | 쫓을 간 [gǎn] 뒤쫓다, 따라가다, 추적하다

敢 | 감히 감 [gǎn] 감히(하다), 굳세다, 용감하다

勇敢 [yǒnggǎn] 용감(하다) 【연합구조】 날래고(勇) 굳세다(敢). ◉ 勇(용): 날래다, 용감하다

干 幹 | 방패 간 / 줄기 간 [gàn] 일하다, 담당하다, 줄기 / [gān] 마르다(乾건 3급 참조)

钢 鋼 | 강철 강 [gāng] 강철, 단단하다

弹钢琴 [tángāngqín] 피아노를 치다 【술목구조】 피아노(钢琴)를 치다(弹). ◉ 弹(탄): 튕기다, 두드리다, 钢琴: 강철(钢)로 만든 거문고(琴) 같은 악기. 피아노. ◉ 钢(강): 철, 강철. ◉ 琴(금): 거문고

膏 | 기름 고 [gāo] 기름, 기름지다, 살찌다

牙膏 [yágāo] 치약 【수식구조】 이(牙)를 닦는 고약(膏). ◉ 牙(아): 이, 어금니

胳 | 겨드랑이 각 [gē] 겨드랑이

胳膊[gēbo] 팔 【연합구조】 겨드랑이(胳) 아래 팔뚝(膊). ◉ 膊(박): 팔뚝, 상박

格 | 격식 격 [gé] 규격, 격식, 품격

表格 [biǎogé] 표, 도표, 양식 【수식구조】 표(表)로 된 격식(格).
  ◉ 表(표): 겉, 도표
合格 [hégé] 합격, 기준에 맞다 【술목구조】 규격(格)에 맞다(合).
  ◉ 合(합): 맞다, 어울리다
价格 [jiàgé] 값, 가격 【수식구조】 값(价)의 규격(格). ◉ 价(價가): 값
性格 [xìnggé] 성격 【연합구조】 성품(性)과 품격(格). ◉ 性(성) 본
  성, 성품
严格 [yángé] 엄격하다 【술목구조】 기준(格)에 엄하다(严). ◉ 严
  (엄, 严): 엄하다

各 | 각각 각 [gè] 각각, 갖가지

功 | 공들일 공 [gōng] 정성, 공로, 보람, 업적, 힘들이다

功夫 [gōngfu] 시간, 노력, 재주, 쿵후 【부가구조】 '功夫'의 최초
  결합은 '연마를 위해 정성(功)을 다하는 사람/남자(夫)'로
  보인다. 여기에서 그런 '행위'라는 개념과 다시 노력, 시간
  등으로 인신되었고, 이러한 과정에서 '夫'는 단어의 구성글
  자로 전락하여 본래의 의미를 상실한 접미어로 허화한 것
  으로 보인다. '工夫'로도 쓴다. ◉ 夫(부): 남자, 어른
成功 [chénggōng] 성공하다, 뜻을 이루다 【술목구조】 공/정성(功)
  을 이루다(成). ◉ 成(성): 이루다, 자라다

供 | 이바지할 공 [gōng] 이바지하다, 바치다, 주다

提供 [tígōng] 제공하다, 내놓다 【연합구조】 들고(提) 바치다(供).
  ◉ 提[제]: (손으로) 들다, 끌다

购 購 | 사들일 구 [gòu] 사다, 구매하다

购物 [gòuwù] 구매하다, 물건을 사다 【술목구조】 물건(物)을 사다 (购). ◉ 物(물): 물건, 사물

够 | 모을 구 [gòu] 충분하다

估 | 값 고 [gū] 값, 팔다, 평가하다, 추측하다

估计 [gūjì] 추측하다, 짐작하다 【연합구조】 추측하고(估) 따지다 (计). ◉ 计(계): 계산하다

鼓 | 북 고 [gǔ] 북, (북을) 치다

鼓励 [gǔlì] 격려하다, 북돋우다 【연합구조】 북을 쳐서(鼓) 격려하 다(励). ◉ 励(려): 힘쓰다, 격려하다

鼓掌 [gǔzhǎng] 박수(치다) 【술목구조】 손뼉(掌)을 치다(鼓). ◉ 掌 (장): 손바닥

挂 掛 | 걸 괘 [guà] 걸다, 등록하다

观 觀 | 볼 관 [guān] 보다, 구경하다, 견해

观众 [guānzhòng] 관중, 시청자 【수식구조】 보는(观) 사람들(众). ◉ 众(중): 무리

参观 [cānguān] 참관하다, 견학하다, 시찰하다 【연합구조】 참여 하여(参) 보다(观). ◉ 参(참): 참여하다, 참고하다

管 | 대롱 관 [guǎn] 대롱, 피리, 붓자루, 맡다, 관리하다

管理 [guǎnlǐ] 관리하다, 관할하다 【연합구조】 맡아(管) 다스리다 (理). ◉ 理(리): 다스리다

尽管 [jǐnguǎn] 설령 -할지라도, 불구하고 【수식구조】 최대한(尽) 상관(管)할지라도. ◉ 尽(儘 진): 다하다, 극치에 달하다, 될 수 있는 대로

不管 [bùguǎn] …을 막론하고 【수식구조】 상관하지(管) 않고(不).
⊙ 不(불): 안, 아니

光 │ 빛 광 [guāng] 빛, 경치, 오로지, 깡그리

阳光 [yángguāng] 양광, 햇빛 【수식구조】 태양(阳)의 빛(光). ⊙
阳(양): 볕, 햇빛, 태양

广 廣 │ 넓을 광 [guǎng] 넓다

广播 [guǎngbō] 방송하다 【수식구조】 널리(广) 퍼뜨리다(播). ⊙
播(파): 뿌리다, 퍼뜨리다
广告 [guǎnggào] 광고 【수식구조】 널리(广) 알리다(告). '广而告
之'(널리 알리다)의 준말. ⊙ 告(고): 알리다

逛 │ 달아날 광 [guàng] 거닐다, 노닐다

规 规 │ 법 규 [guī] 각도기, 법칙, 본보기

规定 [guīdìng] 규정, 규정하다 【수식구조】 법칙(规)으로 정함(定).
⊙ 定(정): 정하다, 정해지다

海 │ 바다 해 [hǎi] 바다

海洋 [hǎiyáng] 바다, 해양 【연합구조】 두 글자 모두 '바다'라는
뜻이다. ⊙ 洋(양): 큰 바다, 넘치다

寒 │ 찰 한 [hán] 차다, 춥다, 겨울의

寒假 [hánjià] 겨울 방학 【수식구조】 겨울(寒) 방학/휴가(假). ⊙
假(가): 휴일, 휴가[jià] / 거짓[jiǎ]

汗 │ 땀 한 [hàn] 땀

航 航 ┃ 배 항 [háng] 배, 운항하다

航班 [hángbān] 항공편 【수식구조】 항공(航)의 편성조/차례(班).
　　◉ 班(반); 반, 편성조, 차례

盒 ┃ 합자 합 [hé] 통, 합, 곽, 갑

盒子 [hézi] 합, 곽, 작은 상자 【부가구조】 子(자)는 명사접미어로
덧붙은 글자이다.(개체의 독립성을 나타냄)

合 ┃ 합할 합 [hé] 꼭 맞다, 합치다, 어울리다, 부합하다

合格 [hégé] 합격 【술목구조】 기준(格)에 맞다(合). ◉ 格(격): 기
　　준, 격식
合适 [héshì] 알맞다, 적합하다 【연합구조】 합치되고(合) 알맞다
　　(适). ◉ 适(적): 알맞다, 적합하다
适合 [shìhé] 알맞다, 적합하다 【연합구조】 알맞고(适) 합치되다
　　(合). ◉ 适(적): 알맞다, 적합하다
符合 [fúhé] 부합하다, 일치하다 【수식구조】 부절(符)처럼 맞다
　　(合). ◉ 符(부): 부절, 부호, 들어맞다

何 ┃ 어찌 하 [hé] 어찌(怎么), 무엇(什么)

任何 [rènhé] 어떠한, 무엇이든지 【술목구조】 어떤(何) 상황에 맡
　　겨져도(任). ◉ 任(임): 맡다, 맡기다

贺 贺 ┃ 하례할 하 [hè] 예물로 축하하다, 상을 더하다, 경
　　축하다

祝贺 [zhùhè] 축하하다 【연합구조】 축원하고(祝) 경축하다(贺).
　　◉ 祝(축): 빌다, 축원하다

厚 ┃ 두터울 후 [hòu] 두텁다

4급

g
h

| 呼 | 부를 호 [hū] 숨을 내쉬다, 외치다, 소리 지르다 |

打招呼 [dǎzhāohu] 인사하다 【술목구조】 손짓하고(招) 부르는(呼) 행위를 하다(打). ◉ 打(타): 치다, 때리다, 하다. 招(초): 손짓하다, 손으로 부르다

| 虎 | 범 호 [hǔ] 범, 호랑이 |

马虎 [mǎhu] 대충하다, 건성으로 하다 【연합구조】 말(马) 같기도 하고 범(虎) 같기도 하다. 대충대충. [※ 이 말은 옛날 송(宋)대에 어떤 화가가 그린 '말 같기도 하고 호랑이 같기도 한 모호한 동물'의 '马虎图(마호도)'에서 유래하였다고 한다.] ◉ 马(마): 말

老虎 [lǎohǔ] 범, 호랑이 【부가구조】 '虎'(호: 호랑이)는 동물의 왕자로 사냥에 매우 능숙하므로 특별히 '노련하다'는 의미의 '老'를 접두어로 사용하였다. ◉ 老(로): 명사접두어, 노련하다, 오래되다

| 互 | 서로 호 [hù] 서로 |

互相 [hùxiāng] 서로, 상호 【연합구조】 두 글자 모두 '서로'라는 뜻이다. ◉ 相(상): 서로

互联网 [hùliánwǎng] 인터넷 【수식구조】 서로(互) 연결(联)시키는 그물망(网), 네트워크. ◉ 联(련): 연결하다. 网(망): 그물, 네트워크

| 户 戶 | 집 호 [hù] 외짝문, 문, 집 |

窗户 [chuānghu] 창문 【수식구조】 창(窗)으로 된 문(户). ◉ 窗(창): 창문

划 劃 | 삿대 화 / 그을 획 [huà] (선을) 긋다 ['劃'(획)의 간화자] / [huá] 삿대, 배를 젓다(划:화)

计划 [jìhuà] 계획하다 【연합구조】 잘 따져서(计) 선을 긋다(划).
◉ 计(계): 따지다, 계산하다

怀 懷 | 품을 회 [huái] 품다, 감회

怀疑 [huáiyí] 의심하다, 의심을 품다 【술목구조】 의심(疑)을 품다(怀). ◉ 疑(의): 묻다, 의심하다

悔 | 뉘우칠 회 [huǐ] 뉘우치다

后悔 [hòuhuǐ] 뉘우치다, 후회하다 【수식구조】 뒤(后)에 뉘우치다(悔). ◉ 后(후): 뒤, 나중

和 | 온화할 화 [huó] 반죽하다, 따뜻하다 [hé] 어울리다, 부드럽다, …와

暖和 [nuǎnhuo] 따뜻하다, 따사롭다 【연합구조】 따뜻하고(暖) 부드럽다(和). ◉ 暖(난): 따뜻하다

活 | 살 활 [huó] 살다, 잘 움직이다

活动 [huódòng] 움직이다, 운동하다 【연합구조】 살아(活) 움직이다(动). ◉ 动(동): 움직이다

活泼 [huópo] 활발하다, 생동감이 있다 【연합구조】 살아(活) 생생하다(泼). ◉ 泼(발): 물을 뿌리다, 생생하다, 활력이 있다

生活 [shēnghuó] 생활, 생활하다 【연합구조】 살며(生) 활동하다(活). ◉ 生(생): 태어나다, 살다

伙 | 많을 화 [huǒ] 동료, 무리, 패 (고대 열 명의 병사로 이루어진 공동 취사 조직)

4급

h

小伙子 [xiǎohuǒzi] 녀석, 젊은이, 총각 【부가구조】 꼬맹이/귀여운(小) 녀석(伙子). ◉ 小(소): 작다, 귀엽다. 伙子(화자): 무리, 패. 녀석(속어로 젊은 남자애들의 칭호로 사용함). 子(자): 명사접미어 (개체의 독립성을 뜻함)

货 货 | 상품 화 [huò] 물품, 상품, 재물

售货员 [shòuhuòyuán] 판매원 【수식구조】 물건(货)을 파는(售) 사람(员). ◉ 售(수): 팔다. 员(원): 사람, 단체의 구성원

获 獲/穫 | 얻을 획 / 거둘 확 [huò] 얻다, 사로잡다(獲획), 거두다(穫확)

获得 [huòdé] 획득하다, 얻다 【술보구조】 사로잡아(获) 얻게되다(得). ◉ 得(득): 얻다

积 積 | 쌓을 적 [jī] 쌓다, 축적하다

积极 [jījí] 적극, 적극적이다 【술목구조】 극진함(极)을 쌓다(积), 매우 의욕을 갖다. ◉ 极(極 극): 끝, 극점, 다하다, 지극하다, 극진하다

积累 [jīlěi] 쌓이다, 누적되다 【연합구조】 두 글자 모두 '쌓다'라는 뜻이다. ◉ 累(루) [lěi]: 쌓이다, 거듭하다, 자주 / [lèi]: 힘들다, 피곤하다

激 | 세찰 격 [jī] 세차게 흐르다, 심하다, 격렬하다

激动 [jīdòng] 감격하다, 감동하다 【수식구조】 물이 세차게 흐르듯(激) 움직이다(动). ◉ 动(동): 움직이다

基 | 터 기 [jī] 터, 바탕, 기초

基础 [jīchǔ] 기초, 바탕, 토대 【연합구조】 터(基)와 주춧돌(础). ◉ 础(초): 주춧돌, 초석, 기초

| 圾 | 위태할 급 [jī] 위태하다, 쓰레기. '垃圾'(쓰레기)의 구성글자 |

垃圾桶 [lājītǒng] 쓰레기통 【수식구조】 쓰레기(垃圾) 통(桶). 垃圾(랄급): 쓰레기. ⊙ 垃(랄): 쓰레기. '垃圾'의 구성글자. 桶(통): 통

| 及 | 미칠 급 [jí] 미치다, 이르다, 및 |

及时 [jíshí] 제시간에, 곧바로, 제 시간에 미치다 【술목구조】 제 시간(时)에 미치다(及). ⊙ 时(시): 시간, 때, 제때

来不及 [láibují] 제 시간에 미칠 수 없다 【술보구조】 닿는데(来) 시간에 미칠 수가 없다(不及). ⊙ 来(래): 오다, 하다, 닿다. 不及(불급): 미치지 못하다(동사 뒤에 위치하여 불가능을 표시함) ↔ 得及: 미칠 수 있다, 닿을 수 있다(가능 표시) ※ V+不+C(…할 수 없다) ↔ V+得+C(…할 수 있다)

来得及 [láidejí] 제 시간에 미칠 수 있다, 늦지 않다. 【술보구조】 닿는데(来) 제 시간에 미칠 수 있다(得及). ⊙ 来(래): 오다, 하다, 닿다. 得及(득급): 미칠 수 있다. 닿을 수 있다. (동사 뒤에 위치하여 가능함을 표시함. '来不及' 참조)

| 即 即 | 곧 즉 [jí] 곧, 바로, 설령 |

即使 [jíshǐ] 설령 …할지라도 【연합구조】 두 글자 모두 '가설 및 양보'를 뜻한다. ⊙ 使(사): 만약, 시키다, 하게하다, 사용하다, 심부름꾼

| 籍 | 문서 적 [jí] 문서, 명부, 서적, 본적 |

国籍 [guójí] 국적 【수식구조】 나라(国)의 적(籍). ⊙ 国(국): 나라

| 既 既 | 이미 기 [jì] 이미 |

既然 [jìrán] 기왕에, 이미 −한 바에야 【부가구조】 이미(既) 그러한

상태(然). ◉ 然(연): 그렇다, 부사접미어(상태를 나타냄)

技 | 재주 기 [jì] 재주, 기술

技术 [jìshù] 기술【연합구조】 재주(技)와 꾀(术). ◉ 术(術 술): 재주, 꾀

继 繼 | 이을 계 [jì] 잇다, 이어지다, 계속하다

继续 [jìxù] 계속하다 【연합구조】 잇고(继) 잇다(续). ◉ 续(續 속): 잇다

寄 | 부칠 기 [jì] 부치다, 맡기다, 덧붙다

计 計 | 셈할 계 [jì] 세다, 계산하다, 계획하다

计划 [jìhuà] 계획하다 【연합구조】 잘 따져서(计) 선을 긋다(划). ◉ 划(劃 획): 긋다

济 濟 | 건질 제 [jì] 건지다, 건너다, 구제하다 / [Jǐ] 물이름 [济南 Jǐnán: 산동성의 성도, 지난시]

经济 [jīngjì] 경제【연합구조】 경영하여(经) 구제하다(济). '经世济民'(세상을 경영하여 백성을 구제하다)의 준말. ◉ 经(경): 경영하다, 관리하다

纪 紀 | 벼리 기 [jì] 벼리, 규율, 법도, 연대 [※ 벼리: 그 물코를 꿴 굵은 줄; 일이나 글의 뼈대]

世纪 [shìjì] 세기(1세기=100년) 【수식구조】 시대(世)의 뼈대묶음(纪). ◉ 世(세): 세대(1세대=30년), 시대, 세상

际 際 | 사이 제 [jì] 즈음, 때, 사이, 가장자리(끝)

国际 [guójì] 국제 【수식구조】 나라(国) 사이(际) ◉ 国(국): 나라

实际 [shíjì] 실제, 사실의 경우 【수식구조】 실질적인(实) 경우(际). [※ '실제(实际)'는 '사실의 경우나 형편'을 뜻하고, '실재 (实在)'는 '실제로 존재하다'는 뜻이다. 따라서 전자는 시공 간의 개념인 반면, 후자는 존재적 개념이다.] ◉ 实(실): 사 실, 열매, 충실, 실체, 진실하다

假 | 거짓 가 [jiǎ] 거짓, 거짓의, 가정하다, 만약 / [jià] 휴가, 방학, 겨를, 틈

价 價 | 값 가 [jià] 값, 가격, 가치

价格 [jiàgé] 값, 가격 【수식구조】 값(价)의 규격(格). ◉ 格(격): 기 준, 격식

坚 堅 | 굳을 견 [jiān] 굳다, 단단하다, 굳건하다

坚持 [jiānchí] 견지하다, 굳게 유지하다 【수식구조】 굳건하게(坚) 지키다(持). ◉ 持(지): 가지다, 지키다, 잡다

减 減 | 덜 감 [jiǎn] 덜다, 빼다, 줄이다

减肥 [jiǎnféi] 살을 빼다, 체중을 줄이다 【술목구조】 살(肥)을 줄 이다(减). ◉ 肥(비): 살찌다, 기름지다

减少 [jiǎnshǎo] 줄다, 줄이다, 감소하다 【술보구조】 줄여서(减) 적어지다(少). ◉ 少(소): 적다

建 | 세울 건 [jiàn] 세우다, 제기하다, 건설하다

建议 [jiànyì] 건의하다, 의견을 제시하다 【술목구조】 의견(议)을 세우다(建). ◉ 议(의): 의견, 의논하다

4급

j

键 鍵 │ 열쇠 건 [jiàn] 자물쇠, 굴대, 비녀장, 건반, 쪼개
다 [※ 자물쇠를 함곡관(函谷关) 동쪽, 진(陈), 초
(楚) 지방에서는 '건'(键)이라고 하고, 함곡관 서쪽
에서는 '약'(钥)이라고 하였다.(《方言》)]

关键 [guānjiàn] 관건, 핵심, 키포인트 【연합구조】 두 글자 모두
'자물쇠'라는 뜻으로, 상황이나 사태의 핵심을 의미한다.
◉ 关(관): 빗장, 관문, 연결고리, 끄다

江 │ 물이름 강 [jiāng] 강, 장강(長江)

长江 [Chángjiāng] 창장(长江), 장강, 양쯔장(扬子江) 【수식구조】
긴(长) 강(江). [※ '长江'은 원래 이름이 '江'이었으나, 중국
에서 가장 길다고 하여 '长江'이라고 함. '江'은 이제 또 물
줄기를 뜻하는 일반명사로도 사용됨] ◉ 长(장): 길다, 어른

将 將 │ 장수 장 [jiāng] 장차, 곧, 할 것이다, 장군

将来 [jiānglái] 장래, 훗날, 미래 【수식구조】 장차(将) 올(来) 시
간. ◉ 来(래): 오다

奖 獎 │ 권면할 장 [jiǎng] 상, 장려하다, 권면하다

奖金 [jiǎngjīn] 상금, 장려금, 보너스 【수식구조】 상(奖)으로 주는
돈(金). ◉ 金(금): 돈, 금, 쇠

降 │ 내릴 강 [jiàng] 내리다, 내려가다

降低 [jiàngdī] 내리다, 낮아지다, 인하하다 【술보구조】 내려서(降)
낮아지다(低). ◉ 低(저): 낮다
降落 [jiàngluò] 내려오다, 착륙하다 【연합구조】 내리고(降) 떨어지
다(落). ◉ 落(락): 떨어지다

交 | 사귈 교 [jiāo] 교차하다, 왕래하다, 건네주다, 사귀다, 서로

交流 [jiāoliú] 교류하다, 소통하다 【수식구조】 오가며 서로(交) 흐르다(流). ◉ 流(류): 흐르다, 통하다, 전하다

交通 [jiāotōng] 교통 【수식구조】 오가며 서로(交) 통하다(通). ◉ 通(통): 통하다

郊 | 성밖 교 [jiāo] 교외, 변두리

郊区 [jiāoqū] 변두리, 교외지역 【수식구조】 변두리(郊) 구역(区). ◉ 区(구): 지역, 구별

骄 驕 | 교만할 교 [jiāo] 교만하다, 우쭐거리다

骄傲 [jiāo'ào] 거만하다, 자부심이 강하다 【연합구조】 우쭐하고 (骄) 자랑스러워하다(傲). 거만하고(骄) 오만하다(傲). ◉ 傲 (오): 오만하다

饺 餃 | 경단 교 [jiǎo] 교자만두

饺子 [jiǎozi] 만두(교자만두) 【부가구조】 '饺'는 '교자만두'를 말한다. [※ 한국사회에서 흔히 말하는 '만두'라는 말은 한자로 '馒头'(만두; mántou)라고 쓰는데, 이는 중국어로는 '속이 없는 밀가루 빵'이라는 뜻이다. 밥 대용으로 취식하는 주식의 일종이다.] 子(자)는 명사접미어로, 단어의 청취 변별력을 높이기 위해 덧붙인 글자이다. ◉ 子(자): 아들, 자식, 명사접미어

金 | 쇠 금 [jīn] 쇠, 금, 돈

现金 [xiànjīn] 현금 【수식구조】 현실적인(现) 돈(金). ◉ 现(현): 지금, 당장, 나타나다

巾 | 수건 건 [jīn] 수건

毛巾 [máojīn] 수건 【수식구조】 털(毛)처럼 뽀송뽀송한 수건(巾).
　　◉ 毛(모): 털

尽 儘 | 다할 진 [jǐn] 되도록, …할 수 있는 한 / [jìn] 다 하다(盡)

尽管 [jǐnguǎn] 설령 -할지라도, 불구하고 【수식구조】 최대한(尽)
상관(管)할지라도. ◉ 管(관): 관리, 대롱, 붓, 맡다

紧 緊 | 팽팽할 긴 [jǐn] 팽팽하다, 단단하다, 긴밀하다

紧张 [jǐnzhāng] 빠듯하다, 긴박하다, 긴장하다 【수식구조】 팽팽
하게(紧) 당기다(张). ◉ 张(장): 펼치다, 당기다

仅 僅 | 겨우 근 [jǐn] 다만, 단지, 겨우

不仅 [bùjǐn] …뿐만 아니라 【수식구조】 단지(仅) …만 아니라(不).
　　◉ 不(불): 안, 아니

禁 | 금할 금 [jìn] 금하다

禁止 [jìnzhǐ] 금지하다 【술보구조】 금하여(禁) 그치게 하다(止). ◉
止(지): 그치다, 멈추다

精 | 깨끗할 정 [jīng] 순수하다, 정밀하다, 뛰어나다

精彩 [jīngcǎi] 훌륭하다, 멋지다 【연합구조】 정제되고(精) 다채롭
다(彩). ◉ 彩(채): 채색, 색체, 다채롭다

惊 驚 | 놀랄 경 [jīng] 놀라다, 무서워하다

吃惊 [chījīng] 놀라다 【술목구조】 '겁(惊)먹다(吃)'의 확장 의미,
놀라다. ◉ 吃(흘): 먹다

景 | 볕 경 [jǐng] 햇볕, 경치, 풍경

景色 [jǐngsè] 풍경, 경치 【수식구조】 풍경(景)의 색채(色). ◉ 色(색): 색깔

警 | 경계할 경 [jǐng] 경계하다, 주의하다, 깨우치다

警察 [jǐngchá] 경찰 【연합구조】 경계하며(警) 살피는(察) 사람. ◉ 察(찰): 살피다

竞 競 | 겨룰 경 [jìng] 겨루다

竞争 [jìngzhēng] 경쟁하다, 겨루다 【연합구조】 겨루고(竞) 다투다(争). ◉ 争(쟁): 다투다

竟 | 마침내 경 [jìng] 마치다, 다하다, 마침내

竟然 [jìngrán] 마침내, 뜻밖에도 【부가구조】 마치는(竟) 상태(然). ◉ 然(연): 그렇다. 상태를 나타내는 접미어
究竟 [jiūjìng] 도대체 【연합구조】 두 글자 모두 '다하다, 결국'이란 뜻이다. ◉ 究(구): 다하다, 궁구하다, 결국

镜 鏡 | 거울 경 [jìng] 거울

镜子 [jìngzi] 거울 【부가구조】 '子'는 명사접미어로 덧붙은 글자이다.
眼镜 [yǎnjìng] 안경 【수식구조】 눈(眼)에 끼는 유리/거울(镜). ◉ 眼(안): 눈

究 | 궁구할 구 [jiū] 다하다, 캐내다, 결국

究竟 [jiūjìng] 도대체 【연합구조】 두 글자 모두 '다하다, 결국'이란 뜻이다. ◉ 竟(경) 마치다, 마침내, 결국
研究 [yánjiū] 연구하다, 탐구하다 【연합구조】 갈고(研) 캐내다(究). 두 글자 모두 '깊게 연구하다'는 뜻이다. ◉ 研(연):

갈다, 연구하다

| 局 | 판 국 [jú] 관청, 구획, 부서, 사태, 판(바득, 장기) |

邮局 [yóujú] 우체국 【수식구조】 우편(邮)하는 부서(局). ◉ 邮
(우): 치달리다, 우편

| 举 擧 | 들 거 [jǔ] 들다, 일으키다, 추천하다 |

举办 [jǔbàn] 개최하다, 열다 【연합구조】 들어(举) 처리하다(办).
◉ 办(판): 힘쓰다, 처리하다
举行 [jǔxíng] 거행하다 【연합구조】 들어(举) 행하다(行). ◉ 行
(행): 가다, 행하다

| 距 | 떨어질 거 [jù] 떨어지다, 사이가 뜨다 |

距离 [jùlí] 거리, 간격 【연합구조】 두 글자 모두 '떨어지다'는 뜻
이다. ◉ 离(리): 떠나다, 떨어지다

| 聚 | 모일 취 [jù] 모이다 |

聚会 [jùhuì] 모임, 집회, 모이다 【연합구조】 두 글자 모두 '모이
다'는 뜻이다. ◉ 会(회): 모이다, 할 수 있다, 깨닫다

| 拒 | 막을 거 [jù] 막다, 거절하다 |

拒绝 [jùjué] 거절하다, 거부하다 【연합구조】 막고(拒) 끊다(绝).
◉ 绝(절): 끊다

| 剧 劇 | 연극 극 [jù] 연극, 심하다 |

京剧 [jīngjù] 경극 【수식구조】 북경지방(京)의 전통연극(剧). ◉
京(경): 서울, 북경

具 │ 갖출 구 [jù] 연장, 갖추다, 온전하다

工具 [gōngjù] 공구), 도구 【수식구조】 기술(工) 관련 도구(具). ◉
工(공): 기술

家具 [jiājù] 가구 【수식구조】 집안(家) 관련 도구(具). ◉ 家(가):
집, 가정

绝 絶 │ 끊을 절 [jué] 끊다, 거절하다, 절대

拒绝 [jùjué] 거절하다 【연합구조】 막고(拒) 끊다绝). ◉ 拒(거): 막다

烤 │ 구울 고 [kǎo] 굽다

烤鸭 [kǎoyā] 오리구이 【수식구조】 구운(烤) 오리(鸭). [※ '烤鸭'
는 본래 '동사+목적어'의 '술목' 구조로 '오리를 굽다'로 해
석되나, 이 단어는 특별히 '잘 구운 오리'(烤熟的鸭子)라는
뜻의 '수식' 구조로 굳어진 예이다.] ◉ 鸭(압): 오리

棵 │ 나무이름 과 [kē] 그루, 포기

科 │ 분류할 과 [kē] 과(연구분야의 작은 분류), 과목,
품등, 법률

科学 [kēxué] 과학 【수식구조】 원리를 연구하며 체계를 세우는
(科) 학문(学). ◉ 学(학): 학문, 학술

咳 │ 기침 해 [ké] 기침, 기침하다

咳嗽 [késou] 기침하다 【연합구조】 두 글자 모두 '기침하다'는 뜻
이다. ◉ 嗽(수): 기침하다

克 │ 이길 극 [kè] 이기다, 그램(g)

巧克力 [qiǎokèlì] 초콜릿 【수식구조】 '초코렛(chocolate)'의 음역

(音譯) 표기로, '교묘하게(巧) 이기는(克) 힘(力)을 내는 과자'로 풀이할 수 있다. [※ '巧克力'는 영어 'chocolate'의 소리를 옮긴 단어이므로 마땅히 '단순사'로 분류되어야 한다. 그러나 여기에서는 '巧克力'라는 단어를 구성하는 글자 간의 구조관계를 밝히는 것이므로, 여전히 '교묘하게(巧) 이기는(克) 힘(力)을 내는 과자'라는 뜻으로 풀이하여 수식구조로 간주한다.] ◉ 巧(교): 교묘하다. 力(력): 힘

肯 | 즐길 긍 [kěn] 기꺼이 하려하다, 받아들이다

肯定 [kěndìng] 틀림없이, 확실히 【수식구조】 기꺼이(肯) 확정되게 (定). ◉ 定(정): 정하다, 안정되다, 확정되다

恐 | 두려울 공 [kǒng] 무섭다, 두려워하다

恐怕 [kǒngpà] 아마도, …할까 두렵다 【연합구조】 두 글자 모두 '두려워하다'는 뜻이다. ◉ 怕(파): 두려워하다

空 | 빌 공 [kòng] 틈, 빈 곳 [kōng] 비다, 헛되이

填空 [tiánkòng] 빈 곳을 채우다 【술목구조】 빈곳(空)을 채우다 (填). ◉ 填(전): 채우다, (표를) 작성하다

苦 | 쓸 고 [kǔ] 쓰다, 괴롭다

辛苦 [xīnkǔ] 수고하다, 고생스럽다 【연합구조】 맵고(辛) 쓰다(苦), 고생스럽다. ◉ 辛(신): 맵다, 괴롭다

款 | 항목 관 [kuǎn] 항목, 조목, 큰돈, 경비

付款 [fùkuǎn] 돈을 지불하다 【술목구조】 대금(款)을 지불하다(付), ◉ 付(부): 주다, 교부하다

矿 鑛 | 쇳돌 광 [kuàng] 쇳돌, 광석

矿泉水 [kuàngquánshuǐ] 생수, 광천수, 암반수 【수식구조】 땅속 광석(矿)의 샘(泉)에서 나오는 물(水). ◉ 泉(천): 샘. 水 (수): 물

况 况 ┃ 하물며 황 [kuàng] 하물며, 상황

情况 [qíngkuàng] 상황, 정황, 사정, 형편 【연합구조】 내부 사정 (情)과 상황(况). ◉ 情(정): 감정, 정분, 사정, 실상

困 ┃ 괴로울 곤 [kùn] 곤란하다, 괴롭다, 가두어놓다

困难 [kùnnan] 곤란하다, 어렵다 【연합구조】 괴롭고(困) 힘들다 (难). ◉ 难(난): 어렵다

垃 ┃ 쓰레기 랄/랍 [lā] 쓰레기

垃圾桶 [lājītǒng] 쓰레기통 【수식구조】 쓰레기(垃圾) 통(桶). 垃圾: 쓰레기. ◉ 圾(급): 쓰레기, 위태하다. 桶(통): 통

拉 ┃ 끌 랍 [lā] 끌다, 당기다, 잡다

辣 ┃ 매울 랄 [là] 맵다, 얼얼하다

懒 懶 ┃ 게으를 라 [lǎn] 게으르다, 나른하다

浪 ┃ 물결 랑 [làng] 물결, 파도, 함부로, 멋대로이다

浪费 [làngfèi] 낭비하다, 허비하다 【수식구조】 물처럼/함부로(浪) 쓰다(费). ◉ 费(비): 쓰다, 소비하다, 비용

浪漫 [làngmàn] 낭만적이다, 로맨틱하다 【연합구조】 'roman(로 망)'의 음역 표기, 낭만. ['浪漫' 전체 의미는 단순사이나, 두 글자의 결합양상은 연합구조이다.] ◉ 漫(만): 질펀하다, 넘치다

4급

k
l

| 累 | 쌓일 루 [lěi] 쌓이다, 자주 [lèi] 지치다, 힘들다 |

积累 [jīlěi] 쌓이다, 누적되다 【연합구조】 쌓이고(积) 쌓이다(累).
⊙ 积(적): 쌓다

| 厉 厲 | 갈 려 [lì] 힘쓰다, 엄하다, 사납다, 위태롭다 |

厉害 [lìhai] 심하다, 엄하다, 대단하다 【연합구조】 사납고(厉) 해
가 될(害) 정도로 심하다. ⊙ 害(해): 손해, 해롭다, 헤치다

| 例 | 법식 례 [lì] 보기, 예 |

例如 [lìrú] 예를 들면 (…와 같다) 【주술구조】 보기(例)가 …와 같
다(如). ⊙ 如(여): 같다

| 丽 麗 | 고울 려 [lì] 곱다 |

美丽 [měilì] 아름답다, 예쁘다 【연합구조】 아름답고(美) 곱다(丽).
⊙ 美(미): 아름답다

| 利 | 이로울 리 [lì] 날카롭다, 이익 |

流利 [liúlì] 유창하다, 거침없다 【연합구조】 잘 흐르고(流) 날카로
워(利) 거침이 없다. ⊙ 流(류): 흐르다, 순조롭다
顺利 [shùnlì] 순조롭다, 일이 잘 되어가다 【술목구조】 이익(利)을
따르다(顺). ⊙ 顺(순): 따르다

| 励 勵 | 힘쓸 려 [lì] 힘쓰다, 권장하다, 격려하다 |

鼓励 [gǔlì] 격려하다, 북돋우다 【연합구조】 북을 쳐서(鼓) 힘을 내
게하다(励). ⊙ 鼓(고): 북을 치다

| 俩 倆 | 두사람 량 [liǎ] 두 사람 |

連 連 | 이을 련 [lián] 잇다, 연결하다, …조차(도)

怜 憐 | 영리할 령 / 가련할 련 [lián] 가엾게 여기다, 동정하다

可怜 [kělián] 가련하다, 불쌍하다 【수식구조】 매우(可) 불쌍하다 (怜). ⊚ 可(가): 강조부사

联 聯 | 잇닿을 련 [lián] 잇다, 관련되다

互联网 [hùliánwǎng] 인터넷, 네트워크 【수식구조】 서로(互) 연결시키는(联) 그물(网). ⊚ 互(호): 서로. 网(망): 그물
联系 [liánxì] 연락하다, 연결하다 【연합구조】 이어서(联) 매다(系). ⊚ 系(계): 연결, 줄, 매다

凉 | 서늘할 량 [liáng] 서늘하다

凉快 [liángkuai] 시원하다, 서늘하다 【연합구조】 서늘하고(凉) 시원하다(快). ⊚ 快(쾌): 시원하다, 빠르다, 즐겁다

量 | 헤아릴 량 [liáng] 재다, 헤아리다, 생각하다

商量 [shāngliang] 상의하다, 의논하다 【술목구조】 헤아림(量)을 주고받다(商). ⊚ 商(상): 거래하다, 헤아리다

量 | 헤아릴 량 [liàng] 양, 수량, 용량, 성격

数量 [shùliàng] 수량, 수효 【수식구조】 수(数)적인 양(量). ⊚ 数 (수): 수, 세다
质量 [zhìliàng] 품질, 질 【수식구조】 물건 바탕(质)의 양/성격 (量). ⊚ 质: 바탕, 품질, 소박하다

谅 諒 | 살펴알 량 [liàng] 살피다, 양해하다

原谅 [yuánliàng] 양해하다, 용서하다【연합구조】용서하고(原) 양
해하다(谅). ◉ 原(원): 원래의, 너그러이 용서하다

了 ｜ 마칠 료 [liǎo] 마치다

受不了 [shòubuliǎo] 견딜 수 없다, 참을 수 없다【술보구조】다
(了) 받아들일(受) 수가 없다(不). -不了(불료): 다 …할 수
없다, 불가능을 나타내는 가능보어. [※ V+不了(다 …할 수
가 없다, 다 해낼 수가 없다) ↔ V+得了 (다 …할 수가 있
다)] ◉ 受(수): 받다, 받아들이다. 不(불): 안, 못

列 ｜ 줄 렬 [liè] 벌리다, 늘어서다, 줄짓다, 줄, 열

排列 [páiliè] 배열하다, 정렬하다【연합구조】늘어서고(排) 줄짓다
(列). ◉ 排(배): 늘어서다, 밀치다, 물리치다

林 ｜ 수풀 림 [lín] 숲, 수풀

森林 [sēnlín] 삼림, 숲【연합구조】두 글자 모두 '숲'이라는 뜻이
다. ◉ 森(삼): 수풀, 빽빽하다

龄 齡 ｜ 나이 령 [líng] 나이, 연령

年龄 [niánlíng] 나이, 연령, 연세【연합구조】햇수(年)와 나이
(龄). ◉ 年(년): 해, 년

另 ｜ 따로 령 [lìng] 달리, 따로, 별다른

另外 [lìngwài] 달리, 별도로, 이 밖에【수식구조】달리(另) 밖(外)
에 있는. ◉ 外(외): 밖

流 ｜ 흐를 류 [liú] 흐르다, 전하다, 퍼지다, 물결

交流 [jiāoliú] 교류하다, 소통하다【수식구조】교차하며(交) 흐르
다(流). ◉ 交(교): 교차하다, 건네다, 사귀다

流利 [liúlì] 유창하다, 거침없다 【연합구조】 잘 흐르고(流) 날카로워(利) 거침이 없다. ◉ 利(리): 이익, 날카롭다

流行 [liúxíng] 유행하다, 널리 퍼지다 【수식구조】 물 흐르듯(流) 행하다(行). ◉ 行(행): 가다

虑 慮 | 생각할 려 [lǜ] 생각하다, 꾀하다

考虑 [kǎolǜ] 고려하다, 생각하다 【연합구조】 두 글자 모두 '생각하다'는 뜻이다. ◉ 考(고): 생각하다

律 | 법 률 [lǜ] 법, 계율, 음률

律师 [lǜshī] 변호사 【수식구조】 법(律)의 전문가(师). ◉ 师(사): 선생님, 스승, 전문가

法律 [fǎlǜ] 법률 【연합구조】 두 글자 모두 '법'이라는 뜻이다. ◉ 法(법): 법

乱 亂 | 어지러울 란 [luàn] 어지럽다

论 論 | 논할 론 [lùn] 의논하다, 논의하다

讨论 [tǎolùn] 토론하다 【연합구조】 치받으며(讨) 논의하다(论). ◉ 讨(토): 치다, 정벌하다

无论 [wúlùn] 막론하고, …에 관계없이 【술목구조】 논의함(论)이 없이(无), 논하지 않고, 막론(莫论)하고. [※ '无论'을 '不论'과 같이 여기고, '无'를 부정부사로 보아 '수식' 관계로 여기기도 하나, '无'가 '有'의 상반어라는 점에서 여전히 술목 관계로 규정한다.] ◉ 无(무): 없다

落 | 떨어질 락 [luò] 떨어지다

降落 [jiàngluò] 내려오다, 착륙하다, 떨어지다 【연합구조】 내리고(降) 떨어지다(落). ◉ 降(강): 내리다

麻 | 삼 마 [má] 삼, 대마, 거칠다, 마비시키다, 얼얼하다

麻烦 [máfan] 귀찮다, 성가시다, 번거롭다 【연합구조】 얼얼하고 (麻) 귀찮게 하다(烦). ◉ 烦(번): 귀찮다, 성가시다

码 碼 | 마노 마 [mǎ] 부호, 마노(보석)

号码 [hàomǎ] 번호 【수식구조】 번호(号)로 된 부호(码). ◉ 号 (호): 부르다, 차례, 번호
密码 [mìmǎ] 암호, 비밀 번호 【수식구조】 비밀(密) 부호/번호(码). ◉ 密(밀): 비밀, 빽빽하다, 숨기다

漫 | 질펀할 만 [màn] 흩어지다, 범람하다, 가득하다, 질펀하다, 넘치다

浪漫 [làngmàn] 낭만적이다, 로맨틱하다 【연합구조】 'roman(로 망)'의 음역 표기, 낭만. ['浪漫' 전체 의미는 단순사이나, 두 글자의 결합양상은 연합구조이다.] ◉ 浪(랑): 물결, 출 렁이다, 멋대로이다

毛 | 털 모 [máo] 털, 가볍다, 화폐단위('角'의 구어)

毛巾 [máojīn] 수건, 털목도리 【수식구조】 털(毛)로 된 수건(巾). 또는 털(毛)처럼 부드러운 수건(巾). ◉ 巾(건): 수건

貌 | 모습 모 [mào] 모습

礼貌 [lǐmào] 예의, 예의범절 【수식구조】 예의바른(礼) 모습(貌). ◉ 礼(례): 예의, 예절, 예의 바르다

美 | 아름다울 미 [měi] 아름답다

美丽 [měilì] 아름답다, 예쁘다 【연합구조】 아름답고(美) 곱다(丽). ◉ 丽(려): 곱다

| 梦 夢 | 꿈 몽 [mèng] 꿈

| 迷 | 미혹할 **미** [mí] 혼미하다, 헷갈리다, 매혹되여 빠지다, 애호가(-광)

迷路 [mílù] 길을 잃다 【술목구조】 길(路)을 헷갈려 하다(迷). ◉ 路(로): 길

| 密 | **빽빽할 밀** [mì] 빽빽하다, 숨기다, 비밀

密码 [mìmǎ] 암호, 비밀 번호 【수식구조】 숨기는/비밀(密) 부호/번호(码). ◉ 码(마): 부호, 마노(보석)

| 免 | 면할 **면** [miǎn] 면제하다, 면하다

免费 [miǎnfèi] 무료, 공짜로 하다 【술목구조】 비용(费)을 면제하다(免). ◉ 费(비): 비용, 쓰다, 소비하다

| 秒 | 분초 초 [miǎo] 초(시간 단위)

| 民 | 백성 **민** [mín] 백성

民族 [mínzú] 민족 【연합구조】 백성(民)과 겨레(族). ◉ 族(족): 겨레, 민족

| 命 | 목숨 **명** [mìng] 목숨, 명령

生命 [shēngmìng] 생명, 목숨 【수식구조】 살아있는(生) 목숨(命). ◉ 生(생): 태어나다, 살다

| 默 | 잠잠할 묵 [mò] 말없다, 묵묵하다, 조용하다

幽默 [yōumò] 유머(humor) 【연합구조】 'humor'(유머)의 음역

표기. [※ '幽默'는 영어 'humor'(유머)의 소리를 표기한 것으로, 특별히 글자간의 의미를 조명할 필요는 없다. 그러나 한자의 특성상 또한 구성글자의 의미관계를 완전히 별개로 할 수는 없다는 점에서, 여전히 '그윽하고(幽) 침묵한(默) 가운데에서 풍겨 나오는 재미'라는 뜻으로, 최대한 원단어 'humor'의 뜻을 살리려고 하였다.] ◉ 幽(유): 그윽하다, 깊다

母 | 어미 모 [mǔ] 엄마

母亲 [mǔqīn] 모친, 엄마, 어머니 【수식구조】 어머니로서의(母) 혈육(亲). ◉ 亲(친): 부모, 육친, 친하다, 친히

慕 | 그리워할 모 [mù] 그리워하다

羡慕 [xiànmù] 부러워하다, 흠모하다 【연합구조】 부러워하고(羡) 그리워하다(慕). ◉ 羡(선): 부러워하다

耐 | 견딜 내 [nài] 견디다, 참다

耐心 [nàixīn] 인내심, 참을성, 인내심이 있다 【수식구조】 참는(耐) 마음(心). ◉ 心(심): 마음

闹 鬧 | 시끄러울 뇨 [nào] 시끌벅적하다, 붐비다

热闹 [rènao] 붐비다, 시끌벅적하다, 번화하다 【연합구조】 성하고(热) 시끌벅적하다(闹). ◉ 热(열): 덥다, 뜨겁다, 성하다

恼 惱 | 괴로워할 뇌 [nǎo] 괴로워하다

烦恼 [fánnǎo] 번뇌하다, 걱정하다 【연합구조】 번민하고(烦) 괴로워하다(恼). ◉ 恼(뇌): 괴로워하다

内 | 안 내 [nèi] 안, 안쪽, 속

内容 [nèiróng] 내용 【수식구조】 안(內)에 담다(容), 또는 그 물질. ◉ 容(용): 받아들이다, 담다, 얼굴

| 弄 | 희롱할 롱 [nòng] 하다, 만들다, 장난하다 |

| 暖 | 따뜻할 난 [nuǎn] 따뜻하다 |

暖和 [nuǎnhuo] 따뜻하다 【연합구조】 따뜻하고(暖) 부드럽다(和). ◉ 和(화): 부드럽다, 온화하다

| 偶 | 짝 우 [ǒu] 짝, 우연히, 뜻하지 않게, 인형 |

偶尔 [ǒu'ěr] 가끔, 때때로, 어쩌다 【부가구조】 뜻하지 않은(偶) 상태(尔). '尔'은 그런 상태를 나타내는 부사접미어이다. ◉ 尔(이): 부사접미어, 너

| 牌 | 패 패 [pái] 패, 간판, 상표 |

登机牌 [dēngjīpái] 탑승권 【수식구조】 비행기(机)에 오르는(登) 패/증표(牌). 登机(등기): 비행기(机)에 오르다/타다(登). ◉ 登(등): 오르다. 机(기): 기계, 비행기

| 排 | 밀칠 배 [pái] 늘어서다, 밀어내다, 물리치다 |

排列 [páiliè] 배열하다, 정렬하다 【연합구조】 늘어서고(排) 줄짓다(列). ◉ 列(렬): 벌리다, 늘어서다, 줄짓다, 줄

排队 [páiduì] 줄서다 【술목구조】 줄(队)을 세우다(排). ◉ 队(대) 무리, 열, 팀

安排 [ānpái] 안배하다, 배치하다 【수식구조】 안정적으로/적당하게(安) 배치하다(排). ◉ 安(안): 편안하다, 안정되다, 안치다

| 判 | 판단할 판 [pàn] 나누다, 분별하다, 판가름하다 |

判断 [pànduàn] 판단하다, 판정하다 【연합구조】 나누고(判) 끊다

(断). 판별하고(判) 결단하다(断). ◉ 断(단): 끊다, 자르다

| 乒 | 팡 소리 병 [pāng] '핑퐁'(乒乓: 탁구)의 구성글자, '팡' |

乒乓球 [pīngpāngqiú] 탁구 【수식구조】 '핑퐁'(乒乓)하는 공(球) 놀이. 乒乓(병병): '핑퐁'의 한자표기. 탁구. ◉ 乒(핑): 핑퐁. 球(구): 공

| 陪 | 모실 배 [péi] 수행하다, 모시다 |

| 批 | 칠 비 [pī] 비평하다, 바로잡다, 표를 하다 |

批评 [pīpíng] 비평하다, 꾸짖다, 야단치다 【연합구조】 비판하고 (批) 평가하다(评). ◉ 评(평): 평가하다

| 脾 | 지라 비 [pí] 비장, 지라 |

脾气 [píqi] 성격, 기질, 성깔 【수식구조】 사람 내부/비장(脾)에서 우러나오는 기운(气). ◉ 气(기): 공기, 기운, 기색

| 篇 | 편장 편 [piān] 편, 장[문장·글의 구성 단위] |

| 骗 騙 | 속일 편 [piàn] 속이다 |

| 聘 | 부를 빙 [pìn] 부르다, 모시다, 초빙하다 |

应聘 [yìngpìn] 초빙에 응하다, 지원하다 【술목구조】 부름(聘)에 응하다(应). ◉ 应(응): 응하다
招聘 [zhāopìn] 초빙하다, 채용하다 【연합구조】 손짓하고(招) 부르다(聘). ◉ 招(초): 손짓하다, 부르다

| 乒 | 핑 소리 병 [pīng] '핑퐁'(乒乓)의 구성글자, '핑'

乒乓球 [pīngpāngqiú] 탁구 【수식구조】 '핑'(乒) '팡'(乓)하며 소리를 내는 공(球) 놀이. ◉ 球(구): 공

| 评 評 | 평할 평 [píng] 평가하다, 논평

批评 [pīpíng] 비평하다, 꾸짖다, 야단치다 【연합구조】 바로잡고 (批) 평가하다(批). ◉ 批(비) 비판하다, 바로잡다

| 泼 潑 | 물뿌릴 발 [pō] 뿌리다, 생기발랄하다

活泼 [huópo] 활발하다, 생동감이 있다 【연합구조】 살아(活) 생생하다(泼). ◉ 活(활): 살다

| 破 | 깨뜨릴 파 [pò] 깨뜨리다, 깨어지다, 해지다

| 葡 | 포도 포 [pú] 포도, '葡萄'(포도)의 구성글자

葡萄 [pútáo] 포도 【연합구조】 두 글자 모두 포도를 뜻한다. [※ 포도(葡萄)는 외국어를 표기한 외래어라고 하였다.] ◉ 萄 (도): 포도

| 普 | 널리 보 [pǔ] 널리, 두루, 두루 미치다

普遍 [pǔbiàn] 일반적인, 보편적인 【연합구조】 널리(普) 두루(遍). 두 글자 모두 '두루 퍼지다'는 뜻이다. ◉ 遍(편): 두루 퍼지다
普通话 [pǔtōnghuà] 표준중국어 【수식구조】 보편적으로 두루(普) 통하는(通) 말(话). 普通(보통): 두루 통하다. ◉ 通(통): 통하다. 话(화) 말

| 弃 棄 | 버릴 기 [qì] 버리다

放弃 [fàngqì] 버리다, 포기하다 【술보구조】 놓아서(放) 버리다
(弃). ◉ 放(방): 놓다, 놓아주다, 파하다

戚 │ 겨레 척 [qī] 겨레, 친척

亲戚 [qīnqi] 친척 【연합구조】 혈육(亲)과 일가(戚). ◉ 亲(친): 부
모, 육친, 친하다, 친히

签 簽 │ 제비 첨 [qiān] 제비, 꼬리표, 서명하다

签证 [qiānzhèng] 비자(visa), 사증(查證) 【수식구조】 입국허락을
서명(签)한 증명(证). ◉ 证(증): 증명, 증거

歉 │ 흉년들 겸 [qiàn] 미안해하다, 겸연쩍다, 모자라다

抱歉 [bàoqiàn] 사과하다, 미안해하다 【술목구조】 미안한 마음
(歉)을 품다(抱). ◉ 抱(포): 안다, 품다, 가지다
道歉 [dàoqiàn] 사과하다, 사죄하다 【술목구조】 미안하다(歉)라고
말하다(道). ◉ 道(도): 말하다, 길, 도리

敲 │ 두드릴 고 [qiāo] 두드리다

桥 橋 │ 다리 교 [qiáo] 다리

巧 │ 공교할 교 [qiǎo] 정교하다, 공교롭다, 꼭 맞다

巧克力 [qiǎokèlì] 초콜릿 【수식구조】 'chocolate(초코렛)'의 음역
(音譯) 표기, '교묘하게(巧) 이기는(克) 힘(力)을 내는 과자'
로 풀이할 수 있다. ◉ 克(극): 이기다. 力(력): 힘

切 │ 온통 체, 끊을 절 [qiè] (체) 온통, 모두, 중요하다
/ [qiē] (절) 끊다, 썰다

一切 [yíqiè] 일체, 전부 【수식구조】 하나로(一) 전부(切). ◉ 一

(일): 하나, 전체

亲 親 | 친할 친 [qīn] 어버이, 친척, 친하다, 친절하다, 친히

母亲 [mǔqīn] 어머니, 엄마, 모친 【수식구조】 어머니로서의(母) 혈육(亲). ◉ 母(모): 어머니

父亲 [fùqīn] 아버지, 부친 【수식구조】 아버지로서의(父) 혈육(亲). ◉ 父(부): 아버지

亲戚 [qīnqi] 친척 【연합구조】 혈육(亲)과 일가(戚). ◉ 戚(척): 겨레, 친척

琴 | 거문고 금 [qín] 거문고, 피아노

弹钢琴 [tángāngqín] 피아노를 치다 【술목구조】 피아노(钢琴)를 치다(弹). 钢琴(강금): 피아노. ◉ 弹(탄): 튕기다. 钢(강): 강철

穷 窮 | 다할 궁 [qióng] 가난하다, 다하다

区 區 | 구분할 구 [qū] 구분하다, 나누다, 지역

郊区 [jiāoqū] 변두리, 교외지역 【수식구조】 변두리(郊) 지역(区). ◉ 郊(교): 도시 변두리 지역

区别 [qūbié] 구별하다, 차이 【연합구조】 나누어(区) 달리하다 (别). ◉ 别(별): 다르다

取 | 취할 취 [qǔ] 취하다, (돈을) 찾다, 갖다

全 | 온전할 전 [quán] 전부, 완전하다, 온전하다

全部 [quánbù] 전부, 전체 【수식구조】 전체(全) 무더기(部). ◉ 部(부): 떼(집단), 부락

安全 [ānquán] 안전하다 【연합구조】 편안하고(安) 온전하다(全). ◉ 安(안): 편안하다

4급

q

完全 [wánquán] 완전히, 완전하다 【연합구조】 두 글자 모두 '완전하다'는 뜻이다. 곧 결함이나 부족함이 없다는 의미이다.
◉ 完(완): 다하다, 끝내다, 완전하다

泉 | 샘 천 [quán] 샘, 우물

矿泉水 [kuàngquánshuǐ] 생수, 광천수, 암반수 【수식구조】 땅속 광석(矿)의 샘(泉)에서 나오는 물(水). ◉ 矿(광): 쇳돌, 광석. 水 (수): 물

缺 | 이지러질 결 [quē] 모자라다, 빠지다, 이지러지다

缺点 [quēdiǎn] 결점, 단점 【수식구조】 모자라는(缺) 점(点). ◉ 点(점): 점

缺少 [quēshǎo] 모자라다, 결핍되다, 부족하다 【연합구조】 모자라고(缺) 적다(少) 少(소): 적다

却 卻 | 물리칠 각 [què] 도리어, 물리치다

确 確 | 굳을 확 [què] 굳다, 진실하다, 견고하다

确实 [quèshí] 확실하다, 확실히, 틀림없이 【연합구조】 굳건하고 (确) 신실하다(实). ◉ 实(실): 열매, 실체, 사실, 진실

正确 [zhèngquè] 정확하다, 맞다, 바르다 【연합구조】 바르고(正) 진실되다(确). ◉ 正(정): 바르다

准确 [zhǔnquè] 틀림없다, 확실하다 【연합구조】 맞고(准) 진실되다(确). ◉ 准(맞을 준): 맞다, 정확하다

染 | 물들 염 [rǎn] 물들다, 물들이다, 감염되다

污染 [wūrǎn] 오염되다 【수식구조】 더럽게(污) 물들다(染). ◉ 污 (오): 더럽다

扰 擾 | 어지러울 요 [rǎo] 어지럽다, 시끄럽다, 성가시다

打扰 [dǎrǎo] 방해하다 【술목구조】 귀찮게(扰) 하다(打). ◉ 打
(타): 치다, 하다

任 | 맡을 임 [rèn] 맡다, 감당하다, 임명하다

任何 [rènhé] 여하한, 어떠한, 무엇이든 【술목구조】 무엇(何)에 맡
길지라도(任). 어떠하든. ◉ 何(하): 무엇, 어떤, 어찌

任务 [rènwu] 임무 【수식구조】 맡은(任) 직무(务). ◉ 务(무): 직
무, 힘쓰다

责任 [zérèn] 책임 【연합구조】 책임지고(责) 맡다(任). ◉ 责(책):
책임, 꾸짖다

扔 | 던질 잉 [rēng] 던지다, 내버리다

仍 | 인할 잉 [réng] 여전히, 거듭하다

仍然 [réngrán] 여전히, 아직도 【부가구조】 여전한(仍) 상태(然)로.
◉ 然(연): 부사접미어(그런 상태), 그렇다

入 | 들 입 [rù] 들이다, 들어가다

入口 [rùkǒu] 입구, 들어오다 【수식구조】 들어오는(入) 길목(口).
◉ 口(구): 입, 길목

收入 [shōurù] 수입, 소득 【술보구조】 거두어(收) 들이다(入). ◉
收(수): 거두다, 받다, 받아들이다

散 | 흩어질 산 [sàn] 흩어지다

散步 [sànbù] 거닐다, 산보하다 【술목구조】 발걸음(步)을 흩어놓다
(散). ◉ 步(보): 걸음

| 森 | 빽빽할 삼 [sēn] 나무가 빽빽하다, 수풀 |

森林 [sēnlín] 삼림, 숲 【연합구조】 두 글자 모두 '수풀'이라는 뜻
이다. ◉ 林(림): 숲

| 沙 | 모래 사 [shā] 모래 |

沙发 [shāfā] 소파(sofa) 【연합구조】 영어 'sofa(소파)'의 음역 표
기임. [※ '沙发'는 글자 자체로 아무런 의미를 형성하지
못함] ◉ 发(발): 피다, 일어나다

| 伤 傷 | 다칠 상 [shāng] 다치다, 상처 |

伤心 [shāngxīn] 상심하다 【술목구조】 마음(心)을 다치다(伤). ◉
心(심): 마음

| 勺 | 구기 작 [sháo] 국자, 숟가락 [※ 구기: 술, 기름,
죽 따위를 푸는 기구, 자루가 짧다.] |

勺子 [sháozi] 국자, 숟가락 【부가구조】 흔히 '숟가락'이라는 뜻으
로도 쓰지만, 엄밀하게 말하면 '국자'이다. 중국사람들은
밥은 젓가락으로 먹으며, 국만 '숟가락같은 국자'로 먹는
다. 그래서 중국사람들에게 '숟가락'이란 '국을 떠먹는 작
은 국자'(汤勺 [tāngsháo])의 개념이다. 子(자)는 명사접미
어로 덧붙은 글자이며, 개체의 독립성을 나타낸다. ◉ 子
(자): 아들, 자식, 명사접미어

| 稍 | 벼줄기끝 초 [shāo] 약간, 조금, 벼줄기 끝처럼 미
미한 상태 |

稍微 [shāowēi] 조금, 약간 【연합구조】 두 글자 모두 '미미하다,
조금'이라는 뜻이다. ◉ 微(미): 거의 없다, 적다, 작다

社 | 토지신 사 [shè] 집단, 단체, 조직, 토지신(땅신) [본의]

社会 [shèhuì] 사회 【연합구조】 토지신(社)에게 제사를 지낼 때처럼 사람들이 모인(会) 상황. ◉ 会(회): 모이다

深 | 깊을 심 [shēn] 깊다

申 | 신 [shēn] 펼치다, 진술하다

申请 [shēnqǐng] 신청하다 【연합구조】 진술하여(申) 청하다(请). ◉ 请(청): 청하다, 요청하다

甚 | 심할 심 [shèn] 심하다, 몹시

甚至 [shènzhì] 더욱이, …까지도, 심지어(甚至於/于)의 생략형태, 【수식구조】 더욱(甚) …에(於/于) 이르다(至). ◉ 至(지): 이르다, 지극히

省 | 살필 성 [shěng] 절약하다 / [xǐng] 반성하다, 깨닫다

剩 | 남을 잉 [shèng] 남다

失 | 잃을 실 [shī] 잃다, 과실

失败 [shībài] 실패하다 【연합구조】 잃고(失) 지다(败). ◉ 败(패): 지다, 무너지다

失望 [shīwàng] 실망하다 【술목구조】 희망(望)을 잃다(失). ◉ 망(望): 바라다, 희망

拾 | 주을 습 [shí] 줍다, 수습하다

收拾 [shōushi] 거두다, 수습하다 【연합구조】 거두고(收) 줍다(拾).
　　◉ 收(수): 거두다, 받다

使 | 시킬 사 [shǐ] 시키다, 하게하다, 사용하다, 심부름 꾼, 가령, 만약

使用 [shǐyòng] 쓰다, 사용하다 【연합구조】 부려(使) 쓰다(用). ◉
　　用(용): 쓰다

大使馆[dàshǐguǎn] 대사관 【수식구조】 대사(大使)가 있는 큰집
　　(馆). 大使(대사): 큰(大) 사자(使), 대사. ◉ 大(대): 크다.
　　馆(관): 손님을 접대하거나 묵게 하는 건물. 큰집

即使 [jíshǐ] 설령 …할지라도 【연합구조】 두 글자 모두 '가설 및
　　양보'를 뜻한다. ◉ 即(즉): 설령, 곧, 바로

士 | 선비 사 [shì] 선비, 남자, 사람

护士 [hùshi] 간호사 【수식구조】 지켜주는(护) 사람(士) = 간호사
　　(看護士) 살피고 지켜주는 사람. ◉ 护: 지키다, 보호하다

硕士 [shuòshì] 석사 【수식구조】 공부를 크게(硕) 한 사람(士), 대
　　학원(석사과정) 졸업자. ◉ 硕(석): 크다

式 | 법 식 [shì] 법, 의식(儀式), 법식, 형상, 본뜨다

正式 [zhèngshì] 정식의, 공식의 【수식구조】 바른(正) 법식(式). ◉
　　正(정): 바르다, 정당하다

示 | 보일 시 [shì] 보이다, 보이게 하다, 나타내다

表示 [biǎoshi] 표시하다, 나타내다 【연합구조】 겉으로 드러내어
　　(表) 보이다(示). ◉ 表(표): 겉, 드러내다, 표

柿 | 감 시 [shì] 감

西红柿 [xīhóngshì] 토마토 【수식구조】 홍시(红柿)처럼 생긴 서양
　　(西)의 채소. 红柿(홍시): 빨갛게 익은 감. ◉ 西(서): 서쪽,
　　서방, 서양. 红(홍): 붉다

适 適 | 알맞을 적 [shì] 알맞다, 적당하다, 가다

适应 [shìyìng] 적응하다 【수식구조】 알맞게(适) 대응하다(应). ◉
　　应(응): 응하다, 따르다
适合 [shìhé] 알맞다, 적합하다 【연합구조】 알맞고(适) 합치되다
　　(合). ◉ 合(합): 합하다, 어울리다
合适 [héshì] 알맞다, 적합하다 【연합구조】 합치되고(合) 알맞다
　　(适). ◉ 合(합): 합하다, 어울리다

释 釋 | 풀 석 [shì] 풀다, 해석하다

解释 [jiěshì] 해석하다, 변명하다, 해명하다 【연합구조】 두 글자
　　모두 '풀다, 풀이하다'는 뜻이다. ◉ 解(해): 풀다

匙 | 숫가락 시 [shi] 열쇠 / [chí] 숫가락

钥匙 [yàoshi] 열쇠 【연합구조】 두 글자 모두 '열쇠'라는 뜻이다.
　　◉ 钥(약): 열쇠, 자물쇠

收 | 거둘 수 [shōu] 거두다, 받다, 받아들이다

收拾 [shōushi] 거두다, 수습하다 【연합구조】 거두고(收) 줍다(拾).
　　◉ 拾(습): 줍다
收入 [shōurù] 수입, 소득 【술보구조】 거두어(收) 들이다(入). ◉
　　入(입): 들어오다, 들이다

首 | 머리 수 [shǒu] 머리, 먼저, 으뜸, 처음

首先 [shǒuxiān] 맨 먼저, 우선, 무엇보다 먼저 【연합구조】 처음
(首)과 먼저(先). 두 글자 모두 '먼저, 앞서'라는 뜻이다. ◉
先(선): 먼저, 앞서다

首都 [shǒudū] 수도 【수식구조】 으뜸(首) 도시(都). ◉ 都(도): 도
시[dū] / 모두[dōu]

授 | 줄 수 [shòu] 주다, 전수하다

教授 [jiàoshòu] 교수 【연합구조】 가르치고(教) 전수해주는(授) 사
람. ◉ 教(교): 가르치다

受 | 받을 수 [shòu] 받다, 받아들이다, 견디다

接受 [jiēshòu] 접수하다, 받아들이다 【연합구조】 접하고(接) 받아
들이다(受). ◉ 接(접): 잇다, 접하다, 맞이하다, 받아들이다

难受 [nánshòu] 견딜 수 없다, 괴롭다 【술목구조】 받아들이기(受)
어렵다(难). ◉ 难(난): 어렵다

受不了 [shòubuliǎo] 견딜 수 없다, 참을 수 없다 【술보구조】 받
아들일(受) 수가 없다(不了). -不了(불료): …(다)할 수 없다.
◉ 不(불): 안, 아니. 了(료): 마치다

受到 [shòudào] 받다, 얻다 【술보구조】 받게(受) 되다(到). '到'는
'受'의 결과보어이다. ◉ 到(도): 도착하다. (목적을) 이루다

售 | 팔 수 [shòu] 팔다

售货员 [shòuhuòyuán] 판매원, 점원 【수식구조】 상품(货)을 파는
(售) 사람(员). ◉ 货(화): 상품, 재화. 员(원): 조직원, 구성원

输 輸 | 나를 수 [shū] 나르다, 운송하다, 지다(승패)

熟 | 익을 숙 [shú] 익다, 여물다, 잘 알다

熟悉 [shúxī] 잘 알다, 익숙하다 【술보구조】 다(悉) 알다(熟). 아는

것을(熟) 다하다(悉). ◉ 悉(실): 다, 모두, 다하다, 다 알다

暑 暑 │ 더울 서 [shǔ] 덥다

放暑假 [fàngshǔjià] 여름방학을 하다 【술목구조】 여름방학(暑假)
을 하다(放). 暑假(서가): 여름(暑) 휴가/방학(假). ◉ 放(방):
놓다, 풀어주다. 假(가): 틈, 휴가

术 術 │ 꾀 술 [shù] 꾀, 재주, 기술, 수단

艺术 [yìshù] 예술 【연합구조】 재주(艺)와 꾀(术)로 이룬 문화. 기
예(艺)와 학술(术). ◉ 艺(예): 재주, 기술, 예술

帅 帥 │ 장수 수, 거느릴 솔 [shuài] 잘생기다, 장수, 거느
리다

顺 順 │ 따를 순 [shùn] 따르다, 순방향의

顺便 [shùnbiàn] ···하는 김에, 차제에 【술목구조】 편리(便)를 따
르다(順). ◉ 便(편): 편리하다

顺利 [shùnlì] 순조롭다, 일이 잘 되어가다 【술목구조】 이익(利)을
따르다(順). ◉ 利(리): 이익

顺序 [shùnxù] 순서, 차례 【연합구조】 순(順)과 서(序). 두 글자
모두 '차례'라는 뜻이다. ◉ 序(서): 차례

硕 碩 │ 클 석 [shuò] 크다

硕士 [shuòshì] 석사 【연합구조】 공부를 많이 한 큰(碩) 선비(士).
◉ 士(사): 선비, 관리, 벼슬아치

死 │ 죽을 사 [sǐ] 죽다

松 鬆 | 솔 송 / 더벅머리 송 [sōng] 소나무(松), 거칠다 (鬆), 느슨하다(鬆)

放松 [fàngsōng] 느슨하게 하다, 긴장을 풀다 【술보구조】 느슨하 게(松) 풀다(放). 풀어서(放) 느슨하게 하다(松). ◉ 放(방): 놓다, 풀다, 놓아주다

轻松 [qīngsōng] 가뿐하다, 수월하다, 부담없다 【연합구조】 가볍 고(轻) 느슨하다(松). ◉ 轻(경): 가볍다

嗽 | 기침할 수 [sòu] 기침하다

咳嗽 [késou] 기침하다 【연합구조】 두 글자 모두 '기침'이라는 뜻 이다. ◉ 咳(해): 기침

速 | 빠를 속 [sù] 빠르다

速度 [sùdù] 속도 【수식구조】 빠른(速) 정도(度). ◉ 度(도): 법도, 정도, 풍채, 모습

高速公路 [gāosùgōnglù] 고속도로 【수식구조】 고속(高速)으로 달 릴 수 있는 도로(公路). 高速(고속): 높은(高) 정도의 빠르기 (速). 公路(공로): 공공(公)의 길(路). ◉ 高(고): 높다. 公 (공): 공공의, 공적인, 모든 사람의. 路(로): 길

塑 | 빚을 소 [sù] 빚다, 조소, 빚어만들다

塑料袋 [sùliàodài] 비닐봉지 【수식구조】 비닐(塑料) 봉지(袋). 塑料 (소료): 비닐, 플라스틱류. ◉ 料(료): 재료. 袋(대): 자루, 봉지, 주머니

酸 | 실 산 [suān] 시다, 시큼하다, 산(酸)

随 隨 | 따를 수 [suí] 따르다, 순응하다

随便 [suíbiàn] 마음대로, 편한 대로 【술목구조】 편리(便)를 따라 (随). ◉ 便(편): 편리, 편하다

随着 [suízhe] …따라서, …에 따라 【부가구조】 따르는(随) 상태 (着)로. ◉ 着(착): 조사로서, 상태의 지속을 나타냄.

孙 孫 | 손자 손 [sūn] 손자, 자손, 후손

孙子 [sūnzi] 손자 【부가구조】 孙(손)은 '아들의 아들'이라는 뜻이 고, 子(자)는 명사접미어로 덧붙은 글자이다. (개체의 독립성을 나타냄). ◉ 子(자): 아들, 자식, 명사접미어

台 臺 | 돈대 대 / 별 태 [tái] 높고 평평한 건축물, 대, 무대

抬 | 매질할 태 [tái] 들다, 맞들다

态 態 | 모양 태 [tài] 모양, 모습, 상태, 몸짓, 몸가짐

态度 [tàidu] 태도 【연합구조】 사람의 모습/몸짓(态)과 풍채(度). ◉ 度(도): 법도, 도수, 모습, 풍채, 헤아리다

弹 彈 | 탄알 탄 [tán] 타다, 쏘다, 튕기다 [dàn] 총알

弹钢琴 [tángāngqín] 피아노를 치다 【술목구조】 피아노(钢琴)를 치다(弹). 钢琴(강금): 피아노. 강철철사(钢)로 된 가야금 (琴) 같은 악기. ◉ 钢(강): 강철. 琴(금): 가야금, 거문고

谈 談 | 말씀 담 [tán] 말하다

汤 湯 | 끓일 탕 [tāng] 국, 끓이다

躺 | 누울 당 [tǎng] 눕다

趟 | 뛸 쟁 [tàng] 뛰다, 차례, 번, 횟수

萄 | 포도 도 [táo] 포도. '葡萄'(포도)의 구성글자

葡萄 [pútáo] 포도 【연합구조】 두 글자 모두 '포도'라는 뜻이다.
　　◉ 葡(포): 포도

讨 討 | 칠 토 [tǎo] 치다, 탐구하다, 비난하다, 요구하다

讨论 [tǎolùn] 토론하다 【연합구조】 치받으며(讨) 논의하다(论).
　　◉ 论(론): 논의하다
讨厌 [tǎoyàn] 싫어하다, 미워하다 【술목구조】 싫증(厌)을 일으키
　　다(讨). ◉ 厌(염): 질리다, 싫어하다

填 塡 | 메울 전 [tián] 채우다, 메우다, 기입하다

填空 [tiánkòng] 빈 곳을 채우다 【술목구조】 빈곳(空)을 채우다
　　(填). ◉ 空(공): 비다, 빈곳

停 | 머무를 정 [tíng] 머무르다

挺 | 빼어날 정 [tǐng] 빼어나다, 꼿꼿하다, 제법

厅 廳 | 관청 청 [tīng] 마루, 관청

餐厅 [cāntīng] 식당, 레스토랑 【수식구조】 밥먹는(餐) 넓은 마루
　　집(厅). ◉ 餐(찬): 밥, 먹다
客厅 [kètīng] 객실, 응접실 【수식구조】 손님(客)을 맞이하는 마루
　　방(厅). ◉ 客(객): 손님, 남

通 | 통할 통 [tōng] 통하다, 뚫리다

交通 [jiāotōng] 교통 【수식구조】 오가며(交) 통하다(通). ◉ 交 (교): 사귀다, 오가다, 건네다

通过 [tōngguò] 통과하다, 지나가다 【술보구조】 통하여(通) 지나 다(过). ◉ 过(과): 지나다

通知 [tōngzhī] 알리다, 통지, 통지서 【연합구조】 통하여/뚫어서 (通) 알리다(知). ◉ 知(지): 알다

童 | 아이 동 [tóng] 아이

儿童 [értóng] 어린이, 아동 【연합구조】 두 글자 모두 '아이'라는 뜻이다. ◉ 儿(아): 아이

桶 | 통 통 [tǒng] 통

垃圾桶 [lājītǒng] 쓰레기통 【수식구조】 쓰레기(垃圾) 통(桶). 垃圾 (랄급): 쓰레기. ◉ 垃(랄): 쓰레기, 흙덩이. 圾(급): 쓰레기, 위태하다

推 | 밀 추 [tuī] 밀다, 미루다

推迟 [tuīchí] 미루다, 늦추다, 연기하다 【술보구조】 미루어서(推) 늦추다(迟). ◉ 迟(지): 늦다

脱 | 벗을 탈 [tuō] 벗다, 벗어나다

袜 襪 | 버선 말 [wà] 버선, 양말

袜子 [wàzi] 양말, 스타킹 【부가구조】 袜(말)은 몸끝/발에 착용하 는 옷감/양말이라는 뜻이고, 子(자)는 명사접미어로 덧붙은 글자이다. ◉ 子(자): 아들, 자식, 명사접미어

4급

t
w

微 | 작을 미 [wēi] 작다, 미미하다, 거의 없다

稍微 [shāowēi] 조금, 약간 【연합구조】 두 글자 모두 '미미하다, 조금'이라는 뜻이다. ⊙ 稍(초): 조금, 약간

危 | 위태할 위 [wēi] 위태롭다, 위험하다

危险 [wēixiǎn] 위험하다 【연합구조】 위태롭고(危) 험하다(险). ⊙ 险(험): 험하다, 위태롭다

围 圍 | 에워쌀 위 [wéi] 둘레, 둘러싸다

范围 [fànwéi] 범위 【수식구조】 본보기/법(范)의 둘레(围). ⊙ 范: 법, 본보기, 본받다

周围 [zhōuwéi] 주위, 주변 【연합구조】 돌며(周) 둘러싸다(围). 두 글자 모두 '둘러싸다'라는 뜻이다. ⊙ 周: 두루, 둘레, 돌다

味 | 맛 미 [wèi] 맛

味道 [wèidao] 맛 【수식구조】 맛(味)의 본질(道). ⊙ 道: 길, 이치, 근본

卫 衛 | 지킬 위 [wèi] 지키다, 주위를 돌다

卫生间 [wèishēngjiān] 화장실, 세면장 【수식구조】 위생(卫生)을 하는 방(间). 卫生(위생): 위생, 생명(生)을 지킴(卫). ⊙ 间 (간): 방, 칸, 실

温 溫 | 따뜻할 온 [wēn] 따뜻하다, 부드럽다

温度 [wēndù] 온도 【수식구조】 따뜻한(温) 정도(度). ⊙ 度(도): 정도, 도수

污 汚 │ 더러울 오 [wū] 더럽다

污染 [wūrǎn] 오염되다 【수식구조】 더럽게(污) 물들다(染). ◉ 染 (염): 물들다, 물들이다

无 無 │ 없을 무 [wú] 없다

无聊 [wúliáo] 무료하다, 심심하다, 지루하다 【술목구조】 한담/잡 담할(聊) 것/거리가 없다(无). ◉ 聊(료): 한담하다, 주제 없 이 이야기하다

无论 [wúlùn] 막론하고, …에 관계없이 【술목구조】 논의할(论) 것 이 없다(无). 막론(莫论)하다. ◉ 论(론): 논의하다

误 誤 │ 그르칠 오 [wù] 잘못되다, 틀리다

误会 [wùhuì] 오해하다 【수식구조】 잘못(误) 깨닫다(会). ◉ 会 (회): 깨닫다, (배워서) 할수 있다

错误 [cuòwù] 착오, 잘못 【연합구조】 어긋나고(错) 잘못되다(误). ◉ 错(착): 어긋나다, 섞이다, 잘못하다

吸 │ 들이쉴 흡 [xī] 숨을 들이쉬다, 마시다, 빨다

吸引 [xīyǐn] 빨아들이다, 빨아 당기다 【술보구조】 빨아(吸) 당기다 (引). ◉ 引(인): 당기다

惜 │ 아낄 석 [xī] 아끼다

可惜 [kěxī] 아쉽다, 애석하다 【수식구조】 매우(可) 아쉬워하다 (惜). [※ 통상 '可'가 형용사 앞에 사용되면 부사로서 '매 우'라는 뜻을 갖는다.] ◉ 可(가): 할 수 있다, 허가하다, 매우

悉 │ 다 실 [xī] 다, 모두, 상세하다

熟悉 [shúxī] 잘 알다, 익숙하다 【술보구조】 다(悉) 알다(熟). 알는

것을(熟) 다하다(悉). ⊙ 熟(숙): 익다, 여물다, 잘 알다

细 細 | 가늘 세 [xì] 가늘다, 세밀하다

详细 [xiángxì] 상세하다, 자세하다 【연합구조】 상세하고(详) 세밀
하다(细). ⊙ 详(상): 상세하다, 다하다
仔细 [zǐxì] 자세하다, 꼼꼼하다 【연합구조】 자상하고(仔) 세밀하다
(细). ⊙ 仔(새끼 자): 새끼, 자세하다

咸 鹹 | 다 함 / 짤 함 [xián] 다(모두), 짜다 [※ '咸'은
이제 '鹹'(짤 함)의 간화자로 통합되었다.]

险 險 | 험할 험 [xiǎn] 험하다

危险 [wēixiǎn] 위험하다 【연합구조】 위태롭고(危) 험하다(险). ⊙
危(위): 위태하다

线 線 | 줄 선 [xiàn] 선, 줄

占线 [zhànxiàn] 통화 중, 접속 중이다 【술목구조】 선(线)을 차지
하다(占), 온라인(on line). ⊙ 占(점): 차지하다, 점유하다

羡 羨 | 부러워할 선 [xiàn] 부러워하다

羡慕 [xiànmù] 부러워하다, 흠모하다 【연합구조】 부러워하고(羡)
그리워하다(慕). ⊙ 慕(모): 그리워하다

详 詳 | 자세할 상 [xiáng] 자세하다, 세밀하다

详细 [xiángxì] 상세하다, 자세하다 【연합구조】 상세하고(详) 세밀
하다(细). ⊙ 细(세): 가늘다, 세밀하다

象 象 | 코끼리 상 [xiàng] 코끼리, 본뜨다, 닮다, 꼴, 모
양, 상징

橡 | 상수리나무 상 [xiàng] 고무나무, 상수리나무

橡皮 [xiàngpí] 지우개 【수식구조】 고무나무(橡)의 껍질(皮) 〉 고무 〉 지우개. ◉ 皮(피): 가죽, 껍질

效 | 본받을 효 [xiào] 본받다, 효율적이다

效果 [xiàoguǒ] 효과 【수식구조】 본받을 만한/효율적인(效) 결과(果). ◉ 果(과): 열매, 결과

消 | 사라질 소 [xiāo] 없어지다, 사라지다, 소모하다, 소식

消息 [xiāoxi] 소식 【연합구조】 사라지고(消) 자라는(息) 변화. [※ '消息'은 '消长'(소장: 사라지고 자라다)으로 풀이된다.] ◉ 息(식): 쉬다, 자라다, 소식

辛 | 매울 신 [xīn] 맵다, 괴롭다

辛苦 [xīnkǔ] 수고하다, 고생스럽다 【연합구조】 맵고(辛) 괴롭다(苦). ◉ 苦(고): 쓰다, 괴롭다

兴 興 | 일 흥 [xīng] 일으키다, 흥성하다 / [xìng] 흥미, 흥취, 흥

兴奋 [xīngfèn] 흥분하다, 격동하다 【연합구조】 일어나(兴) 날개치다(奋). ◉ 奋(분): 떨치다, 날개치다, 분발하다

醒 | 깰 성 [xǐng] 깨다, 깨닫다

提醒 [tíxǐng] 일깨우다, 주의를 환기시키다 【술목구조】 깨어있음/각성(醒)을 하게하다/일으키다(提). ◉ 提(제): 끌다, 들다

幸 | 다행 행 [xìng] 다행, 좋은 운, 은총

幸福 [xìngfú] 행복하다 【연합구조】 다행스럽고(幸) 복(福)있다.
⊙ 福(복): 복, 행운

性 | 성품 성 [xìng] 성품, 본성, 성별

性別 [xìngbié] 성별, 남녀에 대한 구별 【수식구조】 성(性)의 구별
(別). ⊙ 別(별): 다르다, 구별
性格 [xìnggé] 성격 【연합구조】 성품(性)과 품격(格). ⊙ 格(격):
바르다, 이르다, 격식

羞 羞 | 부끄러울 수 [xiū] 부끄럽다, 수줍다

害羞 [hàixiū] 수줍어하다, 부끄러워하다 【연합구조】 무서워하고
(害) 부끄러워하다(羞). ⊙ 害(해): 해치다, 거리끼다

修 | 닦을 수 [xiū] 닦다, 꾸미다, 고치다

修理 [xiūlǐ] 고치다, 수리하다 【연합구조】 고치고(修) 다스리다
(理). ⊙ 理(리): 다스리다

秀 | 빼어날 수 [xiù] 빼어나다, 뛰어나다, 아름답다

优秀 [yōuxiù] 뛰어나다, 우수하다 【연합구조】 뛰어나고(优) 빼어
나다(秀). ⊙ 优(우): 뛰어나다, 넉넉하다

许 許 | 허락할 허 [xǔ] 허락하다, 아마도, 가량, 매우

许多 [xǔduō] 매우 많다, 허다하다 【수식구조】 매우(许) 많다(多).
⊙ 多(다): 많다
也许 [yěxǔ] 아마도, 어쩌면 【연합구조】 아마(许) 도(也). ⊙ (야):
또한, …도

续 續 | 이을 속 [xù] 잇다, 이어지다

继续 [jìxù] 계속하다 【연합구조】 두 글자 모두 '잇다'는 뜻이다.

◉ 继(계): 잇다

序 ┃ 차례 서 [xù] 차례, 순서, 앞채(집)

顺序 [shùnxù] 순서, 차례 【연합구조】 순(顺)과 서(序). 두 글자 모두 '차례'라는 뜻이다. ◉ 顺(순): 따르다, 차례

压 壓 ┃ 누를 압 [yā] 누르다

压力 [yālì] 압력, 부담, 스트레스 【수식구조】 누르는(压) 힘(力). ◉ 力(력): 힘

鸭 鴨 ┃ 오리 압 [yā] 오리

烤鸭 [kǎoyā] 오리구이 【수식구조】 구운(烤) 오리(鸭). [※ '烤鸭'는 본래 '동사+목적어'의 술목구조로 '오리를 굽다'로 해석되나, 이 단어는 특별히 '잘 구운 오리'(烤熟的鸭子)라는 뜻의 수식구조로 굳어진 예이다.] ◉ 烤(고): 굽다, 쬐다

亚 亞 ┃ 버금 아 [yà] 버금가다, 두 번째의, 아시아의 약칭

亚洲 [Yàzhōu] 아시아주 【수식구조】 아시아(亚细亚) 대륙(洲), 亚细亚洲(아시아주)의 준말. ◉ 洲: 땅덩어리, 대륙, 모래톱

呀 呀 ┃ 어조사 아 [ya] 입 벌리다, 어기조사(앞글자의 발음에 따른 '啊(·a)'의 다른 형태)

烟 煙 ┃ 연기 연 [yān] 연기, 담배

抽烟 [chōuyān] 담배를 피우다 【술목구조】 담배(烟)를 뽑다(抽) 〉 담배를 피우다. ◉ 抽(추): 뽑다, 빼다

言 ┃ 말씀 언 [yán] 말, 언어

语言 [yǔyán] 언어 【연합구조】 두 글자 모두 '말'이라는 뜻이다.

⊙ 语(어): 말, 말하다, 의논하다

研 研 | 갈 연 [yán] 갈다, 연구하다

研究 [yánjiū] 연구하다, 탐구하다 【연합구조】 갈고(研) 캐내다
(究). 두 글자 모두 '연구하다'는 뜻이다. ⊙ 究: 다하다,
캐내다

盐 鹽 | 소금 염 [yán] 소금

严 嚴 | 엄할 엄 [yán] 엄하다, 심하다

严格 [yángé] 엄격하다, 엄하다 【술목구조】 격식/기준(格)에 엄하
다(严). 기준(格)을 엄하게 하다(严). ⊙ 格(격): 바르다, 기
준, 격식
严重 [yánzhòng] 엄중하다, 심각하다 【연합구조】 엄하고(严) 무겁
다(重). ⊙ 重(중): 무겁다, 중요하다

演 | 펼 연 [yǎn] 펼치다, 행하다, 공연하다

演出 [yǎnchū] 공연하다 【술보구조】 행위를 펼쳐(演) 내다(出). ⊙
出(출): 나가다, 드러내다
演员 [yǎnyuán] 연기자, 배우, 연예인 【수식구조】 연기하는(演)
사람(员). ⊙ 员(원): 관원, 구성원
表演 [biǎoyǎn] 연기하다, 공연하다 【술목구조】 몸짓(演)을 드러내
다(表). ⊙ 表(표): 겉, 드러내다

厌 厭 | 싫어할 염 [yàn] 싫어하다, 싫증나다

讨厌 [tǎoyàn] 싫어하다, 미워하다 【술목구조】 싫증(厌)을 일으키
다(讨) 〉 싫어하다. ⊙ 讨(토): 치다, 탐구하다, 비난하다,
요구하다

验 驗 | 시험할 험 [yàn] 시험하다, 검증하다, 조사하다

经验 [jīngyàn] 경험, 체험 【술목구조】 검증(验)을 거치다(经). ◉
经(경): 거치다, 통하다, 겪다, 지나다

扬 揚 | 오를 양 [yáng] 들다, 올리다, 날리다

表扬 [biǎoyáng] 칭찬하다, 표창하다 【연합구조】 드러내어(表) 높
이다(扬). ◉ 表(표): 겉, 표시, 드러내다

洋 | 큰바다 양 [yáng] 큰바다, 넓다, 서양의

海洋 [hǎiyáng] 바다, 해양 【연합구조】 두 글자 모두 '바다'라는
뜻이다. ◉ 海(해): 바다

养 養 | 기를 양 [yǎng] 기르다, 키우다, 먹이다, 가꾸다

养成 [yǎngchéng] 기르다, 양성하다 【술보구조】 키워(养) 이루다
(成). '成'은 결과보어이다. ◉ 成(성): 이루다

邀 | 맞을 요 [yāo] 맞이하다, 꾀하다, 영접하다

邀请 [yāoqǐng] 초청하다, 초대하다 【연합구조】 맞이하고(邀) 청
하다(请). ◉ 请(청): 청하다

钥 鑰 | 자물쇠 약 [yào] 열쇠

钥匙 [yàoshi] 열쇠 【연합구조】 두 글자 모두 '열쇠'라는 뜻이다.
◉ 匙: 숟가락, 열쇠

叶 葉 | 화합할 협 / 잎 엽 [yè] 잎 [※ '叶'은 본래 '화합
하다'는 뜻의 '협'자였으나, 이제 '葉'(엽)의 간화자
가 되었다.]

叶子 [yèzi] 잎, 잎사귀 【부가구조】 子(자)는 명사접미어로 덧붙은

글자이다. ◉ 子(자): 아들, 자식, 명사접미어

页 頁 | 머리 혈, 책면 엽 [yè] 머리(혈), 책 면(엽), 쪽

疑 | 의심할 의 [yí] 의심, 의심하다

怀疑 [huáiyí] 의심하다 【술목구조】 의심(疑)을 품다(怀). ◉ 怀 (회): 품다

艺 藝 | 재주 예 [yì] 재주, 기술, 예술

艺术 [yìshù] 예술 【연합구조】 재주(艺)와 꾀(术)로 이룬 문화. 기예(艺)와 학술(术). ◉ 术(술): 꾀, 재주, 기술, 수단

忆 憶 | 생각할 억 [yì] 생각(하다), 기억(하다), 추억(하다)

回忆 [huíyì] 회상하다, 추억하다 【술목구조】 기억(忆)을 돌이키다 (回). ◉ 回(회): 돌다, 돌아가다, 돌이키다

谊 誼 | 정 의 [yì] 정분, 우정, 도리

友谊 [yǒuyì] 우정, 우의 【수식구조】 친구(友)의 정분(谊). ◉ 友 (우): 벗, 다정한

译 譯 | 번역할 역 [yì] 번역하다, 풀이하다

翻译 [fānyì] 번역하다, 통역하다 【연합구조】 뒤집어/바꾸어(翻) 옮기다(译). ◉ 翻(번): 뒤집다, 펼치다, 바꾸다

引 | 끌 인 [yǐn] 끌다, 당기다, 일으키다

吸引 [xīyǐn] 빨아들이다, 빨아 당기다 【술보구조】 빨아(吸) 당기다 (引). ◉ 吸(흡): 들이쉬다, 빨아들이다
引起 [yǐnqǐ] 끌다, 불러일으키다 【술보구조】 끌어(引) 일으키다

(起) 起(기): 일으키다, 일어나다

| 印 | 도장 인 [yìn] 도장, 찍다, 인쇄하다 |

打印 [dǎyìn] 인쇄하다, 프린트하다 【연합구조】 타자(打)하여 인쇄
(印)하다. [※ '打印'은 '打字油印'(글자를 치고 잉크로 인쇄
하다)는 뜻이다.] ◉ 打(타): 치다, 하다
复印 [fùyìn] 복사하다 【수식구조】 다시(复) 인쇄하다(印). ◉ 复
(복): 중복하다, 돌아가다

| 赢 赢 | 남을 영 [yíng] 이기다, 이익을 얻다 |

| 应 應 | 응할 응 [yìng] 대응하다, 응답하다, 맞추다 /
[yīng] 마땅하다, 해야 한다 |

适应 [shìyìng] 적응하다 【수식구조】 알맞게(适) 대응하다(应). ◉
适(적): 맞다, 알맞다
应聘 [yìngpìn] 초빙에 응하다, 지원하다 【술목구조】 초빙(聘)에
응하다(应). ◉ 聘: 모시다, 초빙하다

| 永 | 길 영 [yǒng] 길다, 오래가다 |

永远 [yǒngyuǎn] 오래도록, 영원히 【연합구조】 길고(永) 멀리(远).
◉ 远(원): 멀다

| 勇 | 날낼 용 [yǒng] 날래다, 용감하다 |

勇敢 [yǒnggǎn] 용감하다 【연합구조】 날래고(勇) 굳세다(敢). ◉
敢(감): 굳세다, 함부로, 감히

| 优 優 | 뛰어날 우 [yōu] 뛰어나다, 넉넉하다, 낫다 |

优点 [yōudiǎn] 장점 【수식구조】 뛰어난(优) 점(点). ◉ 点(점): 점
优秀 [yōuxiù] 뛰어나다, 우수하다 【연합구조】 뛰어나고(优) 빼어

나다(秀). ◉ 秀: 빼어나다, 뛰어나다

幽 | 그윽할 유 [yōu] 그윽하다, 어둡다, 깊다

幽默 [yōumò] 유머(humor) 【연합구조】 'humor(유머)'의 음역
표기. 그윽하고(幽) 침묵한(默) 가운데에서 나오는 재치. ◉
默: 조용하다

油 | 기름 유 [yóu] 기름

加油站 [jiāyóuzhàn] 주유소 【수식구조】 기름(油)을 더하는(加)는
기지(站). ◉ 加(가): 더하다. 站(참): 역, 기지

由 | 말미암을 유 [yóu] 말미암다, 유래하다, 거치다, 까닭

由于 [yóuyú] …때문에, …로 말미암아 【술보구조】 …에서(于) 유
래하다(由). ◉ 于: (조사)…에(서)

尤 | 더욱 우 [yóu] 더욱, 두드러지다, 탓하다

尤其 [yóuqí] 더욱이, 특히 【부가구조】 여기에서 '其'는 접미어로
서, 특별한 의미는 없다. ◉ 其: 그, 그것(고대한어의 3인
칭대명사, 它), 접미어

愉 | 즐거울 유 [yú] 즐겁다, 유쾌하다

愉快 [yúkuài] 기쁘다, 유쾌하다 【연합구조】 기쁘고(愉) 상쾌하다
(快). ◉ 快(쾌): 기쁘다, 빠르다

预 預 | 미리 예 [yù] 미리

预习 [yùxí] 예습하다 【수식구조】 미리(预) 익히다(习). ◉ 习(습):
익히다

羽 | 깃 우 [yǔ] 깃, 깃털, 날개

羽毛球 [yǔmáoqiú] 배드민턴(공) 【수식구조】 깃털(羽毛)이 달린
공(球). ◉ 毛(모): 털. 球(구): 공

与 與 | 더불 여 [yǔ] …와[=和(hé)], 더불어

原 | 언덕 원 [yuán] 언덕, 근원, 원래, 처음의, 너그러
이 용서하다

原来 [yuánlái] 원래, 본래, 알고 보니 【연합구조】 근원/처음(原)부
터 내려온(来). [※ '由原而来'(근원에서부터 오다)의 생략형
으로 볼 수 있다.] ◉ 来: 오다, 일어나다
原谅 [yuánliàng] 양해하다, 용서하다 【연합구조】 용서하고(原) 양
해하다(谅) ◉ 谅(량): 살펴 알다, 양해하다
原因 [yuányīn] 원인 【수식구조】 최초(原)의 까닭(因). ◉ 因(인):
까닭, 원인, 따르다, 의거하다

约 約 | 맺을 약 [yuē] 맺다, 묶다, 약속하다, 줄이다

约会 [yuēhuì] 약속하다 【술목구조】 만남(会)을 약속하다(约). ◉
会(회): 만나다, 모임
大约 [dàyuē] 아마, 대개 【수식구조】 크게(大) 줄여서(约). ◉ 大
(대): 크다
节约 [jiéyuē] 절약하다, 줄이다, 아끼다 【연합구조】 두 글자 모두
'줄이다'는 뜻이다. ◉ 节(절): 마디, 절개, 줄이다

阅 閱 | 볼 열 [yuè] 읽다, 훑어보다, 검열하다

阅读 [yuèdú] 열독하다 【연합구조】 훑어보고(阅) 읽어보다(读).
◉ 读(독): 읽다

4급

y

云 雲 | 구름 운 [yún] 구름

允 | 허락할 윤 [yǔn] 허락하다, 승낙하다

允许 [yǔnxǔ] 허락하다, 윤허하다 【연합구조】 두 글자 모두 '허락하다'는 뜻이다. ◉ 许(허): 허락하다

杂 雜 | 섞일 잡 [zá] 섞다, 섞이다, 자질구레하다

复杂 [fùzá] 복잡하다 【연합구조】 겹치고(复) 섞이다(杂). ◉ 复(複복): 겹치다, 중복되다

杂志 [zázhì] 잡지 【수식구조】 잡다한(杂) 기록(志) 〉 잡지. ◉ 志(지; 誌): 기록, 기록하다, 의지

咱 | 나 찰 [zán] 나, 우리

咱们 [zánmen] 우리(상대방까지 포함함을 강조함) 【부가구조】 나(咱) 들(们). ◉ 们(문): …들, 복수접미어

暂 暫 | 잠깐 잠 [zàn] 잠깐, 짧은 시간

暂时 [zànshí] 잠깐, 잠시 【수식구조】 잠깐(暂) 동안의 때(时). ◉ 时(시): 때, 시간

脏 髒/臟 | 오장 장 / 더러울 장 / 오장 장 [zāng] 더럽다(髒) / 내장, 오장육부(臟)

责 責 | 꾸짖을 책 [zé] 꾸짖다, 나무라다, 책임

责任 [zérèn] 책임 【연합구조】 책임지고(责) 맡다(任). ◉ 任: 맡다, 감당하다, 맡기다

则 則 | 법칙 칙, 그런 즉 [zé] 법칙, 그렇다면[즉]

否则 [fǒuzé] 그렇지 않으면 【연합구조】 그렇지 않다(否) 면(则).
⊙ 否(부): 그렇지 않다(不然)

增 | 더할 증 [zēng] 늘다, 많아지다, 증가하다

增加 [zēngjiā] 많아지다, 증가하다 【연합구조】 늘이고(增) 더하다
(加). ⊙ 加(가): 더하다, 많아지다

展 | 펼 전 [zhǎn] 펴다, 벌이다, 나아가다, 발달하다

发展 [fāzhǎn] 발전하다 【연합구조】 피어나(发) 펼쳐지다(展). ⊙
发(발): 피어나다, 일어나다, 드러나다, 쏘다, 밝히다

占 | 차지할 점 [zhàn] 차지하다, 점유하다 / [zhān] 점치다

占线 [zhànxiàn] 통화 중, 접속 중이다 【술목구조】 선(线)을 점유
하다(占), 온라인(on line). ⊙ 线(선): 실, 선

章 | 글 장 [zhāng] 글, 단락, 조목, 규정

文章 [wénzhāng] 글, 작품 [※ '독립된 한 편의 글'이라는 뜻으
로, 한국어의 '문장'(sentence)과 개념이 다름] 【수식구조】
글(文)의 단락(章). ⊙ 文(문): 글월, 문자, 무늬

招 | 부를 초 [zhāo] 손짓하다, 부르다

招聘 [zhāopìn] 초빙하다, 채용하다 【연합구조】 손짓하고(招) 부르
다(聘). ⊙ 聘(빙): 부르다, 구하다

打招呼 [dǎzhāohu] 인사하다 【술목구조】 손짓하고(招) 부르는(呼)
행위를 하다(打). [※ '招呼'는 '打'의 목적어이다.] ⊙ 打
(타): 치다, 때리다, 하다. 呼(호): 숨을 내쉬다, 소리로 부르다

折 | 꺾을 절 [zhé] 꺾다, 굽히다, 할인하다

打折 [dǎzhé] 할인하다, 값을 깎다, 꺾다, 끊다 【술목구조】 값을 꺾기(折)를 하다(打). [※ '折'는 '打'의 목적어이다.] ◉ 打 (타): 치다, 때리다, 하다

针 針 | 바늘 침 [zhēn] 바늘

打针 [dǎzhēn] 주사를 놓다, 주사를 맞다 【술목구조】 침/주사침 (针)을 하다/놓다. [※ '针'은 '打'의 목적어이다.] ◉ 打 (타): 치다, 때리다, 하다

争 爭 | 다툴 쟁 [zhēng] 다투다

竞争 [jìngzhēng] 경쟁하다, 겨루다 【연합구조】 겨루고(竞) 다투 다(争). ◉ 竞(경): 다투다, 겨루다

整 | 가지런할 정 [zhěng] 가지런하다, 온전하다

整理 [zhěnglǐ] 정리하다 【연합구조】 가지런히 하고(整) 다스리다 (理). ◉ 理(리): 다스리다, 정리하다

证 證 | 증거 증 [zhèng] 증서, 증거, 증명하다

证明 [zhèngmíng] 증명하다, 밝히다 【술보구조】 증명하여(证) 밝 히다(明). ◉ 明(명): 밝다, 밝히다

保证 [bǎozhèng] 책임지다, 보증하다, 담보하다 【술목구조】 증명 (证)을 지키다(保). ◉ 保(보): 지키다, 보장하다

签证 [qiānzhèng] 비자(visa), 사증(查證) 【수식구조】 입국허락을 서명(签)한 증명(证). ◉ 签(첨): 제비, 서명하다

支 | 지탱할 지 [zhī] 받치다, 치르다, 가르다

支持 [zhīchí] 지지하다 【연합구조】 받치고(支) 지키다(持). ◉ 持

(지): 가지다, 견디다, 지키다

之 | 갈 지 [zhī] 그것, …의 (문언 구조조사로 '的'에 상당함.)

汁 | 즙 즙 [zhī] 즙, 주스

果汁 [guǒzhī] 과즙, 과일즙 【수식구조】 과일(果)의 즙(汁). ◉ 果 (과): 열매, 과일

值 值 | 값 치 [zhí] 값, 가치가 있다, 즈음하다

值得 [zhídé] …할 만한 가치가 있다, …할 만하다 【부가구조】 … 할 정도의(得) 가치가 있다(值). '得'(득)은 본래 구조조사로 서 결과상태를 나타내는 보어표지였으나, 여기에서는 동사 접미어라는 형태소로 허화(虛化)하였다. ◉ 得(득): 얻다, 구조조사

植 植 | 심을 식 [zhí] 심다, 세우다, 서다, 식물

植物 [zhíwù] 식물 【수식구조】 심어져 서있는(植) 물체(物). ◉ 物 (물): 사물, 물건, 물체

4급

z

职 職 | 일 직 [zhí] 일, 일자리, 벼슬, 맡다

职业 [zhíyè] 직업 【연합구조】 두 글자 모두 '일'이라는 뜻이다. ◉ 业(업): 일, 업, 종사하다

指 | 가리킬 지 [zhǐ] 손가락, 가리키다

址 | 터 지 [zhǐ] 터, 소재지

地址 [dìzhǐ] 주소 【연합구조】 땅(地)과 터(址). ◉ 地(지): 땅, 자리

止 | 그칠 지 [zhǐ] 그치다, 멈추다, 그만두다

禁止 [jìnzhǐ] 금지하다 【술보구조】 금하여(禁) 멈추게 하다(止). ◉ 禁(금): 금하다

志 誌 | 뜻 지 / 기록할 지 [zhì] 뜻(志), 기록하다(誌) [※ '志'(뜻 지)는 '誌'(기록할 지)의 간화자이기도 하다.]

杂志 [zázhì] 잡지 【수식구조】 잡다한(杂) 기록물(志). ◉ 杂: 섞다, 섞이다

质 質 | 바탕 질 [zhì] 바탕, 질, 본질, 성질, 소박하다

质量 [zhìliàng] 품질, 질 【수식구조】 물건 바탕(质)의 양/성격 (量), 품질. [※ 한국어의 '질량'(무게)과 뜻이 다름.] ◉ 量 (량): 수량, 성격, 헤아리다

至 | 이를 지 [zhì] 이르다, 지극하다, 최대한의, 가장

至少 [zhìshǎo] 적어도, 최소한 【수식구조】 최대한/가장(至) 적어도(少). ◉ 少(소): 적다, 젊다

甚至 [shènzhì] 더욱이, …까지도, 심지어(甚至於/于)의 생략형태 【수식구조】 더욱(甚) …에(於/于) 이르다(至). ◉ 甚: 심하다, 몹시

众 眾 | 무리 중 [zhòng] 무리

观众 [guānzhòng] 관중, 시청자 【수식구조】 보는(观) 사람들(众). ◉ 观(관): 보다, 돌아다니며 보다, 구경하다

洲 | 물가 주 [zhōu] 모래톱, 땅덩어리

亚洲 [Yàzhōu] 아시아주 【수식구조】 아시아(亚细亚) 대륙(洲), 亚细亚洲(아시아주)의 준말. ◉ 亚(아): 버금가다, 둘째, 아시

아의 약칭

著 │ 나타날 저 [zhù] 드러나다, 짓다, 분명하다

著名 [zhùmíng] 저명하다, 유명하다 【술목구조】 이름(名)을 드러
내다(著). ◉ 名(명): 이름

祝 │ 축 [zhù] 빌다, 기원하다, 축원하다

祝贺 [zhùhè] 축하하다 【연합구조】 축원하고(祝) 경축하다(贺).
◉ 贺(하): 하례하다, 축하(하다), 재물을 더해주다

专 專 │ 오로지 전 [zhuān] 오로지, 몰두하다, 전일(專一)
하다

专门 [zhuānmén] 전문적이다 【수식구조】 전념하는(专) 분야(门).
◉ 门(문): 문, 분야

专业 [zhuānyè] 전공 【수식구조】 전념하는(专) 일(业). ◉ 业(업):
일, 업종

转 轉 │ 구를 전 [zhuàn] 구르다, 돌다 / [zhuǎn] 바꾸다,
전환하다

赚 賺 │ 거듭 팔릴 잠 [zhuàn] 벌다, 이윤을 남기다

资 資 │ 재물 자 [zī] 재물, 자본, 자원, 자질

工资 [gōngzī] 월급, 임금, 노임 【수식구조】 기술/노동(工)에 대한
자금/보수(资). ◉ 工(공): 기술, 장인, 근로

仔 │ 자세할 자 [zǐ] 새끼, 어리다, 작다, 자세하다

仔细 [zǐxì] 자세하다, 꼼꼼하다 【연합구조】 작고(仔) 가늘다(细).
◉ 细(세): 가늘다, 세밀하다

族 | 겨레 족 [zú] 겨레

民族 [mínzú] 민족, 겨레 【연합구조】 백성(民)과 겨레(族). ◉ 民
(민): 백성, 겨레

尊 | 높을 존 [zūn] 높다, 귀하다, 공경하다

尊重 [zūnzhòng] 존중하다 【연합구조】 높이고(尊) 중하게(重) 여
기다. ◉ 重(중): 무겁다, 중하다

座 | 자리 좌 [zuò] 자리

座位 [zuòwèi] 좌석 【수식구조】 자리(座)의 위치(位). ◉ 位(위):
자리, 지위, 위치

百 | 일백 **백** [bǎi] 백, 100 2급신출자

百分之 [bǎifēnzhī] 퍼센트, 백분(율)의 【연합구조】 백등분(百分) 의(之). 백분(百分): 백등분. ◉ 分(분): 나누다. 之(지): ~의 (관형격 조사), 그것

包 | 쌀 **포** [bāo] 싸다, 싸매다, 꾸리다, 포, 보자기, 자루, 가방 3급신출자

包子 [bāozi] 소를 넣고 보자기처럼 묶은 형태로 빚은 만두. 빠오즈 【부가구조】 '包'는 '싸다, 보따리'라는 뜻인데, 여기에서는 얇은 밀가루 피에 만두소를 넣고 보자기처럼 묶은 형태로 빚은 만두를 말한다. '子'는 명사접미어로서 덧붙은 글자이며, 개체의 독립성을 나타낸다. '饺子'가 보통 초승달이나 반달처럼 생긴 만두라면, '包子'는 조그마한 보따리처럼 생긴 만두이다. ◉ 子(자): 아들, 자식, 명사접미어

报 報 | 알릴 **보** [bào] 알리다, 신문 2급신출자

报名 [bàomíng] 신청하다, 지원하다, 등록하다 【술목구조】 이름 (名)을 알리다(报). ◉ 名(명): 이름

本 | 근본 **본** [běn] 근본, 본래, 책, 공책, 권(단위사) 1급신출자

本来 [běnlái] 본래, 원래 【연합구조】 처음/근본(本)부터 내려온 (来). [※ '由本而来'(처음부터 내려오다)의 생략형태) ◉ 来

(래): 오다, 일어나다

比　｜　견줄 비 [bǐ] 견주다, 비교하다, 비유하다 2급신출자

比如 [bǐrú] 예를 들면, 예컨대 【연합구조】 비유하면(比) …와 같다
(如). [※ '比'는 '譬'(비: 비유하다)와 같은 뜻으로, '如'(…
와 같다)와 연합관계를 이룬다. '譬如'[pìrú]로 쓰기도 한
다.] ◉ 如(여): …와 같다, 만약

差 差　｜　어긋날 차 [chà] 모자라다, 차이가 있다, 차이
　　　　3급신출자

差不多 [chàbuduō] 대략, 비슷하다. 큰 차이가 없다 【술보구조】
모자라는(差) 정도가 많지 않다(不多). [※ '不多'는 '差'의 결
과정도보어이다.] ◉ 不(불): 안, 아니. …지 않다. 多(다): 많다

长 長　｜　긴 장 [cháng] 길다 / [zhǎng] 자라다, 생기다,
어른, 대표 2급신출자

长城 [Chángchéng] 만리장성 【수식구조】 길게 쌓은/긴(长) 성
(城) ◉ 城(성): 성, 성벽, 도시

超　｜　뛰어넘을 초 [chāo] 뛰어넘다, 초월하다 3급신출자

超过 [chāoguò] 초과하다, 넘다 【술보구조】 뛰어넘어서(超) 지나
가다(过). ◉ 过(과): 지나가다

成　｜　이룰 성 [chéng] 이루다, 완성하다 3급신출자

成为 [chéngwéi] …이 되다 …로 되다 【연합구조】 이루어(成) 되
다(为), 두 글자 모두 '되다'는 뜻이다. ◉ 为(위): 되다, 하
다 / [wèi] 위하여, 때문에

词 詞 | 단어 사 [cí] 단어, 말 3급신출자

词语 [cíyǔ] 단어와 어구, 어휘 【연합구조】 단어(词)와 말(语). ◉
语(어): 말, 말씀

从 從 | 따를 종 [cóng] 따르다, 좇다, …로부터 2급신출자

从来 [cónglái] 지금까지, 여태껏, 종래 【연합구조】 따라서(从) 내
려온(来), 지금까지. ◉ 来(래): 오다, 내려오다

当 當 | 마땅할 당 [dāng] 마땅하다, 당연하다, 맡다, 대하
다 3급신출자

当时 [dāngshí] 당시, 그 때 【수식구조】 임하고(当) 있던 때(时).
◉ 时(시): 때

地 | 땅 지 [dì] 땅, 곳, 지역, 자리 3급신출자

地点 [dìdiǎn] 지점, 장소, 위치 【수식구조】 땅(地)의 점/위치(点).
◉ 点(점): 점, 점찍다
地球 [dìqiú] 지구 【수식구조】 땅(地)으로 이루어진 공/구체(球).
◉ 球(구): 공

动 動 | 움직일 동 [dòng] 움직이다 2급신출자

动作 [dòngzuò] 동작, 움직임, 몸놀림 【연합구조】 움직여(动) 만
들다(作), 또는 그런 행위. ◉ 作(작): 만들다, 짓다

对 對 | 마주할 대 [duì] 맞다, 마주보다, …대하다 1급신출자

对话 [duìhuà] 대화하다 【연합구조】 마주보며(对) 말하다(话). ◉
话(말): 말, 말하다
对面 [duìmiàn] 맞은편, 건너편 【수식구조】 맞은(对) 편(面). ◉

面(면): 면, 쪽, 편

| 短 | 짧을 단 [duǎn] 짧다 3급신출자 |

短信 [duǎnxìn] 문자메시지, 짧은 편지 【수식구조】 짧은(短) 편지
(信). ◉ 信(신): 믿다, 편지

| 发 發 | 필 발 [fā] 피다, 일어나다, 떠나다, 드러내다, 떼
다 3급신출자 |

发生 [fāshēng] 발생하다, 일어나다 【연합구조】 일어나고(发) 생
기다(生). ◉ 生(생): 태어나다, 생기다, 살다, 낯설다
出发 [chūfā] 출발하다, 떠나다 【연합구조】 나가고(出) 일으키다
(发). ◉ 出(출): 나다, 나가다, 내어놓다

| 法 | 법 법 [fǎ] 법, 길, 법식, 본보기, 규정 3급신출자 |

方法 [fāngfǎ] 방법, 수단 【연합구조】 방책(方)과 법식(法), 두 글
자 모두 '방법'을 뜻하는 말이다. ◉ 方(방): 사각형, 곳,
쪽, 법, 반듯하다
看法 [kànfǎ] 견해, 의견 【수식구조】 보는(看) 법(法). ◉ 看(간):
보다, 구경하다
语法 [yǔfǎ] 어법, 문법 【수식구조】 말(语)의 법/법칙(法). ◉ 语
(어): 말, 언어

| 方 | 모 방 [fāng] 사각형, 곳, 쪽, 법, 반듯하다 3급신출자 |

方面 [fāngmiàn] 방면, 분야, 쪽 【연합구조】 방향(方)과 쪽(面),
두 글자 모두 '쪽'을 뜻하는 말이다. ◉ 面(면): 면, 쪽
方向 [fāngxiàng] 방향 【연합구조】 쪽(方)과 향(向), 두 글자 모두
'방향, 향방'을 뜻하는 말이다. ◉ 向(향): 향하다, 향방

房 | 방 방 [fáng] 집, 방 2급신출자

房东 [fángdōng] 집주인 【수식구조】 집(房)의 동편(东)에 사는 사람, 곧 주인, [※ 중국의 전통 주택에서 주인은 동원(東院)에, 하인들은 서원(西院)에 거처하던 상황에서, 하인들이 주인을 '房东'으로 부르던 데에서 유래하였다고 함, 또 옛날 춘추전국시대 晋(진)과 秦(진) 두 나라의 연합군이 郑(정)나라를 치려하자, 정나라 사자가 秦(진)나라 임금을 찾아가 말하기를, "郑나라를 치지말고, 그대로 남겨두면 '东道主'(동도주: 동쪽길의 주인: 정나라는 진나라의 동쪽에 위치함)가 되어 秦나라의 사신왕래에 필요한 물품을 조달하여 드릴 것이니, 그러면 秦나라로서도 크게 유익할 것입니다."라는 전고에서 유래되어, '东'은 '东道主'로서 主人(주인)을 뜻하게 되었다고 함] ⊙ 东(동): 동쪽, 주인

干 乾 | 방패 간 / 마를 건 [gān] 마르다 [※ '干'은 본래 '방패 간'이나, 이제 '乾'(마를 건)의 간화자를 겸함.] / (또한 '幹'(줄기 간)의 간화자도 겸함.) [gàn](幹) 일하다, 담당하다, 줄기 3급신출자

干杯 [gānbēi] 건배하다, 축배를 들다, 잔을 비우다 【술목구조】 잔(杯)을 말리다/비우다(干). ⊙ 杯(배): 잔

感 | 느낄 감 [gǎn] 느끼다 3급신출자

感动 [gǎndòng] 감동하다, 감동되다, 감격하다 【술보구조】 느껴서 (感) 움직이다(动). [※ '动'은 '感'의 결과보어이다.] ⊙ 动 (동): 움직이다

感觉 [gǎnjué] 감각, 느낌 【연합구조】 두 글자 모두 '느끼다'는 뜻이다. ⊙ 觉(각): 느끼다

感情 [gǎnqíng] 감정 【수식구조】 느끼는(感) 뜻/심정(情). ⊙ 情

(정): 뜻, 마음, 심정

感谢 [gǎnxiè] 고맙다, 감사하다, 고맙게 느끼다【술보구조】감동
되어(感) 고맙게 여기다(谢). 고맙게(谢) 느끼다(感). [※
'谢'는 '感'의 결과로 나타나는 상태로서, 결과보어이다.]
◉ 谢(사): 고맙다, 감사하다, 사례하다

公	공정할 공 [gōng] 공공의, 모두의, 공정하다, 킬로
	- 2급신출자

公里 [gōnglǐ] 킬로미터(km)【수식구조】킬로/K 단위(公)의 리
(里). ◉ 里(리): 마을, 거리단위 (1里 = 500m)

共	함께 공 [gòng] 함께, 공통의, 전부 2급신출자

共同 [gòngtóng] 공동의, 다같이, 함께【연합구조】함께(共) 같이
(同). 두 글자 모두 '같이'라는 뜻이다. ◉ 同(동): 같다

故	연고 고 [gù] 연고, 까닭, 옛날, 일부러 3급신출자

故意 [gùyì] 고의로, 일부러【수식구조】일부러/까닭으로(故) 하려
는 뜻(意). ◉ 意(의): 뜻, 의지

顾 顧	돌아볼 고 [gù] 뒤돌아보다, 돌보다 3급신출자

顾客 [gùkè] 고객, 손님【수식구조】돌아보는(顾) 손님(客), 단골
손님. ◉ 客(객): 손님

过 過	지날 과 [guò] 지나다, 건너다 / [guo] …한 적이
	있다(경험) 3급신출자

不过 [búguò] 그러나, 하지만, …불과하다, 지나지 않다【수식구
조】지나지(过) 않다(不). ◉ 不(불): 안, 아니

记 記 | 기록할 기 [jì] 기록하다, 기억하다 3급신출자

记者 [jìzhě] 기자 【수식구조】 기록하는(记) 사람(者). ◉ 者(자):
사람

日记 [rìjì] 일기, 일지 【수식구조】 하루(日)의 기록(记). ◉ 日(일):
날, 해

加 | 더할 가 [jiā] 더하다, 보태다 3급신출자

加班 [jiābān] 초과 근무를 하다, 잔업하다 【술목구조】 작업반/조
직(班)을 더하다(加). ◉ 班(반): 반, 소속, 작업반

接 | 이을 접 [jiē] 잇다, 접촉하다, 맞이하다 3급신출자

接着 [jiēzhe] 이어서, 잇따라, 계속하여 【부가구조】 이은(接) 상태
로(着). [※ '着'는 상태의 지속을 나타내는 조사로서 덧붙
은 글자이다.] ◉ 着(착): 조사(경성으로 발음하며, 상태의
지속을 나타냄)

结 結 | 맺을 결 [jié] 맺다, 묶다 3급신출자

结果 [jiéguǒ] 결과, 결실, 열매, 성과 【술목구조】 열매(果)를 맺다
(结). [※ '结果'의 단어구조는 명백히 술목구조이지만, 통
상 명사적인 개념으로 사용되는 특징을 갖는다. 이를 감안
하면 '이루는(结) 결말(果)'이라는 뜻의 수식구조로 여길 수
도 있다.] ◉ 果(과): 열매, 과일, 성취

经 經 | 날실 경 [jīng] 날실, 지나다, 거치다, 다스리다,
평소, 법, 경서 2급신출자

经历 [jīnglì] 겪다, 경과하다, 지내오다 【연합구조】 지나고(经) 겪
다(历). ◉ 历(력): 지나다, 겪다

可	옳을 가 [kě] 할 수 있다(상황의 허락), 할 만하다, 옳다, 그러나, 정말 2급신출자

可是 [kěshì] 그러나, 하지만, 그렇지만 / 정말 …이다 【수식구조】 그러나(可) 이다(是) / 정말(可) 이다(是). ◉ 是(시): 이다, 이것, 옳다

空	빌 공 [kōng] 비다, 헛되다, 하늘 [kòng] 공간, 틈 3급신출자

空气 [kōngqì] 공기 【수식구조】 빈곳(空)을 채우고 있는 기운(气). ◉ 气(기): 기운, 공기, 냄새

冷	찰 랭 [lěng] 춥다, 차다 1급신출자

冷静 [lěngjìng] 냉정하다, 침착하다 【연합구조】 차고/가라앉고 (冷) 조용하다(静). ◉ 静(정): 조용하다, 고요하다

理	다스릴 리 [lǐ] 다스리다, 이치 3급신출자

理发 [lǐfà] 이발하다, 머리를 깎다 【술목구조】 머리(发)를 정리하다(理). ◉ 发(발): 머리, 머리카락(髮의 간체자)
理解 [lǐjiě] 이해하다, 알다 【수식구조】 이치(理)로 풀다(解). ◉ 解 (해): 풀다, 풀이하다, 깨닫다
理想 [lǐxiǎng] 이상 【수식구조】 이치/합리(理)적인 생각(想). ◉ 想(상): 생각하다, 하려고 하다

力	힘 력 [lì] 힘 3급신출자

力气 [lìqi] 힘, 역량 【연합구조】 힘(力)과 기운(气). ◉ 气(기): 기운, 기세, 공기
能力 [nénglì] 능력, 역량 【수식구조】 할 수 있는(能) 힘(力).

◉ 能(능): 할 수 있다 (선천적인 능력, 허락 등을 나타냄)

| 零 | 떨어질 령 [líng] 영, 0, 나머지, 부스러기 1급신출자

零钱 [língqián] 잔돈, 푼돈 【수식구조】 부스러기(零) 돈(钱). ◉
钱(전): 돈

| 难 難 | 어려울 난 [nán] 어렵다, 힘들다, 곤란하다 3급신출자

难道 [nándào] 설마 …하겠는가? 설마 …란 말인가? 【술목구조】
…라고 말하기(道) 어렵다(难). ◉ 道(도): 길, 도리, 말하다

| 平 | 평평할 평 [píng] 평평하다, 공평하다, 보통
3급신출자

平时 [píngshí] 평소, 평상시, 보통 때 【수식구조】 보통(平)의 때
(时). ◉ 时(시): 때, 시간

| 千 | 일천 천 [qiān] 천, 1000 2급신출자

千万 [qiānwàn] 부디, 제발, 절대로, 반드시 【연합구조】 천번(千)
만번(万). ◉ 万(만): 일만, 10000

| 其 | 그 기 [qí] 그, 그의, 그것 3급신출자

其次 [qícì] 다음, 그 다음, 버금 【수식구조】 그(其) 다음(次). ◉
次(차): 버금(두번째), 다음, 차례
其中 [qízhōng] 그 중에, 그 가운데에 【수식구조】 그(其) 가운데
(中). ◉ 中(중): 가운데, 안

| 气 氣 | 기운 기 [qì] 공기, 기운, 기색 1급신출자

气候 [qìhòu] 기후 【수식구조】 공기(气)의 정황(候). ◉ 候(후):
철, 시절, 정황, 기다리다

| 情 | 뜻 정 [qíng] 뜻, 감정, 정서 2급신출자 |

爱情 [àiqíng] 애정, 사랑 【수식구조】 사랑하는(爱) 감정(情). ◉
爱(애): 사랑하다, 아끼다, 즐기다

| 趣 | 뜻 취 [qù] 뜻, 취지, 흥취, 달려가다 3급신출자 |

有趣 [yǒuqù] 흥미가 있다, 재미있다 【술목구조】 뜻/흥취(趣)를 지
니고 있다(有). 흥취(趣)가 있다(趣). ◉ 有(유): 가지고 있다
(소유)

| 然 | 그럴 연 [rán] 그렇다, 부사접미어(그러한 상태를
나타냄) 2급신출자 |

然而 [rán'ér] 그러나, 그렇지만 【연합구조】 그렇다(然) 그러나(而),
그렇기는(然) 하지만(而). [※ '然'과 '而'가 연이어 사용되면
서 굳어진 형태이다.] ◉ 而(이): 그리고, 그러나, 그런데
[※ 앞뒤 말을 이어주는 연사(접속사)이다.]

| 生 | 날 생 [shēng] 태어나다, 살다, 생기다, 생도
1급신출자 |

出生 [chūshēng] 출생하다, 태어나다 【연합구조】 나고(出) 태어나
다(生). 두 글자 모두 '나다'는 뜻이다. ◉ 出(출): 나다, 나
가다, 내어놓다

| 十 | 열 십 [shí] 열, 10 1급신출자 |

十分 [shífēn] 매우, 굉장히, 완전히 【수식구조】 십(十) 분(分). [※
'十分'은 정도가 굉장하다는 뜻으로, 전체를 십 등분 한 것
중 열 개 모두라는 의미이다.] ◉ 分(분): 나누다, 부분

实 實 | 열매 실 [shí] 열매, 실체, 사실, 진실하다, 성실하다 3급신출자

实在 [shízai] 실재, 진실하다 【수식구조】 실제적(实) 존재(在), 진실로 존재하다. ◉ 在(재): 있다, 존재하다

说 說 | 말할 설 [shuō] 말하다, 견해 1급신출자

说明 [shuōmíng] 설명하다, 해설하다 【술보구조】 밝아지게(明) 말하다(说), 말하여(说) 밝게 하다(明). ◉ 明(명): 밝다, 분명하다

数 數 | 셀 수 [shù] 수(명사) / [shǔ] 세다(동사) 3급신출자

数字 [shùzì] 숫자 【수식구조】 수(数)를 나타내는 글자(字). ◉ 字(자): 글자

所 | 바 소 [suǒ] …하는 바, 것 2급신출자

所有 [suǒyǒu] 모든, 소유, 점유 【부가구조】 가진/있는(有) 바/것(所). [※ '所'는 구조조사로서, 뒤에 오는 동사의 의미를 명사성으로 전환하는 역할을 한다.] ◉ 有(유): (가지고) 있다

特 | 수컷 특 [tè] 특별하다, 특히, 유달리, 황소 3급신출자

特点 [tèdiǎn] 특징, 특성, 특색 【수식구조】 특별한(特) 점(点). ◉ 点(점): 점, 점찍다

提 | 끌 제 [tí] 들다, 끌다, 끌어당기다 3급신출자

提前 [tíqián] 앞으로 당기다, 앞당기다 【술목구조】 앞으로(前) 당기다(提). ◉ 前(전): 앞

4급
단어

q
⋮
t

条 條 | 가지 조 [tiáo] 가지, 가늘고 길쭉하게 생긴 물건
2급신출자

条件 [tiáojiàn] 조건, 여건 【연합구조】 조목(条)과 문건(件). [※ 조
　　목과 문건이란 어떤 일을 처리하는 데에 필요한 사항을 적
　　은 내용을 말한다.] ⊙ 件(건): 물건, 사건, 문건, 건(단위사)

同 | 같을 동 [tóng] 같다 1급신출자

同情 [tóngqíng] 동정하다 【수식구조】 같은(同) 심정(情). ⊙ 情
　　(정): 뜻, 감정, 심정
同时 [tóngshí] 동시, 같은 시간, 같은 때 【수식구조】 같은(同) 때
　　/시간(时). ⊙ 时(시): 때, 시간

往 | 갈 왕 [wǎng] 가다, 향하다, 지나간, 이따금, …로
2급신출자

往往 [wǎngwǎng] 왕왕, 때때로 【중첩구조】 '往往'에서 '往'은 시
　　간을 나타내는 말로, '이따금'으로 해석된다. 이따금씩

网 網 | 그물 망 [wǎng] 그물, 조직, 계통, 망, 네트
3급신출자

网球 [wǎngqiú] 테니스, 정구 【수식구조】 그물(网) 위로 공을 쳐
　　서 넘기는 구기(球). ⊙ 球(공): 공, 구기
网站 [wǎngzhàn] 웹사이트, 홈페이지 【수식구조】 네트워크(网)
　　상의 홈(home)/기지(站). ⊙ 网站

现 現 | 나타날 현 [xiàn] 나타나다, 드러나다, 보이다
1급신출자

出现 [chūxiàn] 출현하다, 나타나다 【술보구조】 나와서(出) 나타

나다/드러나다(现). [※ '现'은 '出'의 결과보어이다.]
　◉ 出(출): 나다, 나가다, 내어놓다

像 像 ┃ 형상 상 [xiàng] 닮다, 같다, 모습 3급신출자

好像 [hǎoxiàng] 마치 …와 같다 【수식구조】 매우(好) 닮다/같다
(像). ◉ 好(호): 좋다, 매우, 꼭

相 ┃ 서로 상 [xiāng] 서로 [xiàng] 모습, 외모, 돕다
　　3급신출자

相同 [xiāngtóng] 서로 같다, 똑같다 【수식구조】 서로(相) 같다
(同). ◉ 同(동): 같다

小 ┃ 작을 소 [xiǎo] 작다, 어리다, 귀엽다, 접두어(작고
　　귀엽다는 의미를 나타냄. 小↔老) 1급신출자

小吃 [xiǎochī] 간단한 음식, 가벼운 먹거리 【부가구조】 작은/가
벼운(小) 먹거리(吃), ◉ 吃(홀): 먹다
小说 [xiǎoshuō] 소설 【부가구조】 (길거리에서 듣고 말하는 자들
이 만든) 자잘한(小) 이야기(说). [※ '小'는 수식어가 아닌
접두어이다.] ◉ 说(설): 말하다, 이야기(하다)

笑 ┃ 웃을 소 [xiào] 웃다 2급신출자

笑话 [xiàohua] 우스갯소리, 농담 【수식구조】 웃자고 하는/우스운
(笑) 말(话). ◉ 话(화): 말
开玩笑 [kāiwánxiào] 농담하다, 웃기다, 놀리다 【술목구조】 장난
치고(玩) 낄낄대는(笑) 행위를 하다(开). 玩笑(완소): 장난치
고 놀며(玩) 낄낄대고 웃다(笑). ◉ 开(개): 열다, (불)켜다,
(꽃)피다, 분리하다. 玩(완): 놀다, 장난치다

心 ┃ 마음 심 [xīn] 마음 3급신출자

心情 [xīnqíng] 심정, 마음, 기분【연합구조】마음(心)과 뜻(情). 두 글자 모두 '마음'이라는 뜻이다. ◉ 情(정): 뜻, 감정, 심정

开心 [kāixīn] 기쁘다, 즐겁다, 유쾌하다【술목구조】마음(心)을 활짝 열다(开). ◉ 开(개): 열다, (불)켜다, (꽃)피다, 분리하다.

信 | 믿을 신 [xìn] 믿다, 편지, 정보 3급신출자

信息 [xìnxī] 정보【연합구조】편지/정보(信)와 소식(息). 두 글자 모두 '정보'라는 뜻이다. ◉ 息(식): 쉬다, 멈추다, 자라다, 자식, 이자, 소식

信心 [xìnxīn] 자신(감), 믿음【수식구조】믿는(信) 마음(心). ◉ 心(심): 마음, 뜻

行 | 갈 행 / 항렬 항 [xíng] 가다, 행하다, 좋다 / [háng] 줄, 항렬, 업종 3급신출자

进行 [jìnxíng] 앞으로 나아가다, 전진하다, 진행하다【연합구조】나아(进) 가다(行). ◉ 进(진): 나아가다, 들어가다

旅行 [lǚxíng] 여행하다【연합구조】나그네가 되어(旅) 멀리가다 (行). ◉ 旅(려): 나그네, 여행하다, 군대, 무리

学 學 | 배울 학 [xué] 배우다, 공부하다 1급신출자

学期 [xuéqī] 학기【수식구조】배움(学) 단위로서의 기간(期). ◉ 期(기): 기간, 바라다

样 樣 | 모양 양 [yàng] 모양, 상태 1급신출자

样子 [yàngzi] 모양, 꼴【부가구조】'모양'을 뜻하는 '样'에 명사 접미어 '子'가 덧붙은 형태이다. 의미의 변별력을 높이기 위하여 단음절 단어를 쌍음절 단어로 만들었다. ◉ 子(자):

아들, 자식, 명사접미어

要 | 요강 **요** [yào] …하려고 하다, 요구하다, 필요로 하다 2급신출자

要是 [yàoshi] 만약, 만약 …이라면 【수식구조】 만약(要) …이라면 (是). ⊙ 是(시): 이다

以 以 | 써 **이** [yǐ] …을, …로서/로써, …때문, 까닭 2급신출자

以为 [yǐwéi] 여기다, 생각하다, 간주하다 【연합구조】 …을(以) …로 여기다(为). [※ '以为'는 원래 문어의 관용구 '以A为B'에서 A가 생략되고 남은 형태이다. 일반적으로 자신의 예상과 상반된 상황일 때 사용한다.] ⊙ 为(위): 하다, 되다, 여기다 / [wèi] …위하여, …때문에

意 | 뜻 **의** [yì] 뜻, 마음, 의지 2급신출자

意见 [yìjiàn] 의견, 견해 【연합구조】 생각(意)과 시각/관점(见). 두 글자 모두 '생각'을 뜻하는 말이다. ⊙ 见(견): 보다, 만나 보다

生意 [shēngyi] 장사, 사업 【수식구조】 살려는(生) 뜻/의욕(意). [※ 장사/사업은 곧 인간의 삶의 근간이다. 따라서 '살려는 뜻'이란 바로 '장사/사업'과 동일한 개념이 된다.] ⊙ 生 (생): 태어나다, 살다, 생기다, 생도

友 | 벗 **우** [yǒu] 친구, 벗 1급신출자

友好 [yǒuhǎo] 우호적이다, 사이가 좋다 【수식구조】 벗처럼(友) 좋다(好). ⊙ 好(호): 좋다

于 於 │ 어조사 우 / 어조사 어 [yú] …에, 에서. (현대한
어의 '在'에 상당하는 문어 개사로, 장소나 시간,
방면 등을 나타냄. 간체자와 번체자 두 글자는 원
래 같은 개념의 다른 글자였으나, 간화자 제정 시
'于'로 통일됨.) 3급신출자

于是 [yúshì] 이에, 이 때문에 【술목구조】 이(是) 에(于). [※ '于'
는 개사이고, '是'는 '于'의 개사목적어이다. 여기에서 '是'
는 고대한어로서 '이것(这)'을 뜻한다.] ◉ 是(시): 이, 이
것, 옳다, 이다

对于 [duìyú] …에 대하여 【술보구조】 …에(于) 대하여(对). ◉ 对
(대): 대하다, 맞다, 마주보다

育 │ 기를 육 [yù] 기르다, 키우다 3급신출자

教育 [jiàoyù] 교육(하다) 【연합구조】 가르치고(教) 기르다(育). ◉
教(교): [jiào] 가르치다(결합사용) / [jiāo] 가르치다(단독사용)

正 │ 바를 정 [zhèng] 바르다, 바로, 꼭 2급신출자

正常 [zhèngcháng] 정상적이다, 정상적인 【연합구조】 바르고(正)
일정하다(常). ◉ 常(상): 일정하다, 변함없다, 늘

正好 [zhènghǎo] 딱 좋다, 꼭 맞다 【수식구조】 바로/꼭(正) 좋다
(好). [※ '正'은 '好'를 수식하는 부사어이다.] ◉ 好(호): 좋다

真正 [zhēnzhèng] 진정한, 참된, 진짜의 【연합구조】 참되고(真)
바른(正). ◉ 真(진): 참, 진짜, 정말

知 │ 알 지 [zhī] 알다, 통달하다 2급신출자

知识 [zhīshi] 지식 【연합구조】 두 글자 모두 '알다'는 뜻이다. ◉
识(식): 알다

直 直 | 곧을 직 [zhí] 곧다, 바르다, 직접 3급신출자

直接 [zhíjiē] 직접적인 【수식구조】 바로(直) 접하다(接). ◉ 接
(접): 잇다, 접하다, 맞이하다

只 | 다만 지 [zhǐ] 단지, 다만, 오직, 겨우 3급신출자

只好 [zhǐhǎo] 어쩔 수 없이, …할 수밖에 없다 【수식구조】 단지
(只) …하는 것만이 좋다(好). ◉ 好(호): 좋다
只要 [zhǐyào] 단지 …하기만 하면 【수식구조】 단지(只) …하기만
하면(要). ◉ 要(요): 요구하다, 하려고 하다

重 | 무거울 중 [zhòng] 무겁다, 중요하다 / [chóng]
중복하다 3급신출자

重点 [zhòngdiǎn] 중점, 중요한 사항 【수식구조】 중요한(重) 점/
사항(点). ◉ 点(점): 점, 사항, 점찍다
重视 [zhòngshì] 중시하다, 중요시하다 【수식구조】 중요하게(重)
보다(视). ◉ 视(시): 보다, 지켜보다

主 | 주인 주 [zhǔ] 주인, 중심 3급신출자

主意 [zhǔyi] 방법, 생각, 아이디어 【수식구조】 주되는(主) 뜻/생각
(意). ◉ 意(의): 뜻, 마음, 생각

准 準 | 준할 준 [zhǔn] 기준, 정확하다, 허락하다, 고르다
2급신출자

准时 [zhǔnshí] 정시에, 제때에 【술목구조】 때(时)에 맞게(准), 시
간에(时) 맞추어(准). [※ '时'는 '准'의 목적어로 작용한다.]
◉ 时(시): 때, 제때, 시간

自		스스로 자 [zì] 스스로, 저절로, 직접, 자기, …로
		부터 3급신출자

自然 [zìrán] 자연 【수식구조】 저절로(自) 그러하다(然), 또는 그런 상
　　태. ◉ 然(연): 그렇다, 부사접미어(상태가 그러함을 나타냄)

自信 [zìxìn] 자신하다, 자부하다 【수식구조】 스스로(自) 믿다(信).
　　[※ 일반적으로 '自'는 '信'을 수식하는 부사어로 여기지만,
　　의미상에서 있어서는 '信'의 목적어이다.] ◉ 信(신): 믿다,
　　편지, 정보

来自 [láizì] …(로)부터 오다, …에서 나오다 【술보구조】 …로부터
　　(自) 오다(来). [※ '自'는 기점을 나타내는 개사로서 '来'의
　　보어이다.] ◉ 来(래): 오다, 하다, 계속되다

总 總		거느릴 총 [zǒng] 모으다, 총괄하다, 모두, 늘
		3급신출자

总结 [zǒngjié] 총결산하다, 총정리하다, 매듭짓다 【수식구조】 총
　　괄하여(总) 맺다(结). ◉ 结(결): 맺다, 묶다

最		가장 최 [zuì] 가장, 제일 2급신출자

最好 [zuìhǎo] 가장 좋다 【수식구조】 가장(最) 좋다(好). ◉ 好
　　(호): 좋다

左		왼 좌 [zuǒ] 왼쪽 2급신출자

左右 [zuǒyòu] 좌우, 왼쪽과 오른쪽 【연합구조】 왼쪽(左) 오른쪽
　　(右). ◉ 右(우): 오른 쪽

作		지을 작 [zuò] 만들다, 일하다, 글을 쓰다, 되다
		1급신출자

作家 [zuòjiā] 작가 【수식구조】 쓰거나/만드는(作) 전문가(家.) ◉
　　家(가): 집, 사람, 전문가

作用 [zuòyòng] 역할, 작용 【연합구조】 만들거나(作) 쓰임(用). ◉
　　用(용): 쓰다, 사용하다, …로써

作者 [zuòzhě] 지은이, 저자, 작자 【수식구조】 쓰거나/만드는(作)
　　사람(者). ◉ 者(자): 사람

HSK

5급 신출한자

635자

| 哎 | 감탄소리 애 [āi] 어! 야!

| 唉 | 탄식소리 애 [āi] 아이, 에그

| 碍 | 거리낄 애 [ài] 거리끼다, 가로막다, 방해하다, 장애가 되다

妨碍 [fáng'ài] 방해하다, 지장을 주다 【연합구조】 방해하고(妨) 가로막다(碍). ⦿ 妨(방): 방해하다, 거리끼다

| 岸 | 언덕 안 [àn] 언덕, 물가

| 暗 | 어두울 암 [àn] 어둡다

| 熬 | 볶을 오 [áo] 오래 끓이다, 달이다, 조리다

熬夜 [áoyè] 밤새다, 철야하다 【술목구조】 밤(夜)을 조리다(熬). ⦿ 夜(야): 밤

| 巴 | 꼬리 파 [bā] 바라다, 달라붙다, 버스, 명사접미어, 지명(중경 지역 일대)

尾巴 [wěiba] 꼬리, 꽁무니 【부가구조】 '巴(파)'는 명사접미어로서 덧붙은 글자이다. 물체가 긴밀하게 붙어 있음을 의미한다. ⦿ 尾(미): 꼬리, 끝

| 摆 擺 | 열 파 [bǎi] 열다, 벌여놓다

| 版 | 판목 판 [bǎn] 판목, 널빤지, 인쇄판

出版 [chūbǎn] 출판하다, 발행하다 【술목구조】 인쇄판(版)을 내다

(出). ⊙ 出(출): 내다, 나가다

伴 | 짝 반 [bàn] 짝, 반려, 동반자

伙伴 [huǒbàn] 동료, 동반자 【연합구조】 동료(伙)와 짝(伴). ⊙
伙(화): 동료, 옛날 전쟁 시의 같은 식사조

膀 | 오줌통 방 [bǎng] 방광(膀胱), 어깨, 날갯죽지

翅膀 [chìbǎng] 날개 【연합구조】 두 글자 모두 '날개'와 관련된
뜻이다. ⊙ 翅(시): 날개, 지느러미
肩膀 [jiānbǎng] 어깨 【연합구조】 어깨(膀)와 어깻죽지(膀). ⊙ 肩
(견): 어깨, 견디다, 짊어지다

傍 | 곁 방 [bàng] 곁, 가까이, 다가가다, 인접하다

傍晚 [bàngwǎn] 저녁 무렵 【술목구조】 저녁(晚)에 다가가는(傍)
시간. ⊙ 晚(만): 늦다, 저녁

薄 | 얇을 박 [báo] 얇다, 야박하다

宝 寶 | 보배 보 [bǎo] 보배, 보물

宝贝 [bǎobèi] (~儿) 귀염둥이, 예쁜이 【연합구조】 보배(宝)와 돈
(贝)처럼 귀한 존재. ⊙ 贝(패): 조개, 돈, 재물
宝贵 [bǎoguì] 귀중하다 【수식구조】 보배(宝) 같이 귀하다(贵). ⊙
贵(귀): 귀하다

悲 | 슬플 비 [bēi] 슬프다

悲观 [bēiguān] 비관적이다 【수식구조】 슬프게(悲) 보다(观). ⊙
观(관): 보다, 둘러하다

贝 貝 │ 조개 패 [bèi] 조개, 보물

背 │ 등 배 [bèi] (사람) 등, 등지다

背景 [bèijǐng] 배경, 백그라운드(background)【수식구조】 등/뒤
(背)의 풍경(景), 뒤에서(背) 받치는 환경(景). ◉ 景(경): 볕, 풍광

辈 輩 │ 무리 배 [bèi] 무리, 세대, 일생

一辈子 [yíbèizi] 한평생, 일생 【수식구조】 한(一) 생애(辈子). ◉
一(일): 하나의, 온. 子(자): 아들, 자식, 명사접미어
长辈 [zhǎngbèi] 손윗사람, 연장자 【수식구조】 어른(长) 세대(辈).
◉ 长(장): 어른

彼 │ 저 피 [bǐ] 저, 저것

彼此 [bǐcǐ] 피차, 서로 【연합구조】 저것(彼) 이것(此), 저(彼)와 나
(此). ◉ 此(차): 이, 이것

闭 閉 │ 닫을 폐 [bì] 닫다

关闭 [guānbì] 닫다, 폐쇄하다 【연합구조】 잠그고(关) 닫다(闭).
◉ 关(관): 빗장, 잠그다

避 │ 피할 피 [bì] 피하다, 벗어나다, 숨다

避免 [bìmiǎn] 피하다, 모면하다 【술보구조】 피해서(避) 면하다
(免). ◉ 免(면): 면하다, 벗어나다
逃避 [táobì] 도피하다 【연합구조】 달아나(逃) 피하다(避). ◉ 逃
(도): 달아나다

币 幣 │ 화폐 폐 [bì] 화폐, 돈, 폐백

人民币 [rénmínbì] 인민폐, 런민비(RMB, 중국의 화폐명) 【수식구조】 인민(人民)의 돈(币). ◉ 人民(인민): 인민, 국민. 人(인): 사람. 민(民): 백성

| 壁 | 벽 벽 [bì] 벽, 담 |

隔壁 [gébì] 옆방, 옆집, 이웃 【술목구조】 벽(壁)을 사이에 두다 (隔), 또는 그런 곳. ◉ 隔(격): 사이 뜨다, 떨어지다

| 鞭 | 채찍 편 [biān] 채찍 |

鞭炮 [biānpào] 폭죽의 총칭 【수식구조】 채찍(鞭)처럼 꿰미로 이루어진 연발 폭죽(炮). ◉ 炮(포): 대포, 폭죽, 볶다

| 编 编 | 엮을 편 [biān] 엮다, 짓다, 짜다, 꾸미다 |

编辑 [biānjí] 편집하다 【연합구조】 엮고(编) 합치다(辑). ◉ 辑(집): 모으다, 합치다

| 辩 辩 | 말 잘할 변 [biàn] 변론하다, 따지다, 말 둘러대다 |

辩论 [biànlùn] 변론하다, 논쟁하다, 토론하다 【연합구조】 따지고 (辩) 논하다(论). ◉ 论(론): 논하다, 따지다

| 兵 | 병사 병 [bīng] 병사, 무기 |

土兵 [shìbīng] 병사, 사병 【연합구조】 두 글자 모두 '병사'라는 뜻이다. ◉ 土(사): 선비, 사내, 군사

| 玻 | 유리 파 [bō] 유리 |

玻璃 [bōli] 유리 【연합구조】 두 글자 모두 '유리'라는 뜻이다. ◉ 璃(리): 유리, 구슬

脖 | 목 발 [bó] 목, 목덜미

脖子 [bózi] 목 【부가구조】 '子'는 명사접미어이다. ◉ 子(자): 아들, 명사접미어

补 補 | 기울 보 [bǔ] 깁다, 돕다, 보태다

补充 [bǔchōng] 보충하다 【연합구조】 보태고(补) 채우다(充). ◉ 充(충): 채우다

布 | 베 포 [bù] 천, 베, 벌이다, 펼치다, 널리 알리다

分布 [fēnbù] 분포하다, 널려 있다 【수식구조】 나누어져/흩어져 (分) 퍼지다(布). ◉ 分(분): 나누다, 갈라지다

公布 [gōngbù] 공포하다, 공표하다 【수식구조】 공개적으로(公) 널리 알리다(布). ◉ 公(공): 공공의, 공개적

宣布 [xuānbù] 선포하다, 선언하다 【연합구조】 널리 펴고(宣) 펼쳐서(布) 알리다. 두 글자 모두 '널리 펴다'는 뜻이다. ◉ 宣(선): 베풀다, 널리 펴다

财 財 | 재물 재 [cái] 재물

财产 [cáichǎn] 재산, 자산 【연합구조】 재물(财)과 물산(产). ◉ 产(산): 물산, 산물, 자산, 낳다, 생산하다

裁 裁 | 마를 재 [cái] 마름질하다, 재단하다

总裁 [zǒngcái] 총재, 대표자 【연합구조】 총괄하여(总) 재단하는 (裁) 사람. ◉ 总(총): 모두, 총괄하다

采 採 | 풍채 채 / 캘 채 [cǎi] 풍채, 무늬, 캐다, 뜯다, 가리다

采取 [cǎiqǔ] 채택하다, 취하다 【연합구조】 캐서(采) 취하다(取).

◉ 取(취): 취하다

踩 | 밟을 채 [cǎi] 밟다, 짓밟다, 뛰다

惭 惭 | 부끄러워할 참 [cán] 부끄러워하다, 부끄럽다

惭愧 [cánkuì] 부끄럽다 【연합구조】 두 글자 모두 '부끄러워하다' 는 뜻이다. ◉ 愧(괴): 부끄러워하다

藏 | 감출 장 [cáng] 감추다, 보관하다, 숨다 / [zàng] 티벳

躲藏 [duǒcáng] 숨다, 피하다 【연합구조】 피하여(躲) 숨다(藏). ◉ 躲(타): 비키다, 피하다, 숨다

操 | 잡을 조 [cāo] 잡다, 다루다, 단련하다

操场 [cāochǎng] 운동장, 연병장 【수식구조】 단련하는(操) 장소 (场). ◉ 场(장): 마당, 장소

操心 [cāoxīn] 마음을 쓰다, 걱정하다 【술목구조】 마음을(心) 조이다(操). ◉ 心(심): 마음

糙 | 매조미쌀 조 [cāo] 매조미쌀, 현미, 거칠다

粗糙 [cūcāo] 거칠다, 투박하다 【연합구조】 두 글자 모두 '거칠다'는 뜻이다. ◉ 粗(조): 거칠다, 대강

测 测 | 헤아릴 측 [cè] 헤아리다, 재다

测验 [cèyàn] 시험하다, 테스트하다 【술목구조】 증험함(验)을 재다/헤아리다(测). ◉ 验(험): 시험, 증험, 증거

册 | 책 책 [cè] 책, 책자

注册 [zhùcè] 등록하다, 등기하다 【술목구조】 책/목록(册)에 기입

하다(注). ◉ 注(주): 물대다, 풀이하다, 설명하다

| 曾 | 일직 증 [céng] 일찍이, 이전에 |

曾经 [céngjīng] 일찍이, 이미, 벌써 【수식구조】 일찍이(曾) 지난 (经). ◉ 经(경): 지나다, 거치다

| 叉 | 갈래 차 [chā] 가래, 가닥, 작살, 포크 |

叉子 [chāzi] 포크, 작살 【부가구조】 '叉'(차)는 갈래진 도구/기구 를 말한다. '子'는 명사접미어(개체의 독립성을 의미함). ◉ 子(자): 아들, 자식, 명사접미어

| 插 | 꽂을 삽 [chā] 꽂다, 끼우다 |

| 差 差 | 어긋날 차 [chā] 차이, 차 / [chà] 어긋나다, 차이 나다, 다르다, 모자라다 / [chāi] 심부름꾼, 출장 업무, 파견하다 |

差距 [chājù] 격차, 차이, 차 【연합구조】 차이(差)와 간격(距). ◉ 距(거): 떨어지다, 거리, 간격
时差 [shíchā] 시차 【수식구조】 시간상(时)의 차이(差). ◉ 时(시): 때, 시간

| 柴 | 섶 시 [chái] 섶(땔감), 울타리 |

火柴 [huǒchái] 성냥 【수식구조】 불(火)을 일으키는 땔감/쏘시개 (柴). ◉ 火(화): 불

| 析 | 터질 탁 [chāi] 터지다, 갈라지다 뜯다, 떼어내다 |

| 产 産 | 낳을 산 [chǎn] 낳다, 생산하다, 물산, 산물 |

产生 [chǎnshēng] 생기다, 생산하다 【연합구조】 두 글자 모두

'낳다, 만들어내다'는 뜻이다. ◉ 生(생): 나다, 태어나다, 생겨나다, 삶

财产 [cáichǎn] 재산, 자산 【연합구조】 재물(财)과 자산(产). ◉ 财(재): 재물

偿 償 | 갚을 상 [cháng] 갚다, 돌려주다

赔偿 [péicháng] 배상하다, 보상하다, 갚아주다 【연합구조】 물어주고(赔) 갚아주다(偿). ◉ 赔(배): 물어주다

肠 腸 | 창자 장 [cháng] 창자

香肠 [xiāngcháng] 소시지 【수식구조】 맛좋은(香) 창자(肠) 먹거리. ◉ 香(향): 향기, 향기롭다, 맛있다, 고소하다

厂 廠 | 기슭 엄 / 공장 창 [chǎng] 공장, 헛간 [※ '厂'(기슭 엄, 벼랑 한)은 이제 '廠'(공장 창)의 간체자로만 쓰인다.]

工厂 [gōngchǎng] 공장 【수식구조】 공업기술(工)의 제조창(厂). ◉ 工(공): 장인, 기술

倡 | 광대 창 [chàng] 광대, 부르다, 인도하다

提倡 [tíchàng] 주창하다, 어떤 일을 처음 내놓아 주장하다 【연합구조】 들어올리고(提) 부르짖다(倡). ◉ 提(제): 끌다, 들다

抄 | 베낄 초 [chāo] 베끼다, 베껴 쓰다, 뽑다

潮 | 밀물 조 [cháo] 밀물, 조수, 조류, 습기차다

潮湿 [cháoshī] 축축하다, 눅눅하다 【연합구조】 습기차고(潮) 젖다(湿). ◉ 湿(습): 젖다, 습기차다, 축축하다

朝 | 아침 조 [cháo] …을[를] 향하여, 왕조 / [zhāo] 아침

炒 | 볶을 초 [chǎo] (기름으로) 볶다

吵 | 떠들 초 [chǎo] 시끄럽다, 떠들다

吵架 [chǎojià] 말다툼하다, 다투다 【연합구조】 소리치고(吵) 싸우다(架). ◉ 架(가): 시렁, 싸움, 다투다

彻 徹 | 통할 철 [chè] 통하다, 꿰뚫다

彻底 [chèdǐ] 철저하다, 철저히 하다 【술목구조】 바닥(底)까지 꿰뚫다(彻). ◉ 底(저): 밑, 바닥

沉 | 잠길 침 [chén] 잠기다, 가라앉다

沉默 [chénmò] 침묵하다, 말을 하지 않다 【연합구조】 가라앉아(沉) 잠잠하다(默). ◉ 默(묵): 잠잠하다, 말없다

尘 塵 | 티끌 진 [chén] 티끌, 먼지

灰尘 [huīchén] 먼지 【연합구조】 재(灰)와 티끌(尘). ◉ 灰(회): 재

趁 | 쫓을 진 [chèn] …하는 김에, …을 틈타, …을 이용하여

称 稱 | 일컬을 칭 [chēng] 일컫다, 부르다

称呼 [chēnghu] …라고 부르다 【연합구조】 두 글자 모두 '부르다'는 뜻이다. ◉ 呼(호): 부르다

称赞 [chēngzàn] 칭찬하다 【연합구조】 부르고(称) 밝히다(赞).

◉ 贊(찬): 돕다, 밝히다, 기리다

承 │ 이을 승 [chéng] 잇다, 받들다

承担 [chéngdān] 떠맡다, 담당하다, 책임지다 【연합구조】 받들어
(承) 맡다(担). ◉ 担(담): 메다, 맡다

承认 [chéngrèn] 승인하다, 인정하다 【연합구조】 받들어(承) 인정
하다(认). ◉ 认(인): 알다, 인정하다

承受 [chéngshòu] 받아들이다, 견뎌 내다 【연합구조】 이어(承) 받
다(受). ◉ 受(수): 받아, 받아들이다

池 │ 못 지 [chí] 못, 연못

池塘 [chítáng] 연못 【수식구조】 물을 가둔(池) 못둑(塘). ◉ 塘
(당): 못둑, 못

电池 [diànchí] 전지 【수식구조】 전기(电) 못/저수지(池). ◉ 电
(전): 전기

尺 │ 자 척 [chǐ] 자, 길이의 단위 (1尺/1자=30cm)

尺子 [chǐzi] 자 【부가구조】 '子'(자): 명사접미어 (개체의 독립성을
나타냄)

齿 齒 │ 이 치 [chǐ] 이, 치아

牙齿 [yáchǐ] 이, 치아 【연합구조】 어금니(牙)와 이(齿). 두 글자
모두 '이'라는 뜻이다. ◉ 牙(아): 어금니, 이

翅 │ 날개 시 [chì] 날개, 지느러미

翅膀 [chìbǎng] 날개 【연합구조】 두 글자 모두 '날개'와 관련된
뜻이다. ◉ 膀(방): 어깨, 날갯죽지

冲 沖/衝 │ 찌를 충 [chōng] (물 따위를) 부어 타다(沖), 돌진하다(衝), 솟구치다(衝)

充 │ 채울 충 [chōng] 채우다, 가득하다

充分 [chōngfèn] 충분하다 【술목구조】 몫(分)을 꽉 채우다(充). ◉ 分(분): 나누다, 몫, 부분

充满 [chōngmǎn] 가득 차다, 충만하다 【연합구조】 차고(充) 가득하다(满). ◉ 满(만): 가득차다

补充 [bǔchōng] 보충하다 【연합구조】 보태고(补) 채우다(充), 补(보): 깁다, 돕다, 보태다

虫 蟲 │ 벌레 충 [chóng] 벌레

昆虫 [kūnchóng] 곤충 【연합구조】 '昆'은 '蜫'(벌레 곤)의 가차자로, 두 글자 모두 '벌레'라는 뜻이다. ◉ 昆(곤): 맏(형), 자손, 벌레(=蜫)

宠 寵 │ 사랑할 총 [chǒng] 사랑하다, 괴다

宠物 [chǒngwù] 애완동물, 반려동물 【수식구조】 사랑하는(宠) 동물/물건(物). ◉ 物(물): 사물, 물건

愁 │ 시름 수 [chóu] 시름, 근심, 걱정하다

发愁 [fāchóu] 걱정하다, 근심하다 【술목구조】 시름(愁)을 일으키다(发). ◉ 发(발): 피우다, 일으키다

绸 綢 │ 얽을 주 [chóu] 비단, 명주, 얽다, 동여매다

丝绸 [sīchóu] 실크, 비단 【연합구조】 비단실(丝)과 비단(绸). ◉ 丝(사): 생사, 비단실

丑 醜 | 소 축 / 추할 추 [chǒu] 축(십이지의 둘째, 소띠),
추하다(추), 못생기다(추)

臭 | 냄새 취 [chòu] (냄새가) 구리다, 역겹다, 악취

初 | 처음 초 [chū] 처음, 첫

最初 [zuìchū] 맨 처음, 최초 【수식구조】 가장(最) 처음(初). ◉ 最
(최): 가장, 제일

初级 [chūjí] 초급 【수식구조】 처음/첫(初) 등급(级). ◉ 级(급): 급
수, 단계

处 處 | 곳 처 [chǔ] 살다, 처하다, 머무르다, 존재하다 /
[chù] 곳

处理 [chǔlǐ] 처리하다, 해결하다 【연합구조】 잘 처하도록(处) 다
스리다(理). ◉ 理(리): 다스리다, 도리

相处 [xiāngchǔ] 함께 살다 【수식구조】 서로(相) 같이 머무르다
(处). ◉ 相(상): 서로

触 觸 | 닿을 촉 [chù] 닿다, 느끼다

接触 [jiēchù] 닿다, 접촉하다 【연합구조】 붙어(接) 닿다(触). 두
글자 모두 '닿다'는 뜻이다. ◉ 接(접): 잇다, 닿다, 맞이하다

闯 闖 | 말이 문을 나오는 모양 틈, 엿볼 츰 [chuǎng] 돌
진하다, 부딪치다, 갑자기 뛰어들다

创 創 | 비롯할 창 [chuàng] 비롯하다, 시작하다, 처음으
로 만들다

创造 [chuàngzào] 창조하다, 발명하다 【수식구조】 처음으로(创)

만들다(造). ◉ 造(조): 짓다, 만들다

吹 | 불 취 [chuī] (입으로) 불다

纯 純 | 순수할 순 [chún] 순수하다, 깨끗하다

单纯 [dānchún] 단순하다【연합구조】단일하고(单) 순수하다(纯).
◉ 单(단): 홑, 간단하다, 명세서

辞 辭 | 말씀 사 [cí] 말, 고별하다, 사퇴하다

辞职 [cízhí] 사직하다, 직장을 그만두다【술목구조】직(职)을 사
퇴하다(辞). ◉ 职(직): 일, 업무
推辞 [tuīcí] 거절하다, 물리치다, 사양하다【연합구조】밀치고(推)
물리치다(辞). ◉ 推(추): 밀다

刺 | 찌를 자 [cì] 찌르다, 꾸짖다

刺激 [cìjī] 자극하다, 흥분시키다【연합구조】찌르고(刺) 세차게
가하다(激). ◉ 激(격): 물 세차게 흐르다
讽刺 [fěngcì] 풍자하다【수식구조】풍유적으로(讽) 꾸짖다(刺). ◉
讽(풍): 풍자하다, 풍간하다

匆 | 바쁠 총 [cōng] 바쁘다, 서두르다

匆忙 [cōngmáng] 바쁘다, 총망하다【연합구조】두 글자 모두 '바
쁘다'는 뜻이다. ◉ 忙(망): 바쁘다

促 | 재촉할 촉 [cù] 재촉하다, 다그치다

促进 [cùjìn] 촉진하다, 재촉하다【술목구조】나아가기(进)를 다그
치다(促). ◉ 进(진): 나아가다
促使 [cùshǐ] …하도록 재촉하다【술목구조】…하도록(使) 재촉하
다(促). ◉ 使(사): 하게 하다, 시키다

| 醋 | 식초 초 [cù] 식초, 초 |

| 催 | 재촉할 최 [cuī] 재촉하다, 독촉하다, 다그치다 |

| 脆 | 연할 취 [cuì] 연하다, 약하다, 바삭바삭하다, 낭랑하다 |

干脆 [gāncuì] 명쾌하다, 솔직하다, 거리낌 없다 【연합구조】 마르고(干) 바삭하게(脆), 직설적으로. ◉ 干(간): 마르다(乾)

| 村 | 마을 촌 [cūn] 마을, 촌락 |

农村 [nóngcūn] 농촌 【수식구조】 농사짓는(农) 마을(村). ◉ 农(농): 농사

| 措 | 둘 조 [cuò] 두다, 처리하다 |

措施 [cuòshī] 조치하다 【연합구조】 처리하여(措) 베풀다/실시하다(施). ◉ 施(시): 베풀다, 실시하다

| 答 | 대답할 답 [dā] 답(하다), 대답하다 [※ '答应, 答理' 등의 경우에만 [dā]로 발음하고, 나머지 경우는 [dá]로 발음함] |

答应 [dāying] 대답하다, 응답하다 【연합구조】 답하고(答) 응하다(应). ◉ 应(응): 응하다, 응답하다, 마땅히

| 达 達 | 통달할 달 [dá] 통달하다, 통하다, 이르다 |

达到 [dádào] 이르다, 달성하다 【술보구조】 두 글자 모두 '이르다'는 뜻이다. ['到'는 결과보어이다.] ◉ 到(도): 이르다, …에
表达 [biǎodá] 나타내다, 드러내다, 표현하다 【연합구조】 드러내어(表) 통하게 하다(达). ◉ 表(표): 겉, 드러내다

到达 [dàodá] 이르다, 도달하다, 도착하다 【연합구조】 두 글자 모두 '이르다'는 뜻이다. ⊙ 到(도): 이르다, 도착하다

发达 [fādá] 발달하다 【연합구조】 일으켜(发) 통달하다(达). ⊙ 发(발): 피다, 일으키다

呆 | 어리석을 태 [dāi] 어리석다, 둔하다, 멍청하다

待 | 기다릴 대 [dài] 기다리다, 모시다, 대접하다

待遇 [dàiyù] 대우, 대접 【연합구조】 모시고(待) 대접하다(遇). ⊙ 遇(우): 만나다, 대접하다

等待 [děngdài] 기다리다 【연합구조】 두 글자 모두 '기다리다'는 뜻이다. ⊙ 等(등): 기다리다

对待 [duìdài] (상)대하다, 다루다, 대응하다 【연합구조】 마주하고(对) 상대하다(待). ⊙ 对(대): 마주보다, 대하다

接待 [jiēdài] 접대하다, 영접하다 【연합구조】 맞이하여(接) 모시다(待). ⊙ 接(접): 잇다, 맞이하다

期待 [qīdài] 기대하다, 기다리다, 고대하다 【연합구조】 바라고(期) 기다리다(待). ⊙ 期(기): 기약하다, 기다리다, 바라다

招待 [zhāodài] 초대하다, 대접하다 【연합구조】 불러서(招) 모시다(待). ⊙ 招(초): 손짓하다, 부르다

代 | 대신할 대 [dài] 대신하다, 바꾸다, 시대, 세대, 시간적 동안

代表 [dàibiǎo] 대표, 대표자 【연합구조】 대신하여(代) 드러내다(表). ⊙ 表(표): 겉, 나타내다, 드러내다

代替 [dàitì] 대체하다, 대신하다 【연합구조】 대신하여(代) 바꾸다(替). ⊙ 替(체): 바꾸다

古代 [gǔdài] 고대 【수식구조】 옛(古) 시대(代) ⊙ 古(고): 옛날, 오래된

近代 [jìndài] 근대, 근세 【수식구조】 가까운(近) 시대(代). ⊙ 近

(근): 가깝다

年代 [niándài] 연대 【수식구조】 해(年) 단위의 시대(代). ◉ 年
(년): 해, 년

时代 [shídài] 시대, 시기 【수식구조】 때(时)로서의 동안(代). ◉
时(시): 때, 시간

贷 貸 ┃ 빌릴 대 [dài] 빌리다

贷款 [dàikuǎn] 대출하다 【술목구조】 돈(款)을 빌리다(贷). ◉ 款
(관): 항목, 정성, 경비, 돈

耽 ┃ 즐길 탐 [dān] 즐기다, 빠지다, 좋아하다

耽误 [dānwu] 일을 그르치다, 시기를 놓치다 【술보구조】 빠져서
(耽) 그르치다(误). ◉ (오): 그르치다, 잘못되다

胆 膽 ┃ 쓸개 담 [dǎn] 담, 쓸개

胆小鬼 [dǎnxiǎoguǐ] 겁쟁이 【수식구조】 담(胆)이 작은(小) 녀석
(鬼). ◉ 小(소): 작다. 鬼(귀): 귀신, 녀석

旦 ┃ 아침 단 [dàn] 아침

一旦 [yídàn] 일단/만약 …한다면 【수식구조】 한번(一) 해가 뜬다
면(旦). [※ '만약에 하루가 있다면'이라는 뜻이다.] ◉ 一
(일): 한, 한번

元旦 [yuándàn] 설날, 설날아침 【수식구조】 새해의 첫날(元) 아침
(旦). ◉ 元(원): 으뜸, 첫째의

淡 ┃ 맑을 담 [dàn] 맑다, 담백하다, 싱겁다, 엷다

冷淡 [lěngdàn] 쌀쌀하다, 냉담하다, 냉정하다 【연합구조】 차고
(冷) 맑다(淡). ◉ 冷(랭): 차다

清淡 [qīngdàn] 담백하다, 산뜻하다, 청담하다 【연합구조】 깨끗하

고(淸) 맑다(淡). ◉ 淸(청): 맑다, 깨끗하다

挡 擋 ┃ 숨길 당 [dǎng] 막다, 숨기다, 가리다, 저지하다

档 檔 ┃ 의자 당 [dàng] 의자, 진열대(물건이나 문서를 분류하기 위해 만든 서랍장), 문서

高档 [gāodàng] 고급의, 상등의 【수식구조】 높은(高) 진열대/등급(档)의. ◉ 高(고): 높다

倒 ┃ 넘어질 도 [dǎo] 넘어지다, 쓰러지다 / [dào] 거꾸로, 도리어

倒霉 [dǎoméi] 재수 없다, 운수 사납다 【술목구조】 '곰팡이(霉)에 넘어지다(倒)'로 해석할 수 있다. [옛날 과거에 합격하지 못하면 깃대를 거꾸로 들고 갔는데, 이를 '倒楣'(도미, dǎoméi)라고 하였다. 여기에서 '楣'(미, méi)는 '霉'(매, méi)와 발음이 같아서 강서(江西), 절강(浙江) 지역에서는 '좋지 않은 경우'를 '倒楣' 곧 '倒霉'라고 하였다고 한다. 즉 '倒霉'는 '倒楣'의 가차표기인 셈이다.] ◉ 霉(매): 곰팡이
摔倒 [shuāidǎo] 넘어지다, 쓰러지다, 엎어지다 【술보구조】 내던지어/떨어져(摔) 넘어지다(倒). ◉ 摔(솔): 내던지다, 떨어지다

岛 島 ┃ 섬 도 [dǎo] 섬

岛屿 [dǎoyǔ] 섬, 도서 【연합구조】 큰섬(島)과 작은 섬(屿). ◉ 屿(서): 작은 섬, 작은 산

德 ┃ 큰 덕 [dé] 덕, 품덕, 크다, 베풀다

道德 [dàodé] 도덕, 윤리 【연합구조】 도리(道)와 품덕(德). ◉ 道(도): 길, 도리, 이치

| 滴 | 물방울 적 [dī] 물방울, 방울지어 떨어지다 |

| 敌 敵 | 대적할 적 [dí] 대적하다, 겨루다, 맞서다 |

敌人 [dírén] 적 【수식구조】 대적하고(敌) 있는 사람(人). ◉ 人 (인): 사람

| 的 | 과녁 적 [dí] 확실한, 실재의 / [de] …의, …것 / [dī] 택시(的士) / [dì] 과녁, 목표, 분명하다 |

的确 [díquè] 확실히, 분명히, 정말 【연합구조】 두 글자 모두 '확실하다'는 뜻이다. ◉ 确(확): 굳다, 단단하다, 확실하다

| 递 遞 | 갈릴 체 [dì] 갈리다, 번갈아들다, 전해주다, 건네주다 |

| 钓 釣 | 낚을 조 [diào] 낚다, 낚시질하다 |

| 蝶 | 나비 접 [dié] 나비 |

蝴蝶 [húdié] 나비 【연합구조】 두 글자 모두 '나비'라는 뜻이다. ◉ 蝴(호): 나비

| 顶 頂 | 정수리 정 [dǐng] 정수리, 꼭대기 |

| 订 訂 | 바로잡을 정 [dìng] 바로잡다, 정하다, 맺다, 예약하다 |

预订 [yùdìng] 예약하다 【수식구조】 미리(预) 정하다(订). ◉ 预 (예): 미리

冻 凍 | 얼 동 [dòng] 얼다

洞 | 골 동 [dòng] 구멍, 굴, 동굴, 골짜기

抖 | 떨 두 [dǒu] 떨다, 떨리다

发抖 [fādǒu] 떨다, 떨리다 【술목구조】 떨림(抖)을 일으키다(发).
　　◉ 发(발): 피우다, 일으키다

斗 鬪 | 말 두 / 싸울 투 [dòu] 싸우다, 다투다

奋斗 [fèndòu] 분투하다 【연합구조】 떨치고 일어나(奋) 싸우다
　　(斗). ◉ 奋(분): 떨치다, 날개치다, 분발하다

逗 | 머무를 두 [dòu] 놀리다, 골리다, 어르다, 구슬리
　　다, 머무르다

豆 | 콩 두 [dòu] 콩

豆腐 [dòufu] 두부 【주술구조】 콩(豆)이 변한(腐) 것. ◉ 腐(부):
　　썩다, 부패하다, 콩제품류
土豆 [tǔdòu] 감자 【수식구조】 흙(土)에서 자라는 콩(豆) 비슷한
　　작물. 중국의 동북(東北) 및 하북(河北) 지방의 방언으로,
　　원래 이름은 '马铃薯(마령서 ; mǎlíngshǔ)'이다. ◉ 土(토):
　　흙, 땅

毒 | 독 독 [dú] 독, 바이러스

病毒 [bìngdú] 바이러스, 병독 【수식구조】 병(病)을 일으키는 독
　　(毒). ◉ 病(병): 병

独 獨 | 홀로 독 [dú] 혼자, 홀로, 단독

单独 [dāndú] 단독으로, 혼자서 【연합구조】 두 글자 모두 '홀로'
라는 뜻이다. ◉ 单(단): 홑, 하나

独立 [dúlì] 독립하다 【수식구조】 홀로(独) 서다(立). ◉ 立(립): 서
다, 세우다

独特 [dútè] 독특하다 【수식구조】 홀로(独) 다르다(特). ◉ 特(특):
다르다, 특이하다, 수컷

堆 | 쌓을 퇴 [duī] 쌓다, 쌓이다, 무더기

兑 兌 | 바꿀 태 [duì] 바꾸다

兑换 [duìhuàn] 바꾸다, 환전하다 【연합구조】 두 글자 모두 '바
꾸다'는 뜻이다. ◉ 换(환): 바꾸다

蹲 | 쭈그릴 준 [dūn] 쪼그리고 앉다, 웅크리고 앉다

吨 | 말 분명치 못할 둔 [dūn] 톤(ton) [1吨=1,000kg]

顿 頓 | 조아릴 돈 [dùn] 멈추다, 잠깐 쉬다, 조아리다

盾 | 방패 순 [dùn] 방패

矛盾 [máodùn] 모순, 갈등 【연합구조】 창(矛)과 방패(盾), 무엇이
든지 찌를 수 있는 창과 무엇이든지 막을 수 있는 방패간에
존재하는 논리 불성립의 고사에서 비롯된 말. ◉ 矛(모): 창

躲 躲 | 비킬 타 [duǒ] 비키다, 피하다, 숨다

躲藏 [duǒcáng] 숨다, 피하다 【연합구조】 피하여(躲) 숨다(藏), 藏

(장): 감추다, 보관하다, 숨다

恶 惡 | 악할 악 [è] 나쁘다, 악하다

恶劣 [èliè] 열악하다, 매우 나쁘다 【연합구조】 나쁘고(恶) 못나다 (劣). ◉ 劣(렬): 못나다, 못하다, 뒤떨어지다

嗯 | 대답할 은 [èng] 응, 그래

罚 罰 | 벌줄 벌 [fá] 벌주다, 꾸짖다, 벌

罚款 [fákuǎn] 벌금을 물리다/부과하다 【술목구조】 돈(款)으로 벌 주다(罚). ◉ 款(관): 항목, 돈, 경비

乏 | 모자랄 핍 [fá] 모자라다, 부족하다

缺乏 [quēfá] 결핍되다, 결여되다 【연합구조】 빠지고(缺) 모자라다 (乏). ◉ 缺(결): 이지러지다, 빠지다

繁 | 많을 번 [fán] 많다, 번성하다

繁荣 [fánróng] 번영하다, 번창하다 【연합구조】 번성하고(繁) 영화 롭다(荣). ◉ 荣(영): 영화, 꽃부리

返 | 돌이킬 반 [fǎn] 돌아오다, 돌이키다, 되돌리다

往返 [wǎngfǎn] 왕복, 오가다 【연합구조】 가고(往) 되돌아오다 (返). ◉ 往(왕): 가다

范 範 | 법 범 [fàn] 법, 본보기, 본받다

范围 [fànwéi] 범위 【수식구조】 본보기(范)의 둘레(围). ◉ 围(위): 둘레, 둘러싸다

泛 | 뜰 범 [fàn] 뜨다, 넓다

广泛 [guǎngfàn] 광범하다, 폭넓다 【연합구조】 두 글자 모두 '넓다'는 뜻이다. ◉ 广(광): 넓다

妨 | 방해할 방 [fáng] 방해하다, 거리끼다

妨碍 [fáng'ài] 방해하다, 지장을 주다 【연합구조】 방해하고(妨) 장애되다(碍). ◉ 碍(애): 거리끼다, 장애가 되다

防 | 막을 방 [fáng] 막다, 둑

预防 [yùfáng] 예방하다, 미리 막다 【수식구조】 미리(预) 막다(防). ◉ 预(예): 미리

仿 | 본뜰 방 [fǎng] 본뜨다, 모방하다, 흉내내다

仿佛 [fǎngfú] 마치 …인 것 같다, 비슷하다 【술목구조】 부처(佛)를 본뜬(仿) 듯 비슷하다. [※ 부처를 본떠 만든 모든 불상이 실상과 비슷하여 유래한 말로 보인다.] ◉ 佛(불): 부처
模仿 [mófǎng] 모방하다, 본뜨다 【연합구조】 두 글자 모두 '본뜨다'는 뜻이다. ◉ 模(모): 본뜨다, 법, 본, 모양

访 訪 | 찾을 방 [fǎng] 찾다, 뵙다, 방문하다

采访 [cǎifǎng] 취재하다 【연합구조】 채집하고(采) 방문하다(访). ◉ 采(채): 캐다(採), 풍채, 무늬

废 廢 | 폐할 폐 [fèi] 폐하다, 못쓰게 되다, 무너지다

废话 [fèihuà] 쓸데없는 소리 【수식구조】 쓸데없는(废) 말(话). ◉ 话(화): 말

氛 | 기운 분 [fēn] 기운, 기분, 정세

气氛 [qìfēn] 분위기 【연합구조】 기운(气)과 기분(氛). ◉ 气(기): 기운, 공기

纷 紛 | 어지러울 분 [fēn] 어지럽다, 번잡하다, 엉클어지다, 많다

纷纷 [fēnfēn] 분분하다, 어지럽게 날리다 【중첩구조】 매우 어지럽다. [형용사의 중첩으로 '매우'의 개념이 부가됨.]

蜂 | 벌 봉 [fēng] 벌

蜜蜂 [mìfēng] 꿀벌 【수식구조】 꿀(蜜)을 따는 벌(蜂). ◉ 蜜(밀): 꿀

疯 瘋 | 두풍 풍 [fēng] 두풍, 미치다, 실성하다

疯狂 [fēngkuáng] 미치다, 실성하다 【연합구조】 두 글자 모두 '미치다'는 뜻이다. ◉ 狂(광): 미치다

讽 諷 | 풍자할 풍 [fěng] 풍자하다, 풍간하다

讽刺 [fěngcì] 풍자하다 【수식구조】 풍유적으로(讽) 꾸짖다(刺). ◉ 刺(자): 찌르다, 꾸짖다

佛 | 부처 불 [fú] 부처, 불경

仿佛 [fǎngfú] 마치 …인 것 같다 【술목구조】 부처(佛)를 본뜬(仿) 듯 비슷하다. ◉ 仿(방): 본뜨다, 모방하다, 흉내내다

扶 | 도울 부 [fú] 돕다, 붙들다, 짚다, 기대다

幅 | 폭 폭 [fú] 너비, 폭

腐 | 썩을 부 [fǔ] 썩다, 부패하다, 콩제품류

豆腐 [dòufu] 두부【연합구조】콩(豆)이 변한(腐) 것. ◉ 豆(두): 콩

府 | 마을 부 [fǔ] 마을, 도시, 관청, 곳집

政府 [zhèngfǔ] 정부【수식구조】나랏일을 다스리는(政) 관청(府).
◉ 政(정): 정사, 나랏일을 다스리는 일, 나라를 바르게 하다

辅 輔 | 도울 보 [fǔ] 돕다, 바퀴 덧방나무

辅导 [fǔdǎo] 도우며 지도하다【연합구조】도우며(辅) 이끌다(导).
◉ 导(도): 이끌다

妇 婦 | 며느리 부 [fù] 며느리, 지어미, 아내

妇女 [fùnǚ] 부녀(자), 성인 여성【연합구조】부인(妇)과 여성(女).
◉ 女(녀): 여자, 여성

盖 蓋 | 덮을 개 [gài] 덮다, 덮개, 뚜껑

纲 綱 | 벼리 강 [gāng] 벼리, 대강, 뼈대, 밧줄

提纲 [tígāng] 요강(要綱), 제요(提要)【술목구조】벼리/뼈대(纲)를
들어올리다(提), 또는 그 내용물, 요점. ◉ 提(제): 끌다, 이
끌다, 들어올리다

搞 | 옆으로 칠 고 [gǎo] 하다, 처리하다, 다루다, 종사
하다

隔 | 사이 뜰 격 [gé] 사이 뜨다, 떨어지다

隔壁 [gébì] 옆방, 옆집, 이웃【술목구조】벽(壁)을 사이에 두다

(隔). ◉ 壁(벽): 벽, 담

革 │ 가죽 혁 [gé] 가죽, 벗겨내다, 바꾸다

改革 [gǎigé] 개혁하다 【연합구조】 고치고(改) 바꾸다(革). ◉ 改
(개): 고치다

恭 │ 공손할 공 [gōng] 공손하다, 삼가다

恭喜 [gōngxǐ] 축하하다 【수식구조】 삼가(恭) 기쁜(喜) 일이 많기
를 빕니다. ◉ 喜(희): 기쁘다

贡 貢 │ 바칠 공 [gòng] 바치다, 이바지하다

贡献 [gòngxiàn] 이바지하다, 공헌하다 【연합구조】 바치고(贡) 드
리다(献). ◉ 献(헌): 드리다

沟 溝 │ 도랑 구 [gōu] 도랑

沟通 [gōutōng] 통하다, 교류하다 【수식구조】 도랑처럼(沟) 통하
다(通). ◉ 通(통): 통하다

构 構 │ 얽을 구 [gòu] 얽다, 짜다, 이루다

构成 [gòuchéng] 구성하다, 짜다, 이루다 【연합구조】 얽어서(构)
이루다(成). ◉ 成(성): 이루다
结构 [jiégòu] 결구, 구조, 짜임새 【연합구조】 맺고(结) 얽다(构).
◉ 结(결): 맺다, 묶다

姑 │ 시어미 고 [gū] 시어머니, 고모, 여자

姑姑 [gūgu] 고모 【중첩구조】 가족호칭으로 중첩하였다.
姑娘 [gūniang] 처녀, 아가씨 【연합구조】 두 글자 모두 '아가씨'
라는 뜻이다. ◉ 娘(낭): 여자, 아가씨, 각시

骨 骨 | 뼈 골 [gǔ] 뼈

骨头 [gǔtou] 뼈 【부가구조】 뼈(骨)의 조각(头). '头(두)'는 명사접미어로 덧붙은 글자이다. '조각, 덩이' 등의 의미를 나타낸다. ◉ 头(두): 머리, 명사접미어

股 | 넓적다리 고 [gǔ] 넓적다리, 정강이, 가닥, 주식(합자자금의 평균몫)

股票 [gǔpiào] 증권, 주식 【수식구조】 주식(股)의 증표(票). ◉ 票(표): 표, 증표

古 | 옛 고 [gǔ] 옛날, 오래되다

古代 [gǔdài] 고대 【수식구조】 옛(古) 시대(代). ◉ 代(대): 대신하다, 시대, 세대

古典 [gǔdiǎn] 고전 【수식구조】 옛(古) 법식/전적(典). ◉ 典(전): 법, 법전, 모범, 서적

名胜古迹 [míngshènggǔjì] 명승고적 【수식구조】 이름(名)이 뛰어난(胜) 옛(古) 자취(迹). ◉ 名胜(명승): 이름(名)이 실물을 이기다(胜). 이름(名)이 뛰어나다(胜). 古(옛) 자취(迹). 名(명): 이름. 胜(승): 이기다, 뛰어나다, 훌륭하다. 迹(적): 자취, 발자취, 업적, 행적

固 | 굳을 고 [gù] 굳다, 단단하다

固定 [gùdìng] 고정되다, 불변하다 【수식구조】 굳게(固) 정해지다(定). ◉ 定(정): 정하다, 정해지다

乖 | 어그러질 괴 [guāi] 얌전하다, 착하다, 어긋나다

拐 | 후릴 괴 [guǎi] 후리다, 꾀어내다, (방향을) 바꾸다

5급

g

■■ 235

拐弯 [guǎiwān] 방향을 틀다 【술목구조】 굽이(弯)를 돌다(拐). ◉
弯(만): 굽다

| 官 | 벼슬 관 [guān] 벼슬, 관청 |

| 冠 | 갓 관 [guàn] 으뜸, 모자를 쓰다 / [guān] 갓, 관, 모자 |

冠军 [guànjūn] 챔피언(champion), 우승(자), 1등 【수식구조】 으뜸(冠) 군사/선수(军). ◉ 军(군): 군사

| 归 歸 | 돌아갈 귀 [guī] 돌아가다, 따르다, 시집하다 |

归纳 [guīnà] 귀납하다, 귀결하다 【연합구조】 돌아/따라(归) 들어가다(纳). ◉ 纳(납): 들이다, 받다, 바치다

| 鬼 | 귀신 귀 [guǐ] 귀신, (귀신같은) 녀석 |

胆小鬼 [dǎnxiǎoguǐ] 겁쟁이 【수식구조】 담(胆)이 작은(小) 녀석 (鬼). ◉ 胆(담): 담, 쓸개. 小(소): 작다

| 柜 櫃 | 궤 궤 [guì] 궤, 카운터 |

柜台 [guìtái] 계산대, 카운터 【수식구조】 돈궤(柜)가 있는 대/탁자 (台). ◉ 台(대): 대, 돈대, 무대, 받침대, 탁자

| 滚 滾 | 흐를 곤 [gǔn] (큰물이) 흐르다, 구르다, 뒹굴다 |

| 锅 鍋 | 노구솥 과 [guō] 솥, 냄비, 가마 |

| 裹 | 쌀 과 [guǒ] 싸다, 싸매다, 보따리 |

包裹 [bāoguǒ] 싸다, 포장하다, 소포, 보따리 【연합구조】 두 글자

모두 '싸다, 포장하다'는 뜻이다. ⊙ 包(포): 싸다, 포장하다, 보따리

| 哈 | 물고기 많은 모양 합 [hā] 아하! 웃음소리 |

| 含 | 머금을 함 [hán] 머금다, 품다, 띠다 |

包含 [bāohán] 포함하다 【연합구조】 싸서(包) 머금다(含). ⊙ 包(포): 싸다, 포장하다

| 喊 | 소리칠 함 [hǎn] 외치다, 소리치다, 고함치다 |

| 憾 | 섭섭할 감 [hàn] 섭섭하다, 한하다, 원망하다 |

遗憾 [yíhàn] 유감이다, 섭섭하다 【술목구조】 섭섭함(憾)을 남기다(遗). ⊙ 遗(유): 남기다, 끼치다, 잃다

| 毫 | 터럭 호 [háo] 터럭, 털, 잔털, 조금 |

丝毫 [sīháo] 조금도, 털끝만치도 【연합구조】 비단실(丝)과 털(毫) 같이 미미하게. ⊙ 丝(사): 비단실, 생사, 견사

| 豪 | 호걸 호 [háo] 호걸, 귀인, 우두머리, 사치스럽다, 뛰어나다 |

自豪 [zìháo] 스스로 대견스러워하다, 스스로 자랑스럽게 여기다 【수식구조】 스스로(自) 뛰어나다고(豪) 여기다. ⊙ 自(자): 스스로, 자기

豪华 [háohuá] 호화스럽다, 사치스럽다 【연합구조】 사치스럽고 (豪) 화려하다(华). ⊙ 华(화): 화려하다

| 核 | 씨 핵 [hé] 씨, 핵, 중심 |

核心 [héxīn] 핵심 【연합구조】 씨(核)와 심장(心)처럼 중심이 되고

중요함. ◉ 心(심): 마음, 심장

| 恨 | 한할 한 [hèn] 한하다, 원망하다, 증오하다 |

| 衡 | 저울대 형 [héng] 저울대, 저울, 균형을 이루다 |

平衡 [pínghéng] 평형을 이루다, 균형이 맞다 【술목구조】 저울대
(衡)를 평평하게 하다(平). ◉ 平(평): 평평하다, 고르다

| 虹 | 무지개 홍 [hóng] 무지개 |

彩虹 [cǎihóng] 무지개 【수식구조】 채색(彩) 무지개(虹). ◉ 彩
(채): 채색, 고운빛깔, 무늬

| 猴 | 원숭이 후 [hóu] 원숭이 |

猴子 [hóuzi] 원숭이 【부가구조】 '子'는 명사접미어로서, 개체의
독립성을 나타낸다. ◉ 子(자): 아들, 명사접미어

| 忽 | 갑자기 홀 [hū] 갑자기, 문득, 소홀히 하다 |

忽然 [hūrán] 갑자기, 홀연히, 별안간 【부가구조】 갑작스러운(忽)
상태(然). '然'(연)은 상태를 나타내는 부사접미어이다. ◉
然(연): 그렇다, 부사접미어
忽视 [hūshì] 홀시하다, 경시하다 【수식구조】 갑자기/소홀히(忽)
보다(视). ◉ 视(시): 보다, 주시하다

| 胡 | 오랑캐 호 [hú] 민족이름, 함부로, 수염(鬍) |

胡说 [húshuō] 헛소리하다, 함부로 지껄이다 【수식구조】 함부로
(胡) 말하다(说). ◉ 说(설): 말하다
胡同 [hútòng] 골목 【연합구조】 '衚衕'(호동: 길거리, 거리 호衚,
거리 동衕)의 가차 표기로, 두 글자 모두 '거리'라는 뜻이
다. '衚衕'(호동)은 원래 원나라말의 음역표기이다. 글자의

획수가 많아 '胡同'으로 가차하여 쓰게 되었다. ◉ 同(동): 같다

蝴 | 나비 호 [hú] 나비

蝴蝶 [húdié] 나비 【연합구조】 두 글자 모두 '나비'라는 뜻이다.
◉ 蝶(접): 나비

壺 壶 | 병 호 [hú] 술병, 항아리, 주전자

糊 | 풀칠할 호 [hù] 풀, 풀칠하다, 바르다, 얼버무리다

糊涂 [hútu] 어리석다, 멍청하다, 흐리멍덩하다 【연합구조】 풀칠
하고(糊) 흙칠을 하듯(涂) 분명치 않음. ◉ 涂(도/塗): 칠하
다, 흙칠하다

模糊 [móhu] 모호하다, 분명하지 않다 【연합구조】 본뜨고(模) 풀
칠한 듯(糊) 애매하다. ◉ 模(모): 본뜨다, 법, 본, 모양

华 華 | 화려할 화 [huá] 꽃이 많다, 화려하다, 사치스럽
다, 중화(中華: 중국민족의 통칭)

华裔 [huáyì] 화교, 외국거주 중국인 【수식구조】 중화민족(华)의
후손(裔). ◉ 裔(예): 후손

豪华 [háohuá] 호화스럽다, 사치스럽다 【연합구조】 사치스럽고
(豪) 화려하다(华). ◉ 豪(호): 호걸, 사치스럽다, 뛰어나다

猾 猾 | 교활할 활 [huá] 교활하다, 간교하다

狡猾 [jiǎohuá] 교활하다, 간교하다 【연합구조】 두 글자 모두 '교
활하다'는 뜻이다. ◉ 狡(교): 교활하다, 시샘하다

滑 滑 | 미끄러울 활 [huá] 미끄럽다, 반들반들하다, 매끈
하다

光滑 [guānghuá] 매끌매끌하다, 반들반들하다 【연합구조】 빛나고

5급

h

(光) 매끈하다(滑). ◉ 光(광): 빛, 빛나다, 밝다

| 缓 緩 | 느릴 완 [huǎn] 느리다, 느슨하다, 부드럽다

缓解 [huǎnjiě] 느슨하다, 완화하다, 풀어지다 【수식구조】 느슨하게(缓) 풀다(解). ◉ 解(해): 풀다, 풀어지다

| 幻 | 헛보일 환 [huàn] 헛보이다, 어지럽히다, 바뀌다

幻想 [huànxiǎng] 환상, 몽상, 공상 【수식구조】 헛보는(幻) 듯한 생각(想). ◉ 想(상): 생각하다

| 慌 慌 | 어리둥절할 황 [huāng] 어리둥절하다, 어렴풋하다, 허겁지겁하다

慌张 [huāngzhāng] 당황하다, 쩔쩔매다, 허둥대다 【연합구조】 어리둥절하고(慌) 긴장하다(张). ◉ 张(장): 베풀다, 팽팽하다, 긴장하다

| 挥 揮 | 휘두를 휘 [huī] 휘두르다, 지휘하다, 나타내다

指挥 [zhǐhuī] 지휘하다 【연합구조】 지시하고(指) 휘두르다(挥). ◉ 指(지): 손가락, 가리키다, 지시하다
发挥 [fāhuī] 발휘하다 【연합구조】 (능력을) 일으켜(发) 휘두르다(挥). ◉ 发(발): 피우다, 일으키다, 드러내다

| 灰 | 재 회 [huī] 재, 먼지, 잿빛, 실망하다, 의기소침하다

灰尘 [huīchén] 먼지 【연합구조】 재(灰)와 티끌(尘), 尘(진): 티끌, 먼지
灰心 [huīxīn] 낙심하다, 의기소침하다 【술목구조】 마음(心)을 잿빛으로 만들다(灰). ◉ 心(심): 마음

| 恢 | 넓을 회 [huī] 넓다, 돌이키다, 원래로 돌아가다

恢复 [huīfù] 회복하다, 회복되다 【연합구조】 돌이키고(恢) 돌아가다(复). 두 글자 모두 '돌아가다'는 뜻이다. ◉ 复(복): 돌아가다, 돌이키다

汇 匯 ┃ 무리 휘 / 물모일 회 [huì] 무리, 모이다, 집성하다, 보내다, 외화

汇率 [huìlǜ] 환율 【수식구조】 외화(汇)의 비율(率). ◉ 率(률): 비율
词汇 [cíhuì] 어휘 【수식구조】 단어(词) 모음(汇). ◉ 词(사): 말, 단어

慧 ┃ 슬기로울 혜 [huì] 슬기롭다, 사리에 밝다

智慧 [zhìhuì] 지혜 【연합구조】 두 글자 모두 '슬기롭다'는 뜻이다. ◉ 智(지): 슬기, 슬기롭다

惠 ┃ 은혜 혜 [huì] 은혜, 혜택을 베풀다

优惠 [yōuhuì] 우대하다, 특혜를 제공하다 【수식구조】 넉넉하게(优) 혜택을 베풀다(惠). ◉ 优(우): 넉넉하다, 뛰어나다, 후하다

获 穫/獲 ┃ 거둘 확 / 얻을 획 [huò] 얻다(獲/穫), 사로잡다(獲), 거두다(穫), 수확하다(穫)

收获 [shōuhuò] 거두다, 수확하다, 추수하다 【연합구조】 거두어(收) 얻다(获). ◉ 收(수): 거두다

击 擊 ┃ 칠 격 [jī] 치다, 부딪히다, 두드리다

射击 [shèjī] 사격하다, 쏘다 【연합구조】 (활을) 쏘아(射) 치다(击). ◉ 射(사): 쏘다, 비추다

肌 ┃ 살가죽 기 [jī] 살가죽, 살

肌肉 [jīròu] 근육 【연합구조】 살가죽(肌)과 살(肉), '근육'의 구성 성분이다. (=筋肉 [jīnròu] 근육). ◉ 肉(육): 고기, 살, 몸

辑 輯 | 모을 집 [jí] 모으다, 합치다

编辑 [biānjí] 편집하다 【연합구조】 엮어(编) 모으다(辑), 辑(집):
编(편): 엮다, 짓다, 꾸미다

逻辑 [luójí] 논리 【연합구조】 '로직(logic)'의 음역표기이다. ⊙
逻(라): 돌다, 순찰하다

集 | 모을 집 [jí] 모으다, 모이다

集合 [jíhé] 집합하다, 모이다, 모으다 【연합구조】 모으고(集) 합치
다(合). ⊙ 合(합): 합치다, 맞다

集体 [jítǐ] 집단, 단체 【수식구조】 모인(集) 물체(体). ⊙ 体(체):
몸, 물체, 부딪히다

集中 [jízhōng] 집중하다 【술목구조】 가운데(中)로 모이다(集). ⊙
中(중): 가운데

挤 擠 | 밀칠 제 [jǐ] 밀치다, 밀다, **빽빽하다**

拥挤 [yōngjǐ] 붐비다, 혼잡하다 【연합구조】 껴안은(拥) 듯하고 빽
빽하다(挤). ⊙ 拥(옹): 껴안다, 품다, 밀

寂 | 고요할 적 [jì] 고요하다, 조용하다, 쓸쓸하다

寂寞 [jìmò] 적막하다, 고요하다, 쓸쓸하다 【연합구조】 고요하고
(寂) 쓸쓸하다(寞). ⊙ 寞(막): 고요하다, 쓸쓸하다

迹 跡蹟 | 자취 적 [jì] 자취, 발자취, 업적, 행적

名胜古迹 [míngshènggǔjì] 명승고적 【수식구조】 이름(名)이 뛰어
난(胜) 옛(古) 자취(迹). ⊙ 名胜(명성): 이름(名)이 실물을
이기다(胜). 이름(名)이 뛰어나다(胜). 古(옛) 자취(迹). 名(명):
이름, 胜(승): 이기다, 뛰어나다, 훌륭하다. 古(고): 옛, 오래된

奇迹 [qíjì] 기적 【수식구조】 기이한(奇) 자취(迹). ⊙ 奇(기): 기이

하다, 기특하다, 새롭다

夹 夾 | 낄 **협** [jiā] 끼다, 끼우다, 집다

夹子 [jiāzi] 집게, 클립, 끼우개 【부가구조】 子(자): 명사접미어
(개체의 독립성을 나타냄)

嘉 | 아름다울 **가** [jiā] 아름답다, 훌륭하다

嘉宾 [jiābīn] 귀빈, 내빈 【수식구조】 아름다운/귀한(嘉) 손님(宾).
◉ 宾(빈): 손님

甲 | 갑옷 **갑** [jiǎ] 갑옷, 딱지, 껍데기, 첫째, 손톱

架 | 시렁 **가** [jià] 시렁, 선반, 싸움, 다투다,

书架 [shūjià] 서가, 책장 【수식구조】 책(书)을 꽂는 시렁(架). ◉
书(서): 책, 글

吵架 [chǎojià] 말다툼하다, 다투다 【연합구조】 소리치고(吵) 싸우
다(架). ◉ 吵(초): 떠들다, 소리치다, 시끄럽다

嫁 | 시집갈 **가** [jià] 시집가다, 출가하다

驾 駕 | 멍에 **가** [jià] 멍에, 부리다, 몰다

驾驶 [jiàshǐ] 운전하다 【연합구조】 부려(驾) 달리다(驶). ◉ 驶
(사): 달리다

劳驾 [láojià] 수고하게 하다 【연합구조】 힘쓰게 하고(劳) 부리다
(驾). ◉ 劳(로): 일하다, 힘들이다, 애쓰다

肩 | 어깨 **견** [jiān] 어깨, 견디다, 짊어지다

肩膀 [jiānbǎng] 어깨 【연합구조】 어깨(肩)와 어깻죽지(膀). ◉ 膀

(방): 어깻죽지

兼 | 겸할 겸 [jiān] 겸하다

兼职 [jiānzhí] 겸직하다 【술목구조】 직(职)을 겸하다(兼). ◉ 职
(직): 일, 직, 업무

艰 艱 | 어려울 간 [jiān] 어렵다, 괴롭다, 힘들다

艰巨 [jiānjù] 어렵고도 무겁다, 막중하다 【연합구조】 어렵고(艰)
크다(巨). ◉ 巨(거): 크다

艰苦 [jiānkǔ] 어렵고 고달프다, 어렵고 힘들다 【연합구조】 어렵고
(艰) 괴롭다(苦). ◉ 苦(고): 쓰다, 괴롭다

剪 | 자를 전 [jiǎn] 자르다, 깎다, 가위

剪刀 [jiǎndāo] 가위 【수식구조】 자르는(剪) 칼(刀). ◉ 刀(도): 칼

捡 撿 | 단속할 겸, 거둘 렴 [jiǎn] 줍다, 거두다, 고르다

荐 薦 | 천거할 천 [jiàn] 천거하다, 올리다, 깔개

推荐 [tuījiàn] 추천하다, 천거하다 【연합구조】 밀어(推) 올리다
(荐). ◉ 推(추): 밀다, 넓히다

践 踐 | 밟을 천 [jiàn] 밟다, 이행하다

实践 [shíjiàn] 실천하다 【수식구조】 실제로(实) 이행하다(践). ◉
实(실): 열매, 실제, 실체

渐 漸 | 적실 점 [jiàn] 적시다, 번지다, 점점, 차츰

逐渐 [zhújiàn] 점점, 점차 【연합구조】 쫓아가서(逐) 조금씩(渐).
◉ 逐(축): 쫓다, 따르다

酱 醬 ｜ 장 장 [jiàng] 장(된장, 간장), 젓갈

酱油 [jiàngyóu] 간장 【수식구조】 된장(酱) 액체/기름(油). ◉ 油
(유): 기름, 액체

胶 膠 ｜ 아교 교 [jiāo] 아교, 아교풀, 달라붙다

胶水 [jiāoshuǐ] 풀 【수식구조】 아교(胶) 물(水). ◉ 水(수): 물

浇 澆 ｜ 물댈 요 [jiāo] 물을 대다, 관개하다, 물을 뿌리다

椒 ｜ 산초나무 초 [jiāo] 산초나무, 고추

辣椒 [làjiāo] 고추 【수식구조】 매운(辣) 고추(椒). ◉ 辣(랄): 맵다

狡 ｜ 교활할 교 [jiǎo] 교활하다, 시샘하다

狡猾 [jiǎohuá] 교활하다, 간교하다, 【연합구조】 두 글자 모두 '교
활하다'는 뜻이다. ◉ 猾(활): 교활하다, 간교하다

阶 階 ｜ 섬돌 계 [jiē] 섬돌, 층계, 계단

阶段 [jiēduàn] 단계, 계단, 국면(局面) 【연합구조】 섬돌(阶)과 층
계(段). ◉ 段(단): 층계

台阶 [táijiē] 층계, 계단 【연합구조】 단(台)과 층계(阶), 두 글자
모두 '층계"의 뜻이다. ◉ 台(대臺): 단, 대

届 屆 ｜ 이를 계 [jiè] (예정된 때에) 이르다, 회(回), 기
(期), 차(次)

戒 ｜ 경계할 계 [jiè] 경계하다, 삼가다

戒指 [jièzhi] 반지 【수식구조】 경계시키는(戒) 손가락(指) 반지.

'戒指环'[jièzhǐhuán]의 준말. ◉ 指(지): 손가락

謹 謹 | 삼가할 근 [jǐn] 삼가다, 조심하다

謹愼 [jǐnshèn] 신중하다, 조심스럽다 【연합구조】 삼가고(謹) 신중
하다(愼). ◉ 愼(신): 삼가다, 조심하다

劲 勁 | 굳셀 경 [jìn] 굳세다, 강하다, 단단하다, 힘

使劲儿 [shǐjìnr] 힘을 쓰게 하다, 힘내! 힘껏! 【술목구조】 힘을(劲
儿) 내게 하다(使). ◉ 使(사): 시키다, 하게 하다. 劲儿(근
아): 힘, 기운. 儿(아): 명사접미어(발음을 부드럽게 함)

尽 盡 | 다할 진 [jìn] 다하다(盡) / [jǐn] 되도록 …하다,
…할 수 있는 한(儘) [※ '尽'은 多音字로서 '盡,
儘'의 간화자이다. 4급 신출글자 '尽' 참조]

尽力 [jìnlì] 힘을 다하다 【술목구조】 힘(力)을 다하다(尽). ◉ 力
(력): 힘

敬 敬 | 공경할 경 [jìng] 공경하다, 존경하다

尊敬 [zūnjìng] 존경하다 【연합구조】 높이고(尊) 공경하다(敬). ◉
尊(존): 높다, 높이다, 우러러보다

救 | 건질 구 [jiù] 건지다, 구하다

救护车 [jiùhùchē] 구급차 【수식구조】 구하여(救) 지켜주는(护) 차
(车). ◉ 护(호): 지키다. 车(차): 자동차

舅 | 외삼촌 구 [jiù] 외숙, 외삼촌, 시아버지

舅舅 [jiùjiu] 외숙, 외삼촌 【중첩구조】 가족호칭으로 중첩하였다.

桔 橘 | 도라지 길 / 귤 귤 [jú] 귤, '橘'(귤)의 속자(俗字)

桔子 [júzi] 귤 【부가구조】 '桔'은 '橘'의 간화자로 제정하려다 취소한 글자이다. 그럼에도 종종 여전히 속자로 쓰이고 있다.
　　◉ 子(자): 명사접미어 (개체의 독립성을 나타냄)

矩 ┃ 모날 구, 법도 구 [jǔ] 모나다, 곱자(직각자)

规矩 [guīju] 기준, 표준, 법칙, 규율, 단정하다 【연합구조】 원을 그리는 그림쇠(规)와 직각을 그리는 ㄱ자(矩), 즉 표준, 기준. ◉ 规(규): (원을 그리는) 그림쇠, 규칙, 법칙

俱 ┃ 함께 구 [jù] 함께, 모두, 다

俱乐部 [jùlèbù] 구락부, 동호회, 클럽(club) 【수식구조】 함께(俱) 즐기는(乐) 모임(部). ◉ 乐(락): 즐겁다, 즐기다. 部(부): 떼, 무리, 모임

巨 ┃ 클 거 [jù] 크다, 거칠다

巨大 [jùdà] 매우 크다, 거대하다 【연합구조】 두 글자 모두 '크다'는 뜻이다. ◉ 大(대): 크다

捐 ┃ 버릴 연 [juān] 바치다, 기부하다, 버리다

卷 ┃ 책 권 [juàn] 책, 문서, 두루마리, 말다

试卷 [shìjuàn] 시험지 【수식구조】 시험(试)의 문서(卷), 시험지.
　　◉ 试(시): 시험, 시험하다, 시도하다

角 角 ┃ 뿔 각 [jué] 배역, 역할, 겨루다 / [jiǎo] 뿔, 화폐 단위(元의 1/10, 毛[máo]), 모, 모서리

角色 [juésè] 배역, 역 【수식구조】 역할(角)의 색깔(色). ◉ 色(색): 빛깔, 색

军 軍 │ 군사 군 [jūn] 군사, 군대

军事 [jūnshì] 군사(군대에 관련된 일)【수식구조】군대(军)의 일
(事). ◉ 事(사): 일

冠军 [guànjūn] 우승(자), 챔피언(champion), 1등【수식구조】으
뜸(冠) 군사(军). ◉ 冠(관): 으뜸, 갓, 모자

均 │ 고를 균 [jūn] 고르다, 평평하다, 균등하다

均匀 [jūnyún] 고르다, 균등하다, 균일하다【연합구조】두 글자
모두 '고르다'는 뜻이다. ◉ 匀(균/윤): 고르다(균), 나누다
(윤), 소리(운)

平均 [píngjūn] 평균, 고르게 하다【수식구조】평평하게(平) 고르
다(均). [※ 두 글자 모두 '평평하고 고르다'는 뜻으로, 연
합관계로 보아 무방하나, 특별히 '평평하게 나누어 고르게
한다'는 의미에서 수식관계로 규정하였다.] ◉ 平(평): 평평
하다, 고르다, 평안하다

俊 │ 뛰어날 준 [jùn] 준걸, 뛰어나다

英俊 [yīngjùn] 뛰어나다, 출중하다, 영민하고 준수하다【연합구
조】영민하고(英) 준수하다(俊). 두 글자 모두 '뛰어나다'는
뜻이다. ◉ 英(영): 꽃부리, 뛰어나다

砍 │ 벨 감 [kǎn] (도끼 등으로) 베다, 찍다, 패다

靠 │ 기댈 고 [kào] 기대다, 의지하다, 기대어 세우다

可靠 [kěkào] 믿을 만하다, 미덥다, 확실하다【수식구조】기댈
(靠) 만하다(可). ◉ 可(가): 할 수 있다, 할 만하다

颗 顆 │ 낟알 과 [kē] 알, 과립, 방울, 개

恳 懇 │ 간절할 **간** [kěn] 간절하다, 정성스럽다

诚恳 [chéngkěn] 진실하다, 간절하다 【연합구조】 참되고(诚) 간절하다(恳). ◉ 诚(성): 참되다, 진실되다, 정성스럽다

控 │ 당길 **공** [kòng] 당기다, 두드리다, 고발하다

控制 [kòngzhì] 제어하다, 규제하다 【연합구조】 당기고(控) 억제하다(制). ◉ 制(제): 절제하다, 억제하다, 짓다

库 庫 │ 곳간 **고** [kù] 곳간, 창고

车库 [chēkù] 차고 【수식구조】 차(车)를 두는 곳간(库). ◉ 车(차): 차, 자동차

夸 誇 │ 자랑할 **과** [kuā] 자랑하다, 뽐내다, 자만하다

夸张 [kuāzhāng] 과장하다, 크게 떠벌이다 【연합구조】 뽐내고(夸) 떠벌이다(张). ◉ 张(장): 베풀다, 떠벌이다, 세게 하다, 크게 하다

会 會 │ 모일 **회** [kuài] 통계(하다) / [huì] 할 수 있다, 할 줄 알다

会计 [kuàijì] 회계, 경리 【연합구조】 통계하고(会) 계산하다(计), 또는 그런 사람. ◉ 计(계): 계산하다, 따지다, 헤아리다

宽 寬 │ 너그러울 **관** [kuān] 너그럽다, 관대하다, 넓다

狂 │ 미칠 **광** [kuáng] 미치다, 실성하다

亏 虧 | 이지러질 휴 [kuī] 이지러지다, 모자라다, 밑지다, 기울다, 다행히, 덕분에

吃亏 [chīkuī] 밑지다, 손해를 보다 【술목구조】 이지러짐(亏)을 당하다(吃). ⊙ 吃(흘): 먹다, 입다, 당하다

多亏 [duōkuī] 은혜를 입다, 덕택이다, 덕분에, 다행히 【수식구조】 많이(多) 밑지게 한 덕분에(亏). ⊙ 多(다): 많다

幸亏 [xìngkuī] 다행히, 요행으로, 운좋게 【연합구조】 두 글자 모두 '다행'이라는 뜻이다. ⊙ 幸(행): 다행, 요행

愧 | 부끄러울 괴 [kuì] 부끄럽다, 부끄러워하다

惭愧 [cánkuì] 부끄럽다 【연합구조】 두 글자 모두 '부끄러워하다'는 뜻이다, 惭(참): 부끄러워하다

昆 | 맏 곤 [kūn] 맏(형), 자손, 많다, 벌레('蜫'의 가차자)

昆虫 [kūnchóng] 곤충 【연합구조】 두 글자 모두 '벌레'라는 뜻이다. '昆'은 '蜫'(벌레 곤)의 가차자이다. ⊙ 虫(충): 벌레

扩 擴 | 넓힐 확 [kuò] 넓히다, 늘리다

扩大 [kuòdà] 확대하다, 넓히다 【술보구조】 크게(大) 넓히다(扩), 넓혀(扩) 크게(大) 하다. ⊙ 大(대): 크다

括 | 묶을 괄 [kuò] 묶다, 담다

包括 [bāokuò] 포괄하다, 포함하다, 휩쓸어 싸다 【연합구조】 싸고(包) 묶다(括). ⊙ 包(포): 싸다, 감싸다, 보따리, 싸개

概括 [gàikuò] 개괄하다, 대강 묶다 【수식구조】 대략적으로(概) 묶다(括). ⊙ 概(개): 평미레, 대개, 대강, 대략

拦 攔 | 막을 란 [lán] 막다, 차단하다, 저지하다

览 覽 | 볼 람 [lǎn] 두루 보다

浏览 [liúlǎn] 대충 훑어보다, 대강 둘러보다 【수식구조】 빠르게 (浏) 보다(览). ⊙ 浏(류): 맑다, 빠르다

游览 [yóulǎn] 유람하다 【수식구조】 놀면서(游) 보다(览). ⊙ 游 (유): 놀다, 즐기다, 떠돌다 (=遊), 헤엄치다

展览 [zhǎnlǎn] 전람하다 【수식구조】 펴놓고(展) 보다(览). ⊙ 展 (전): 펴다, 펴지다, 벌이다, 살펴보다

烂 爛 | 빛날 란, 문드러질 란 [làn] 빛나다, 무르익다, 문 드러지다

朗 | 밝을 랑 [lǎng] 밝다, 환하다, (소리가) 맑다, 또랑 또랑하다

朗读 [lǎngdú] 낭독하다, 맑고 큰 소리로 읽다 【수식구조】 맑고 또랑또랑하게(朗) 읽다(读). ⊙ 读(독): 읽다

劳 勞 | 일할 로 [láo] 일하다, 힘들이다, 애쓰다, 지치다, 고달프다

劳动 [láodòng] 노동, 일하다 【연합구조】 일하며(劳) 움직이다 (动). ⊙ 动(동): 움직이다, 떨리다, 일하다

劳驾 [láojià] 수고하게 하다 【연합구조】 힘쓰게 하고(劳) 부리다 (驾). ⊙ 驾(가): 멍에, 부리다, 몰다

疲劳 [píláo] 피로, 피곤하다, 지치다 【연합구조】 지치고(疲) 힘들 다(劳). ⊙ 疲(피): 지치다, 고달프다

姥 | 외할머니 로, 할미 모 [lǎo] 외할머니, 할머니

姥姥 [lǎolao] 외할머니, 외조모 【중첩구조】 가족호칭으로 중첩하 였다.

雷 | 우레 뢰 [léi] 천둥, 우레

泪 淚 | 눈물 루 [lèi] 눈물

流泪 [liúlèi] 눈물을 흘리다 【술목구조】 눈물을(泪) 흘리다(流). ◉
流(류): 흐르다

类 類 | 무리 류 [lèi] 무리, 비슷하다, 비슷한 사물의 집합

人类 [rénlèi] 인류 【수식구조】 사람(人)의 무리(类). ◉ 人(인): 사람
种类 [zhǒnglèi] 종류 【연합구조】 종족(种)과 무리(类). ◉ 种(종):
씨, 종족, 종류, 심다
类型 [lèixíng] 유형 【수식구조】 무리(类)의 모형(型). ◉ 型(형):
본, 본보기, 모형, 거푸집

厘 釐 | 다스릴 리 [lí] 아주 작은 수(1/100), 다스리다

厘米 [límǐ] 센티미터(cm) 【수식구조】 1/100(厘) 미터(米). ◉ 米
(미): 쌀, 미터(m)

璃 | 유리 리 [lí] 유리, 구슬

玻璃 [bōli] 유리 【연합구조】 두 글자 모두 '유리'라는 뜻이다, 玻
(파): 유리

梨 | 배 리 [lí] 배

立 | 설 립 [lì] 서다, 이루어지다

立即 [lìjí] 곧, 즉시, 바로 【수식구조】 선 채로(立) 바로(即). ◉ 即
(즉): 곧, 바로, 설령
立刻 [lìkè] 곧, 즉시, 바로, 금방 【수식구조】 선 채로(立) 빠른 시

각에/즉각(刻).   ◉ 刻(각): 새기다, 15분(짧은 시간), 즉각, 시각

独立 [dúlì] 독립하다 【수식구조】 홀로(独) 서다(立).   ◉ 独(독): 홀로, 혼자

帘 簾 | 발 렴 [lián] 발, 주렴, 주막깃발

窗帘 [chuānglián] 커튼 【수식구조】 창문(窗)에 치는 발(帘), 커튼.   ◉ 窗(창): 창문, 창

恋 戀 | 그리워할 련 [liàn] 그리워하다, 사모하다, 사랑하다

恋爱 [liàn'ài] 연애하다, 서로 사랑하다 【연합구조】 그리워하고(恋) 사랑하다(爱).   ◉ 爱(애): 사랑하다, 아끼다, 즐기다

链 鏈 | 쇠사슬 련 [liàn] 쇠사슬

项链 [xiàngliàn] 목걸이 【수식구조】 목(项)에 하는 쇠사슬(链).   ◉ 项(항): 목, 항목, 조목

良 | 어질 량 [liáng] 어질다, 좋다, 훌륭하다, 아름답다

良好 [liánghǎo] 좋다, 양호하다, 훌륭하다 【연합구조】 훌륭하고(良) 좋다(好).   ◉ 好(호): 좋다

善良 [shànliáng] 착하다, 선량하다 【연합구조】 착하고(善) 어질다(良).   ◉ 善(선): 착하다

粮 糧 | 양식 량 [liáng] 양식, 식량, 먹이

粮食 [liángshi] 양식, 식량 【연합구조】 두 글자 모두 '먹이, 먹을 것'이란 뜻이다.   ◉ 食(식): 밥, 음식, 먹다

疗 療 | 병 고칠 료 [liáo] 고치다, 치료하다,

治疗 [zhìliáo] 치료하다 【연합구조】 (병을) 다스리고(治) 고치다(疗).   ◉ 治(치): 다스리다, 고치다

劣 ┃ 못할 렬 [liè] 못나다, 못하다, 뒤떨어지다

恶劣 [èliè] 열악하다, 매우 나쁘다 【연합구조】 나쁘고(恶) 못나다 (劣). ◉ 恶(악): 나쁘다, 악하다

烈 ┃ 매울 렬 [liè] 맵다, 대단하다, 굳세다, 세차다

激烈 [jīliè] 격렬하다 【연합구조】 세차고(激) 매섭다(烈). ◉ 激 (격): 격하다, 세차다, 빠르다

强烈 [qiángliè] 강렬하다, 맹렬하다 【연합구조】 굳세고(强) 세차다 (烈). ◉ 强(강): 굳세다, 강하다, 단단하다

热烈 [rèliè] 열렬하다 【연합구조】 뜨겁고(热) 세차다(烈). ◉ 热 (열): 덥다, 뜨겁다

临 臨 ┃ 다다를 림 [lín] 다다르다, 임하다, 대하다, 비추다

光临 [guānglín] 광림하시다, 타인의 내방을 공경하게 칭하는 말 【수식구조】 빛나게(光) 오시다(临). ◉ 光(광): 빛, 세월, 기 운, 경치, 명예

临时 [línshí] 임시의, 잠시의, 일시적인 【수식구조】 다다르는(临) 때(时)에, 그때그때. ◉ 时(시): 때, 시간

面临 [miànlín] 당면하다, 직면하다, 앞에 놓이다 【수식구조】 면 전(面)에 이르다(临). ◉ 面(면): 얼굴

灵 靈 ┃ 신령 령 [líng] 신령, 귀신

灵活 [línghuó] 영활하다, 민첩하다, 재빠르다 【수식구조】 신령 (灵)처럼 활발하다(活). ◉ 活(활): 살다, 활발하다

凌 ┃ 업신여길 릉 [líng] 업신여기다, 능가하다, 얼음곳간

冰激凌 [bīngjilíng] 아이스크림 【수식구조】 '冰'(ice)과 '激凌'(cream) 의 합성어로, 아이스크림(ice cream)의 외래어 표기이다.

'冰'은 'ice'의 뜻을 취하였고, '激凌'은 'cream'의 소리를 취하였다. ◉ 冰(빙): 얼음. 激(격): 세차다. 凌(릉): 얼음

铃 鈴 | 방울 령 [líng] 방울

领 領 | 거느릴 령 [lǐng] 거느리다, 다스리다, 받다, 깨닫다

领导 [lǐngdǎo] 지도자, 영도자, 지도하다, 영도하다, 이끌다 【연합구조】 거느리고(领) 이끌다(导), 또는 그런 사람. ◉ 导 (도): 이끌다

领域 [lǐngyù] 영역 【수식구조】 다스리는(领) 구역(域). ◉ 域(역): 지경, 구역, 국토

本领 [běnlǐng] 재능, 능력, 기량, 솜씨 【수식구조】 근본적인(本) 깨달음(领), 능력. ◉ 本(본): 뿌리, 근본

系领带 [jìlǐngdài] 넥타이를 매다 【술목구조】 넥타이(领带)를 매다 (系). ◉ 领带[lǐngdài]: 목(领)에 매는 띠(带), 넥타이. 系 (계): 매다. 带(대): 띠, 두르다, 지니다

令 | 하여금 령 [lìng] 하게하다, 시키다, 법령, 규칙

命令 [mìnglìng] 명령하다 【연합구조】 두 글자 모두 '하게하다'는 뜻이다. ◉ 命(명): 명하다, 목숨, 명령

夏令营 [xiàlìngyíng] 여름학교, 하계캠프 【수식구조】 여름철(夏令)에 여는 숙영(营) 활동. ◉ 夏令(하령): 하계, 여름철. 夏(하): 여름. 营(영): 숙영(宿营: 야외에 머물며 여는 특별 활동), 경영, 운영, 도모하다

浏 瀏 | 맑을 류 [liú] 맑다, 빠르다

浏览 [liúlǎn] 대충 훑어보다, 대강 둘러보다 【수식구조】 빠르게 (浏) 보다(览). ◉ 览(람): 두루 보다

龙 龍 | 용 룡 [lóng] 용

漏 | 샐 루 [lòu] (물체가 틈이 생겨) 새다, 빠뜨리다

陆 陸 | 뭍 륙 [lù] 뭍, 육지, 땅, 6, 잇닿다

陆地 [lùdì] 땅 【연합구조】 두 글자 모두 '땅'이라는 뜻이다. ◉
　地(지): 땅, 흙

陆续 [lùxù] 끊임없이, 연이어, 계속해서 【연합구조】 두 글자 모
　두 '잇닿다, 이어지다'는 뜻이다. ◉ 续(속): 잇다, 잇닿다,
　계속하다, 이어지다

录 錄 | 기록할 록 [lù] 기록하다, 적다

录取 [lùqǔ] 뽑다, 합격하다, 채용하다 【연합구조】 (이름을) 기록
　하고(录) 취하다(取). ◉ 取(취): 가지다, 취하다, 뽑다

录音 [lùyīn] 녹음하다 【술목구조】 소리(录)를 기록하다(录). ◉ 音
　(음): 소리

目录 [mùlù] 목록 【수식구조】 항목(目)의 기록(录). ◉ (목): 눈,
　항목, 요점, 제목

记录 [jìlù] 기록하다 【연합구조】 두 글자 모두 '적다'는 뜻이다.
　◉ 记(기): 기록하다, 적다, 기억하다

纪录 [jìlù] (인물, 사건 등의 내역) 기록, 다큐멘터리 【수식구조】
　벼리(纪) 기록(录). ◉ 纪(기): 벼리(그물코를 꿴 굵은 줄;
　일이나 글의 뼈대)

率 | 비율 률, 거느릴 솔 [lǜ] 비율 / [shuài] 거느리다,
　　꾸밈없다

效率 [xiàolǜ] 효율, 능률 【수식구조】 효과(效)가 나타나는 비율
　(率). ◉ 效(효): 효과, 본받다, 나타나다, 주다

略 | 간략할 략 [lüè] 간략하다, 생략하다, 대략, 다스리다, 경영하다, 약탈하다

省略 [shěnglüè] 생략하다 【연합구조】 덜어내고(省) 간략하게 하다(略). ◉ 省(생): 덜다, 줄이다 / (성): 살피다, 깨닫다

轮 輪 | 바퀴 륜 [lún] 바퀴, 돌다

轮流 [lúnliú] 차례로 …하다, 돌아가면서 …하다 【연합구조】 바퀴처럼 돌고(轮) 물이 흐르듯(流). ◉ 流(류): 흐르다, 퍼지다, 전하다, 떠돌다

逻 邏 | 돌 라 [luó] 돌다, 순찰하다

逻辑 [luójí] 논리 【연합구조】 로/lo(逻) 직/gic(辑). 곧 '로직(logic)'의 음역표기. ◉ 逻(라): 돌다, 순찰하다

络 絡 | 이을 락 [luò] 잇다, 얽다, 묶다

网络 [wǎngluò] 네트워크(network), 회로망 【수식구조】 그물(网)처럼 얽히다(络), 또는 그런 상태. ◉ 网(망): 그물, 계통, 조직

骂 罵 | 꾸짖을 매 [mà] 욕하다, 꾸짖다

麦 麥 | 보리 맥 [mài] 보리

麦克风 [màikèfēng] 마이크 【수식구조】 외래어 '마이크로폰(microphone)-마이크'의 음역표기로, 麦克(micro)와 风(phone)으로 대응된다. 개별글자의 의미와는 무관하다. ◉ 麦(맥): 보리. 克(극): 이기다. 风(풍): 바람

小麦 [xiǎomài] 밀 【수식구조】 작은(小) 보리(麦) 종류, 곧 '밀'을 의미함. 이에 반해 '보리'는 '大麦'(대맥)이라고 함. ◉ 小(소): 작다

馒 饅 | 만두 만 [mán] 만터우(속이 없는 밀가루 빵, 밥에 상당하는 주식의 하나이다)

馒头 [mántou] 만터우 【부가구조】 '头'는 덧붙은 글자로서, 명사 접미어이다.(조각, 덩이 등의 의미를 나타냄). ◉ 头(두): 머리, 명사접미어

矛 | 창 모 [máo] 창

矛盾 [máodùn] 모순, 갈등 【연합구조】 창(矛)과 방패(盾), 무엇이 든지 찌를 수 있는 창과 무엇이든지 막을 수 있는 방패간에 존재하는 논리 불성립의 고사에서 비롯됨. ◉ 盾(순): 방패

髦 | 다팔머리 모 [máo] 다팔머리(찰랑거리는 머리카 락), 빼어나다

时髦 [shímáo] 유행, 현대적, 최신식 【수식구조】 시대(时)에 맞는 머리/스타일(髦). ◉ 时(시): 때, 시간, 시대

贸 貿 | 무역할 무 [mào] 무역하다, 거래하다, 바꾸다

贸易 [màoyì] 무역, 거래, 통상(通商) 【연합구조】 거래하고(贸) 바 꾸다(易). ◉ 易(역): 바꾸다 / (이): 쉽다

眉 | 눈썹 미 [méi] 눈썹

眉毛 [méimao] 눈썹 【수식구조】 눈썹(眉) 털(毛). ◉ 毛(모): 털

煤 | 그을음 매 [méi] 그을음, 석탄

煤炭 [méitàn] 석탄 【연합구조】 그을음(煤)과 숯덩이(炭). ◉ 炭 (탄): 숯, 석탄

媒 | 중매 매 [méi] 중매하다, 매개하다, 전하다

媒体 [méitǐ] 매체, 매스 미디어(mass media), 대중매체 【수식구조】 (소식을) 매개하는(媒) 물체(体). ◉ 体(체): 몸, 물체

霉 | 매우 매 [méi] 곰팡이, 매우(梅雨: 매화나무 열매가 익을 무렵에 오는 장마)

倒霉 [dǎoméi] 재수 없다, 운수 사납다 【술목구조】 곰팡이(霉)에 넘어지다(倒) [※ 옛날 과거에 합격하지 못하면 깃대를 거꾸로 들고 갔는데, 이를 '倒楣'(도미, dǎoméi)라고 하였다. 여기에서 '楣'(미, méi)는 '霉'(매, méi)와 발음이 같아서 강서(江西), 절강(浙江) 지역에서는 '좋지 않은 경우'를 '倒楣' 곧 '倒霉'라고 하였다고 한다. 즉 '倒霉'는 '倒楣'의 가차표기인 셈이다. 깃대(楣)를 거꾸로 들다(倒) 〉 망쳤다] ◉ 倒(도): 넘어지다

魅 | 도깨비 매 [mèi] 호리다, 홀리다, 매혹하다, 도깨비

魅力 [mèilì] 매력 【수식구조】 매혹하는(魅) 힘(力). ◉ 力(력): 힘

秘 | 숨길 비 [mì] 숨기다, 신비하다, 알리지 않다

秘密 [mìmì] 비밀 【연합구조】 두 글자 모두 '숨기다'는 뜻이다. ◉ 密(밀): 빽빽하다, 빈틈없다, 가깝다, 숨기다

秘书 [mìshū] 비서(부서장을 도와 관련 업무를 처리하는 사람) 【수식구조】 비밀(秘) 문서(书). 옛날 비밀문서(秘书)를 관장하는 직책, 또는 그 사람. ◉ 书(서): 글, 책

神秘 [shénmì] 신비하다 【연합구조】 신령스럽고(神) 비밀스럽다 (秘). ◉ 神(신): 귀신, 신령, 정신

蜜 | 꿀 밀 [mì] 꿀, 달콤한

蜜蜂 [mìfēng] 꿀벌 【수식구조】 꿀(蜜)을 따는 벌(蜂). ◉ 蜂(봉): 벌

5급

m

| 眠 | 잠잘 면 [mián] 잠, 잠자다, 쉬다 |

失眠 [shīmián] 잠을 이루지 못하다, 불면증에 걸리다【술목구조】
잠(眠)을 잃다(失): 失(실): 잃다, 그르치다, 어긋나다

| 苗 | 싹 묘 [miáo] 싹, 묘목 |

苗条 [miáotiao] 날씬하다, 호리호리하다【연합구조】 어린 싹(苗)
처럼 여리고 가지(条)처럼 가늘다. ◉ 条(조): 가지, 조목,
길쭉하다

| 描 | 그릴 묘 [miáo] 그리다, 묘사하다 |

描写 [miáoxiě] 묘사하다, 그려내다【연합구조】 그리고(描) 베끼
다(写). ◉ 写(사): 베끼다, 쓰다

| 妙 | 묘할 묘 [miào] 묘하다, 예쁘다 |

巧妙 [qiǎomiào] 교묘하다【연합구조】 공교하고(巧) 오묘하다(妙).
◉ 巧(교): 공교하다, 재치 있다, 예쁘다, 재주

| 敏 | 재빠를 민 [mǐn] 재빠르다, 영리하다, 민감하다 |

过敏 [guòmǐn] 과민하다, 이상 반응을 나타내다【수식구조】 지나
치게(过) 민감하다(敏). ◉ 过(과): 지나다, 지나치다
敏感 [mǐngǎn] 민감하다, 감각이 예민하다【수식구조】 빠르게(敏)
느끼다(感). ◉ 感(감): 느끼다

| 摸 | 찾을 모 [mō] 찾다, 더듬다, 어루만지다 |

| 摩 | 문지를 마 [mó] 문지르다 |

摩托车 [mótuōchē] 오토바이【수식구조】 모터(摩托: motor)가

달린 차(车: cycle)라는 뜻으로, 영어 'motorcycle'의 외래어 표기이다. '摩托'는 'motor'의 소리를 표기한 것이고, '车'는 'cycle'의 뜻을 옮긴 것으로, 음역(音譯)과 의역(意譯) 방식을 혼용하였다. ◉ 摩托(마탁): 모터(motor). 托(탁): 맡기다. 车(차): 수레, 차

模 ┃ 본뜰 모 [mó] 본뜨다, 법, 본, 모양

模仿 [mófǎng] 모방하다, 흉내내다【연합구조】두 글자 모두 '본뜨다'는 뜻이다. ◉ 仿(방): 본뜨다, 모방하다, 흉내내다

模特 [mótè] 모델【연합구조】영어 'model'(모델)의 소리를 표기한 외래어이다. ['模'(mo) '特'(del)]. ◉ 特(특): 특별하다, 달리하다, 수컷

規模 [guīmó] 규모, 형태, 범위【연합구조】규칙(規)과 모양(模). ◉ 規(규): 규칙, 법칙, (원을 그리는) 그림쇠

漠 ┃ 넓을 막 [mò] 넓다, 쓸쓸하다, 아득하다, 어둠침침하다

沙漠 [shāmò] 사막【주술구조】모래땅(沙)이 넓다(漠). ◉ 沙(사): 모래, 모래벌판

寞 ┃ 고요할 막 [mò] 고요하다, 쓸쓸하다

寂寞 [jìmò] 적막하다, 고요하다, 쓸쓸하다【연합구조】고요하고(寂) 쓸쓸하다(寞). ◉ 寂(적): 고요하다, 조용하다, 쓸쓸하다

陌 ┃ 두렁길 맥 [mò] 낯설다, 두렁, 두렁길,

陌生 [mòshēng] 낯설다, 생소하다【연합구조】두렁길처럼 낯설고(陌) 갓 태어난 양 생소하다(生). ◉ 生(생): 태어나다, 서투르다, 낯설다, 익지 않다

| 某 | 아무 모 [mǒu] 아무, 어느, 모 |

| 木 | 나무 목 [mù] 나무 |

木头 [mùtou] 나무, 목재 【부가구조】 头(두)는 명사접미어로 덧붙은 글자이다. 조각이나 덩이를 의미한다. ◉ 头(두): 머리, 명사접미어

| 幕 | 장막 막 [mù] 장막, 휘장, 막 |

字幕 [zìmù] 자막 【수식구조】 글자(字)가 나타나는 장막(幕). ◉ 字(자): 글자

开幕式 [kāimùshì] 개막식 【수식구조】 막(幕)을 여는(开) 의식(式). ◉ 开幕(개막): 막을 열다, 연극/행사를 시작하다. 式(식): 법, 의식(儀式), 법식, 방식

| 纳 | 들일 납 [nà] 들이다, 받다, 바치다, 접수하다 |

归纳[guīnà] 귀납하다, 종합하다 【연합구조】 돌아/따라(归) 들어가다(纳). ◉ 归(귀): 돌아가다, 따르다

| 奈 | 어찌 내 [nài] 어찌, 어찌하다 |

无奈 [wúnài] 어찌 해 볼 도리가 없다 【술목구조】 어찌할(奈) 방법이 없다(无). ◉ 无(무): 없다

| 嫩 | 어릴 눈 [nèn] 연하다, 여리다, 부드럽다 |

| 念 | 생각할 념 [niàn] 생각하다, 그리워하다 |

概念 [gàiniàn] 개념 【수식구조】 대강적인(概) 생각(念). ◉ 概(개): 대개, 대강(大綱), 대략

观念 [guānniàn] 관념, 생각 【수식구조】 사물을 보는(观) 생각(念)이나 견해. ◉ 观(관): 보다, 나타내다, 생각

怀念 [huáiniàn] 회상하다, 추억하다 【술목구조】 생각(念)을 품다(怀). ◉ 怀(회): 품다

纪念 [jìniàn] 기념(하다) 【수식구조】 벼리(纪)가 되는 생각(念). ◉ 纪(기): 벼리(그물코를 꿴 굵은 줄, 또는 뼈대가 되는 줄거리)

想念 [xiǎngniàn] 그리워하다, 생각하다 【연합구조】 생각하고(想) 그리워하다(念). ◉ 想(상): 생각하다

娘 | 아가씨 **낭** [niáng] 여자, 아가씨, 각시, 어머니의 속어

姑娘 [gūniang] 처녀, 아가씨 【연합구조】 두 글자 모두 '아가씨'라는 뜻이다. ◉ 姑(고): 시어머니, 고모, 여자

宁 寧 | 편안할 **녕** [nìng] 편안하다, 차라리

宁可 [nìngkě] 차라리 …할지언정/할지라도 【수식구조】 차라리(宁) …할 수 있을지라도(可). ◉ 可(가): 할 수 있다, 옳다, 정말

农 農 | 농사 **농** [nóng] 농사

农村 [nóngcūn] 농촌 【수식구조】 농사짓는(农) 마을(村). ◉ 村(촌): 마을, 촌락

农民 [nóngmín] 농민 【수식구조】 농사짓는(农) 백성(民). ◉ 民(민): 백성, 민족

农业 [nóngyè] 농업 【수식구조】 농사짓는(农) 일(业). ◉ 业(업): 일, 업, 직업

浓 濃 | 짙을 **농** [nóng] 짙다, 진하다, 깊다

欧 歐 | 구라파 구 [ōu] 유럽, 구라파(欧罗巴)

欧洲 [ōuzhōu] 유럽, 유럽주, 구라파(欧罗巴) 【수식구조】
'Europe'(유럽)의 음역표기 '欧罗巴[Ōuluóbā]洲'의 축약어.
'欧'(Eu-)라는 두음(頭音)을 갖는 대륙(洲)이라는 뜻이다.
◉ 洲(주): 대륙, 물로 둘러싸인 큰 땅

拍 | 칠 박 [pāi] 치다, 두드리다

派 | 갈래 파 [pài] 갈래, 파벌, 유파, 보내다, 가르다

盼 | 눈예쁠 반 [pàn] 보다, 바라다

盼望 [pànwàng] 간절히 바라다 【연합구조】 두 글자 모두 '바라
다'는 뜻이다. ◉ 望(망): 바라다, 바라보다

炮 | 통째로 구울 포 [pào] 대포, 폭죽, 볶다

鞭炮 [biānpào] 폭죽의 총칭 【수식구조】 채찍(鞭)처럼 꿰미로 이
루어진 연발 폭죽(炮), 鞭(편): 채찍

赔 賠 | 물어줄 배 [péi] 물어주다

赔偿 [péicháng] 배상하다, 보상하다, 갚아주다 【연합구조】 물어
주고(赔) 갚아주다(偿), 偿(상): 갚다, 돌려주다

培 | 북돋울 배 [péi] 북돋우다, 키우다, 다스리다

培训 [péixùn] 양성하다, 훈련하다 【연합구조】 북돋우고(培) 가르
치다(训). ◉ 训(훈): 가르치다, 타이르다, 이끌다
培养 [péiyǎng] 배양하다 【연합구조】 북돋우고(培) 기르다(养). ◉
养(양): 기르다, 먹이다

佩 | 찰 패 [pèi] 차다, 지니다, 두르다, 탄복하다, 감복하다

佩服 [pèifú] 탄복하다, 감탄하다, 경탄하다 【연합구조】 탄복하고 (佩) 따르다(服). ◉ 服(복): 옷, 입다, 따르다, 사용하다

配 | 나눌 배 [pèi] 나누다, 짝, 짝짓다, 걸맞다

配合 [pèihé] 협동하다, 협력하다, 호응하다 【연합구조】 걸맞추어 (配) 합치다(合). ◉ 合(합): 합치다, 맞다, 어울리다

分配 [fēnpèi] 분배하다, 할당하다 【연합구조】 두 글자 모두 '나누다'는 뜻이다. ◉ 分(분): 나누다

盆 | 동이 분 [pén] 물동이, 대야, 화분

喷 噴 | 뿜을 분 [pèn] 뿜다, 재채기(하다)

打喷嚏 [dǎpēntì] 재채기하다 【술목구조】 재채기(喷嚏)를 하다 (打). ◉ 喷嚏(분체): 재채기. 打(타): 치다, 때리다, 하다. 嚏(체): 재채기

碰 踫 | 부딪칠 팽 [pèng] 부딪치다, 충돌하다

披 | 헤칠 피 [pī] 파헤치다, 펼치다, 흐트러뜨리다, 걸치다

疲 | 지칠 피 [pí] 지치다, 고달프다, 피곤하다

疲劳 [píláo] 피로하다, 피곤하다, 지치다 【연합구조】 지치고(疲) 힘들다(劳). 두 글자 모두 '지치다'는 뜻이다. ◉ 劳(로): 일하다, 힘들이다, 애쓰다, 지치다, 고달프다

| 匹 | 짝 필 [pǐ] 짝, 상대, 맞먹다, 마리 |

| 飘 飄 | 나부길 표 [piāo] 나부끼다, 펄럭이다, 흩날리다 |

| 拼 併 | 아우를 병 [pīn] 아우르다, 합치다, 맞붙이다, 나란히 하다 |

拼音 [pīnyīn] 병음, 한어병음(汉语拼音) 【술목구조】 소리(音) 즉 성모와 운모를 합치다(拼). 중국어 로마자 표음 방식으로, 정식명칭은 한어병음방안(汉语拼音方案)이라고 한다. ◉ 음(音): 소리

| 频 頻 | 자주 빈 [pín] 자주 |

频道 [píndào] 채널(channel) 【수식구조】 일정한 빈도(频)로 전기신호를 보내는 통로(道). ◉ 道(도): 길, 방법, 이치

| 品 | 물건 품 [pǐn] 물건, 등급, 품질, 품평하다 |

产品 [chǎnpǐn] 생산품, 제품 【수식구조】 생산(产)하는/되는 물건(品). ◉ 产(산): 생산하다, 낳다

日用品 [rìyòngpǐn] 일용품 【수식구조】 날마다(日) 쓰는(用) 물건(品). ◉ 日(일): 해, 날. 用(용): 쓰다, 사용하다, …로써

商品 [shāngpǐn] 상품 【수식구조】 거래하는(商) 물건(品). ◉ 商(상): 거래하다, 장사하다

作品 [zuòpǐn] 작품, 창작품 【수식구조】 창의적으로 만든(作) 물품(品). ◉ 作(작): 짓다, 만드다

| 凭 憑 | 기댈 빙 [píng] 기대다, 의지하다, 의거하다 |

| 婆 | 할미 파 [pó] 할머니, 늙은 여자 |

老婆 [lǎopo] 아내, 집사람, 마누라 【부가구조】 오랜(老) 할망구 (婆). ['老'는 접두어이다.] ◉ 老(로): 늙다, 오래되다

迫 | 핍박할 박 [pò] 핍박하다, 닥치다, 다그치다

迫切 [pòqiè] 절박하다, 다급하다, 긴박하다 【연합구조】 닥치고 (迫) 절실하다(切). ◉ 切(절): [qiè] 절실하다, 절박 / [qiē] 끊다, 자르다

棋 | 바둑 기 [qí] 바둑, 중국장기

象棋 [xiàngqí] 중국장기 【수식구조】 코끼리(象) 말이 있는 바둑 같은(棋) 놀이. ◉ 象(상): 코끼리

齐 齊 | 가지런할 제 [qí] 가지런하다, 정연하다, 빠짐이 없다

整齐 [zhěngqí] 가지런하다, 정연하다 【연합구조】 두 글자 모두 '가지런하다'는 뜻이다. ◉ 整(정): 가지런하다, 정연하다, 완정하다

企 | 꾀할 기 [qǐ] 꾀하다, 도모하다, 계획하다

企业 [qǐyè] 기업 【수식구조】 이익을 꾀하는(企) 업체(业). ◉ 业 (업): 일, 업, 업종

启 啓 | 열 계 [qǐ] 열다, 일깨우다

启发 [qǐfā] 계발, 깨우침, 영감 【연합구조】 열어(启) 일으키다 (发). ◉ 发(발): 피우다, 일으키다

器 | 그릇 기 [qì] 그릇, 기기, 도구

乐器 [yuèqì] 악기 【수식구조】 음악(乐)을 하는 기기(器). ◉ 乐 (악): 풍류, 음악

充电器 [chōngdiànqì] 충전기 【수식구조】 전기(电)를 채우는(充) 기기(器). ◉ 充(충): 채우다, 차다, 가득하다. ◉ 电(전): 전기

机器 [jīqì] 기기, 기계 【연합구조】 기계(机)와 도구(器). ◉ 机(기): 틀, 기계, 계기

谦 謙 | 겸손할 겸 [qiān] 겸손하다, 겸허하다, 사양하다

谦虚 [qiānxū] 겸허하다, 겸손하다 【연합구조】 겸손하고(谦) 마음을 비우다(虚). ◉ 虚(허): 비다, 비우다

浅 淺 | 얕을 천 [qiǎn] 얕다, 엷다, 부족하다, 이지러지다

欠 | 하품 흠 [qiàn] 하품하다, 빚지다

枪 槍 | 창 창 [qiāng] 총, 창

墙 墙 | 담 장 [qiáng] 담장, 벽

强 强 | 강할 강 [qiáng] 강하다, 굳세다, 힘쓰다

强调 [qiángdiào] 강조하다 【수식구조】 힘써(强) 고르다(调). ◉ 调(조): 고르다, 조절하다, 어울리다, 맞추다

坚强 [jiānqiáng] 굳세다, 꿋꿋하다 【연합구조】 굳세고(坚) 강하다 (强). ◉ 坚(견): 굳다, 단단하다, 굳세다

抢 搶 | 부딪칠 창 [qiǎng] 빼앗다, 부딪치다

悄 | 근심할 초 [qiāo] 근심하다, 조용하다

悄悄 [qiāoqiāo] 은밀히, 몰래 【중첩구조】 형용사의 중첩으로 '매우'의 뜻이 더해진다. 매우 조용하게(悄), 매우 은밀하게(悄)

| 瞧 | 몰래 볼 초 [qiáo] 보다, 구경하다 |

| 切 | 끊을 절 [qiè] 들어맞다, 밀접하다, 절실하다 / [qiē] 끊다, 자르다, 썰다, 베다 |

迫切 [pòqiè] 절박하다, 다급하다, 긴박하다 【연합구조】 닥치고 (迫) 절실하다(切). ◉ 迫(박): 핍박하다, 닥치다, 다그치다

亲切 [qīnqiè] 친절하다 【연합구조】 친하고(亲) 밀접하다(切). ◉ 亲(친): 친하다, 가깝다

密切 [mìqiè] 밀접하다, 긴밀하다 【연합구조】 가깝고(密) 밀접하다 (切). ◉ 密(밀): 빽빽하다, 가깝다, 자세하다

| 勤 | 부지런할 근 [qín] 부지런하다 |

勤奋 [qínfèn] 꾸준하다, 부지런하다 【연합구조】 부지런하고(勤) 힘쓰다(奋). ◉ 奋(분): 떨치다, 휘두르다, 힘쓰다

| 青 | 푸를 청 [qīng] 푸르다 |

青春 [qīngchūn] 청춘 【수식구조】 푸르른(青) 봄날(春) 같은 시절. ◉ 春(춘): 봄

青少年 [qīngshàonián] 청소년 【수식구조】 푸르고(青) 젊은(少) 나이(年)의 사람. ◉ 少(소): 적다, 젊다. 年(년): 나이, 해

| 庆 慶 | 경사 경 [qìng] 경사, 복, 상을 내리다, 하례하다, 축하하다, 기뻐하다 |

庆祝 [qìngzhù] 경축하다 【연합구조】 하례하며(庆) 축하하다(祝). ◉ 祝(축): 빌다, 축하하다

国庆节 [guóqìngjié] 국경절 【수식구조】 나라(国)의 경사(庆)를 기념하는 기념일(节). ◉ 国(국): 나라. 节(절): 마디, 철, 절기, 기념일, 명절

趨 趨 ┃ 달아날 추 [qū] 달아나다, 달려가다, 뒤쫓다, 추구하다

趨势 [qūshì] 추세 【수식구조】 나아가는(趨) 형세(势). ◉ 势(세): 형세, 기세, 힘

屈 ┃ 굽힐 굴 [qū] 굽히다, 움츠리다

委屈 [wěiqu] 억울하다, 답답하다, 수모를 당하다 【연합구조】 시들고(委) 움츠려들다(屈). ◉ 委(위): 맡기다, 시들다, 굽다

娶 ┃ 장가들 취 [qǔ] 아내를 얻다, 장가들다

圈 ┃ 우리 권 [quān] (～儿) (동물의) 우리, 울타리, 동그라미, 가두다

拳 ┃ 주먹 권 [quán] 주먹, 권법, 주먹질하다

太极拳 [tàijíquán] 태극권 【수식구조】 태극(太极)의 권법(拳). ◉ 太极(태극): 큰 극단. 우주만물의 근원이 되는 실체. 太(태): 크다. 极(극): 극, 끝단, 극히

权 權 ┃ 권세 권 [quán] 권세, 저울대, 무게를 달다

权利 [quánlì] 권리 【연합구조】 권력(权)과 이익(利). ◉ 利(리): 이익, 날카롭다

权力 [quánlì] 권력 【수식구조】 저울대(权) 같은 힘(力), 권세의(权) 힘(力). 권력. ◉ 力(력): 힘

劝 勸 ┃ 권할 권 [quàn] 권하다, 권장하다, 힘쓰다

群 | 무리 군 [qún] 무리, 떼, 그룹

燃 | 불탈 연 [rán] 불타다, 불사르다

燃烧 [ránshāo] 연소하다, 타다 【연합구조】 두 글자 모두 '불사르다'는 뜻이다. ◉ 烧(소): 불사르다, 타다, 익히다

绕 繞 | 두를 요 [rào] 두르다, 휘감다

围绕 [wéirào] 둘러싸다, 주위를 돌다 【연합구조】 둘러싸고(围) 두루다(绕). 두 글자 모두 '주위를 둘러싸다'는 뜻이다. ◉ 围(위): 에워싸다, 둘러싸다, 두르다

忍 | 참을 인 [rěn] 참다, 견디다

忍不住 [rěnbúzhù] 견딜 수 없다, 참을 수 없다 【술보구조】 참아서(忍) 가만히 있을(住) 수가 없다(不). '동사/형용사+不+보어' 구조로 불가능을 나타내는 가능보어이다. ◉ 不(불): 안, 아니, 못하다. 住(주): 살다, 묵다, 머무르다

荣 榮 | 영화 영 [róng] 무성하고 아름답다, 꽃이 많이 피다, 영화, 영광

繁荣 [fánróng] 번영하다, 번창하다 【연합구조】 번성하고(繁) 영화롭다(荣). ◉ 繁(번): 많다, 번성하다

柔 | 부드러울 유 [róu] 부드럽다, 여리다

温柔 [wēnróu] 온유하다, 부드럽고 상냥하다 【연합구조】 따뜻하고 (温) 부드럽다(柔). ◉ 温(온): 따뜻하다, 부드럽다, 온화하다

软 軟 | 연할 연 [ruǎn] 부드럽다, 연하다

软件 [ruǎnjiàn] 소프트웨어(software) 【수식구조】 연약한/부드러

운(软) 구성품(件). ◉ 件(건): 물건, 사건, 가지, 문서

| 润 潤 | 불을 윤 [rùn] 촉촉하다, 불다, 젖다, 윤이 나다, 이득 |

湿润 [shīrùn] 촉촉하다, 습윤하다 【연합구조】 촉촉하고(湿) 윤이
　　　나다(润). ◉ 湿(습): 젖다, 촉촉하다, 습기
利润 [lìrùn] 이윤 【주술구조】 이익(利)이 불어나다(润). ◉ 利(리):
　　　이롭다, 이익, 편리하다, 날카롭다

| 弱 | 약할 약 [ruò] 약하다, 쇠해지다 |

| 洒 灑 | 물뿌릴 쇄 [sǎ] 뿌리다, 깨끗하다 |

| 嗓 | 목구멍 상 [sǎng] 목구멍 |

嗓子 [sǎngzi] 목, 목청 【부가구조】 子(자)는 명사접미어로 덧붙은
　　　글자이다. ◉ 子(자): 아들, 자식, 명사접미어

| 杀 殺 | 죽일 살 [shā] 죽이다 |

| 傻 | 어리석을 사 [shǎ] 어리석다, 멍청하다, 약다(문어) |

| 厦 廈 | 큰집 하 [shà] 큰집, 문간방 |

大厦 [dàshà] 빌딩, (고층)건물 【수식구조】 큰(大) 건물(厦). ◉ 大
　　　(대): 크다

| 晒 曬 | 쬘 쇄 [shài] 햇볕을 쬐다, 햇볕이 내리쬐다 |

| 删 | 깎을 산 [shān] 깎다, 삭제하다, 빼다 |

删除 [shānchú] 삭제하다, 빼다, 지우다 【연합구조】 깎고(删) 덜 어내다(除). ◉ 除(제): 덜다, 없애다, 버리다

闪 闪 | 빛날 섬 [shǎn] 빛나다, 번쩍하다

闪电 [shǎndiàn] 번개 【연합구조】 두 글자 모두 '번쩍하다'는 뜻 이다. ◉ 电(전): 번개, 번쩍이다

扇 | 부채 선 [shàn] 부채

扇子 [shànzi] 부채 【부가구조】 子(자)는 명사접미어로 덧붙은 글 자이다.

善 | 착할 선 [shàn] 착하다, 잘하다, 좋다, 훌륭하다

善良 [shànliáng] 착하다, 선량하다 【연합구조】 착하고(善) 어질다 (良). ◉ 良(량): 어질다, 좋다, 훌륭하다, 아름답다

善于 [shànyú] …를 잘하다, …에 뛰어나다 【술보구조】 …에(于) 뛰어나다(善). ◉ 于(우): …에/에서 (개사로서 앞말에 덧붙 어 방면을 나타냄)

改善 [gǎishàn] 개선하다, 개량하다 【술보구조】 고쳐서(改) 좋게하 다(善). '善'은 '改'의 결과보어이다. ◉ 改(개): 고치다

完善 [wánshàn] 완벽하다, 완전하다 【연합구조】 완전하고(完) 훌 륭하다(善). ◉ 完(완): 완전하다, 끝내다

赏 赏 | 상줄 상 [shǎng] 상주다, 즐기다, 감상하다

欣赏 [xīnshǎng] 감상하다, 즐기다 【연합구조】 기뻐하고(欣) 즐기 다(赏). ◉ 欣(흔): 기쁘다, 즐거워하다, 받들다

尚 | 오히려 상 [shàng] 오히려, 숭상하다, 높이다, 풍조

时尚 [shíshàng] 시대적 유행, 당시의 분위기, 시류 【수식구조】 시대적(时) 풍조(尚). ◉ 时(시): 때, 시간, 시대, 시기

| 蛇 | 뱀 사 [shé] 뱀

| 舍 | 집 사, 버릴 사 [shě] 버리다 / [shè] 집

舍不得 [shěbude] 섭섭해 하다, 아쉬워하다 【술보구조】 버릴(舍) 수가 없다(不得), 섭섭하게 여기다. "형/동사+不+得"는 불가능을 나타내는 가능보어이다. 不得(부득): 할 수 없다. ⊙ 不(불): 안, 아니. 得(득): 얻다, 할 수 있다

宿舍 [sùshè] 기숙사, 숙소 【수식구조】 잠자는(宿) 집(舍). ⊙ 宿 (숙): 잠자다

| 射 | 쏠 사 [shè] 쏘다, 비추다

射击 [shèjī] 사격하다, 쏘다 【연합구조】 (활을) 쏘아(射) 치다(击). ⊙ 击(격): 치다, 부딪히다, 두드리다

| 摄 攝 | 다스릴 섭 [shè] 다스리다, 잡다, 빨아들이다, 촬영하다

摄影 [shèyǐng] 사진을 찍다 【술목구조】 모습(影)을 찍다(摄). ⊙ 影(영): 그림자, 모습, 화상

| 设 設 | 베풀 설 [shè] 베풀다, 늘어놓다, 세우다, 설령

假设 [jiǎshè] 가정하다 【수식구조】 가정하여(假) 세우다(设). ⊙ 假(가): 거짓, 임시, 가령

建设 [jiànshè] 건설하다, 세우다 【연합구조】 두 글자 모두 '세우다'는 뜻이다. ⊙ 建(건): 세우다, 일으키다

设备 [shèbèi] 설비, 시설 【연합구조】 세우고(设) 갖추다(备). ⊙ 备(비): 갖추다, 마련하다, 준비하다

设计 [shèji] 설계하다, 디자인하다, 짜다 【연합구조】 일을 세우고 (设) 꾀하다(计). ⊙ 计(계): 셈하다, 따지다, 꾀하다

设施 [shèshī] 시설, 조치를 취하다 【연합구조】 두 글자 모두 '일을 차리어 벌이다'는 뜻으로, 그 결과물들을 의미한다. ◉ 施(시): 베풀다, 실시하다

| 神 | | 귀신 신 [shén] 귀신, 신령, 정신, 혼 |

精神 [jīngshén] 정신 【수식구조】 정제된(精) 혼(神). ◉ 精(정): 깨끗하다, 순수하다, 정제된, 뛰어나다, 가장 좋다, 정밀하다, 정통하다

神话 [shénhuà] 신화 【수식구조】 신령스러운(神) 이야기(话). ◉ 话(화): 말, 이야기

| 伸 | | 펼 신 [shēn] 펴다, 펼치다, 늘이다 |

| 慎 愼 | | 삼갈 신 [shèn] 삼가다, 조심하다 |

谨慎 [jǐnshèn] 신중하다, 조심스럽다 【연합구조】 삼가고(谨) 신중하다(慎). ◉ 谨(근): 삼가다, 조심하다

| 升 | | 되 승, 오를 승 [shēng] 되, 오르다, 올라가다 |

| 绳 繩 | | 새끼줄 승 [shéng] 새끼줄, 줄, 노끈 |

绳子 [shéngzi] 끈, 새끼, 밧줄 【부가구조】 子(자): 명사접미어

| 胜 勝 | | 이길 승 [shèng] 이기다, 뛰어나다, 훌륭하다 |

胜利 [shènglì] 승리 【연합구조】 이겨서(胜) 이롭다(利). ◉ 利(리): 이롭다, 이익, 편리하다, 날카롭다

名胜古迹 [míngshènggǔjì] 명승고적 【수식구조】 이름(名)이 뛰어난(胜) 옛(古) 자취(迹). ◉ 名胜(명성): 이름(名)이 실물을 이기다(胜). 이름(名)이 뛰어나다(胜). 古(옛) 자취(迹). 名(명): 이름, 古(고): 옛, 오래된. 迹(적): 자취, 발자취, 업적, 행적

詩 詩 | 시 시 [shī] 시(詩), 시경, 시를 짓다

施 | 베풀 시 [shī] 베풀다, 실시하다

设施 [shèshī] 시설 【연합구조】 두 글자 모두 '일을 차리어 벌이다'는 뜻으로, 그 결과물들을 의미한다. ⦿ 设(설): 베풀다, 늘어놓다, 세우다

湿 濕 | 젖을 습 [shī] 젖다, 축축하다, 습기차다

潮湿 [cháoshī] 축축하다, 눅눅하다 【연합구조】 습기차고(潮) 젖다(湿), 潮(조) 습기차다, 밀물, 조수, 조류
湿润 [shīrùn] 촉촉하다, 습윤하다 【연합구조】 촉촉하고(湿) 윤이 나다(润). ⦿ 润(윤): 촉촉하다, 젖다, 윤이 나다

狮 獅 | 사자 사 [shī] 사자

狮子 [shīzi] 사자 【부가구조】 '子'는 명사접미어로 덧붙은 글자이다. ⦿ 子(자): 아들, 자식, 명사접미어

石 | 돌 석 [shí] 돌

石头 [shítou] 돌, 돌멩이 【부가구조】 头(두)는 명사접미어로 덧붙은 글자이다. 특별히 덩이, 조각 등을 의미한다. ⦿ 头(두): 머리, 명사접미어(덩이, 조각 등을 의미함)

食 | 먹을 식 [shí] 밥, 먹다, 먹이다

食物 [shíwù] 음식물, 먹을 것 【수식구조】 먹는(食) 물건(物). ⦿ 物(물): 사물, 물건

驶 駛 | 달릴 사 [shǐ] 달리다

驾驶 [jiàshǐ] 운전하다 【연합구조】 부리어(驾) 달리다(驶). ◉ 驾
(가): 멍에, 부리다, 몰다

式 | 법 식 [shì] 법, 의식(儀式), 법식, 형상, 본뜨다

方式 [fāngshì] 방식, 방법, 패턴(pattern) 【연합구조】 수단(方)과
법식(式). ◉ 方(방): 네모, 방향, 방법, 수단, 반듯하다

开幕式 [kāimùshì] 개막식 【수식구조】 막(幕)을 여는(开) 의식(式).
◉ 开幕(개막): 막을 열다, 연극/행사를 시작하다. 开(개):
열다, 시작하다, 피다. 幕(막): 장막, 휘장

形式 [xíngshì] 형식, 형태 【연합구조】 형상(形)과 법식(式). ◉ 形
(형): 모양, 형상

样式 [yàngshì] 양식, 모양, 스타일(style) 【연합구조】 모양(样)과
법식(式). ◉ 样(양): 모양, 본보기, 형태

势 勢 | 형세 세 [shì] 기운차다, 기운, 기세, 힘

趋势 [qūshì] 추세 【수식구조】 달려가는(趋) 기세(势). ◉ 趋(추):
달아나다, 달려가다, 추구하다

形势 [xíngshì] 형세, 정세 【연합구조】 형편(形)과 기세(势). ◉ 形
(형): 모양, 형상, 형편, 나타나다

优势 [yōushì] 우세, 우위 【수식구조】 뛰어난(优) 기운(势), 넉넉
한(优) 기세(势). ◉ 优(우): 넉넉하다, 뛰어나다, 낫다

姿势 [zīshì] 자세, 모양 【연합구조】 맵시(姿)와 기세(势). ◉ 姿
(자): 모양, 맵시, 생김새, 내맡기다

饰 飾 | 꾸밀 식 [shì] 꾸미다

装饰 [zhuāngshì] 장식 【연합구조】 두 글자 모두 '꾸미다'는 뜻이
다. ◉ 装(장): 꾸미다, 넣다, 묶다, 싸다

守 | 지킬 수 [shǒu] 지키다, 머무르다

5급

S

遵守 [zūnshǒu] 준수하다, 지키다, 따르다 【연합구조】 따르고(遵) 지키다(守). ◉ 遵(준): 좇다, 따르다, 지키다

寿 壽 ┃ 목숨 수 [shòu] 목숨, 수명, 오래 살다

寿命 [shòumìng] 수명, 목숨, 생명 【연합구조】 두 글자 모두 '목숨'이라는 뜻이다. ◉ 命(명): 목숨, 운수, 명령

蔬 ┃ 나물 소 [shū] 나물, 푸성귀

蔬菜 [shūcài] 채소, 야채, 푸성귀 【연합구조】 두 글자 모두 '나물'이라는 뜻이다. ◉ 菜(채): 나물, 반찬, 음식

梳 ┃ 얼레빗 소 [shū] 빗, 빗다

梳子 [shūzi] 빗 【부가구조】 子(자)는 명사접미어로 덧붙은 글자이다. ◉ 子(자): 명사접미어, 아들, 자식

殊 ┃ 다를 수 [shū] 다르다, 유달리

特殊 [tèshū] 특수하다, 매우 다르다 【수식구조】 특별하게(特) 다르다(殊). ◉ 特(특): 수컷, 특별하다

属 屬 ┃ 무리 속 [shǔ] 무리, 혈족, 속하다

属于 [shǔyú] …에 속하다 【술보구조】 …에(于) 속하다(属). ◉ 于(우): …에/에서 (개사로서 앞말에 덧붙어 방면을 나타냄)
金属 [jīnshǔ] 금속 【수식구조】 쇠붙이(金) 무리(属). ◉ 金(금): 쇠, 쇠붙이, 금

数 數 ┃ 셀 수 [shǔ] 세다, 헤아리다 / [shù] 수, 숫자

鼠 ┃ 쥐 서 [shǔ] 쥐

鼠标 [shǔbiāo] 마우스(mouse) 【수식구조】 쥐(鼠)처럼 생긴 표하는(标) 기기. ◉ 标(표): 표, 표하다

老鼠 [lǎoshǔ] 쥐 【부가구조】 老(로)는 명사접두어(오래된, 친근한, 노련한 등등)로서, 여기에서는 '노련하다'는 뜻을 나타냄. ◉ 老(로): 늙다 오래되다, 노련하다, 친하다

述 ┃ 지을 술 [shù] 짓다, 펴다, 서술하다

叙述 [xùshù] 서술하다 【연합구조】 차례대로 펴고(叙) 짓다(述). ◉ 叙(서): 펴다, 늘어서다, 진술하다, 쓰다, 차례, 서문

摔 ┃ 내던질 솔 [shuāi] 내던지다, 넘어지다, 떨어지다

摔倒 [shuāidǎo] 넘어지다, 쓰러지다, 엎어지다 【술보구조】 떨어져(摔) 넘어지다(倒). ◉ 倒(도): 넘어지다, 거꾸로 되다

甩 ┃ 던질 솔 [shuǎi] 휘두르다, 뿌리치다, 흔들다

率 ┃ 거느릴 솔, 비율 률 [shuài] 거느리다, 꾸밈없다 / [lǜ] 비율

坦率 [tǎnshuài] 솔직하다, 담백하다, 대범하다 【연합구조】 평탄하고(坦) 꾸밈이 없다(率). ◉ 坦(탄): 평탄하다, 너그럽다, 꾸밈없다

税 ┃ 세금 세 [shuì] 세금, 세

丝 絲 ┃ 실 사 [sī] 비단실, 생사, 견사

丝绸 [sīchóu] 실크, 비단 【연합구조】 비단실(丝)과 비단. ◉ 绸(주): 비단, 명주, 얽다, 동여매다

丝毫 [sīháo] 조금도, 털끝만치도 【연합구조】 비단실(丝)과 털(毫)같이 작은. ◉ 毫(호): 터럭, 털, 잔털, 조금

撕	찢을 시, 훈계할 서 [sī] 찢다, 뜯다, 쪼개다, 후계하다(서)

私	사사 사 [sī] 사적인, 개인적인, 이기적인

私人 [sīrén] 개인, 개인자격 【수식구조】 개인적(私) 사람(人). ⊙ 人(인): 사람

自私 [zìsī] 이기적이다 【연합구조】 자신(自)과 개인적인(私). ⊙ 自(자): 스스로, 자기자신

似	닮을 사 [sì] 닮다, 비슷하다

似的 [shìde] …와 같다, …와 비슷하다 【부가구조】 的(적): 어기조사로서, 의미상의 강조를 꾀한다. ⊙ 的(적): 과녁, 목표물, …의, 구조조사

似乎 [sìhū] 마치 …인 것 같다 【부가구조】 …와(乎) 비슷하다(似). 乎(호)는 문언 개사로서 '似'의 대상관계를 나타낸다. ⊙ 乎(호): …와, 조사(감탄, 의문 등을 나타냄)

相似 [xiāngsì] 닮다, 비슷하다 【수식구조】 서로(相) 닮다/비슷하다(似). ⊙ 相(상): 서로

搜	찾을 수 [sōu] 찾다, 뒤지다

搜索 [sōusuǒ] 수색하다, 찾다, 검색하다 【연합구조】 뒤지고(搜) 찾다(索). 두 글자 모두 '찾다'는 뜻이다. ⊙ 索(색): 찾다, 꼬다, 동아줄(삭)

俗	속세 속 [sú] 속세, 풍속, 범속하다, 속되다

风俗 [fēngsú] 풍속 【연합구조】 풍습(风)과 세속(俗). ⊙ 风(풍): 바람, 풍속, 경관, 모습

宿 | 잠잘 숙 [sù] 잠자다

宿舍 [sùshè] 기숙사, 숙소 【수식구조】 잠자는(宿) 집(舍). ◉ 舍 (사): 집, 버리다

素 | 본디 소 [sù] 본디, 바탕, 성질, 희다, 수수하다

因素 [yīnsù] 요소, 성분 【수식구조】 원인이나 계기가 되는(因) 바탕(素). ◉ 因(인): 말미암다, 원인이나 계기가 되다, 따르다

肃 肅 | 엄숙할 숙 [sù] 정숙하다, 숙연하다, 공경하다, 맑다, 일소하다

严肃 [yánsù] 엄숙하다, 근엄하다 【연합구조】 엄격하고(严) 정숙하다(肃). ◉ 严(엄): 엄하다, 엄격하다

碎 | 부술 쇄 [suì] 부수다, 부서지다, 부스러기

损 損 | 덜 손 [sǔn] 덜다, 잃다, 해치다

损失 [sǔnshī] 손실되다, 잃어버리다 【연합구조】 두 글자 모두 '잃다'는 뜻이다. ◉ 失(실): 잃다, 빠뜨리다, 잘못하다, 그르치다, 어긋나다

缩 縮 | 줄일 축 [suō] 줄이다, 오그라들다, 묶다

缩短 [suōduǎn] 단축하다, 줄이다 【연합구조】 줄이고(缩) 짧게 하다(短). ◉ 短(단): 짧다

索 | 찾을 색 , 동아줄 삭 [suǒ] 찾다, 꼬다 / 동아줄(삭)

搜索 [sōusuǒ] 수색하다, 찾다, 검색하다 【연합구조】 두 글자 모두 '찾다'는 뜻이다. ◉ 搜(수): 찾다, 뒤지다

5급

S

| 锁 鎖 | 자물쇠 **쇄** [suǒ] 자물쇠, 잠그다 |

| 滩 灘 | 여울 **탄** [tān] 여울, 모래톱, 개펄, 물가벌판 |

沙滩 [shātān] 모래사장 【수식구조】 모래(沙)로 이루어진 물가벌판 (滩). ◉ 沙(사): 모래

| 坦 | 평탄할 **탄** [tǎn] 평탄하다, 너그럽다, 꾸밈없다 |

坦率 [tǎnshuài] 솔직하다, 담백하다, 대범하다 【연합구조】 평탄하고(坦) 꾸밈이 없다(率). ◉ 率(솔): 거느리다, 꾸밈없다 / [lǜ] 비율(률)

| 毯 | 담요 **담** [tǎn] 담요, 모포, 양탄자, 카펫 |

地毯 [dìtǎn] 양탄자, 카펫, 융단 【수식구조】 바닥용(地) 담요(毯). ◉ 地(지): 땅, 바닥

| 炭 | 숯 **탄** [tàn] 숯, 석탄 |

煤炭 [méitàn] 석탄 【연합구조】 그을음(煤)과 숯덩이(炭). ◉ 煤(매): 그을음, 석탄

| 塘 | 못 **당** [táng] 못둑, 못 |

池塘 [chítáng] 연못 【수식구조】 물을 가둔(池) 못둑(塘). ◉ 池(지): 연못, 못

| 烫 燙 | 데울 **탕** [tàng] 데우다, 뜨겁다, 데다, 인두질하다 |

| 淘 | 쌀 일 **도** [táo] (쌀 따위를) 일다, 씻다 |

淘气 [táoqì] 장난이 심하다, 성질을 내다 【술목구조】 성(气)을 일

귀내다(淘). ◉ 气(기): 기, 기운, 기색, 성(내다)

逃 | 달아날 도 [táo] 달아나다, 도망치다

逃避 [táobì] 도피하다, 달아나다 【연합구조】 달아나(逃) 피하다 (避). ◉ 避(피): 피하다, 벗어나다, 숨다

桃 | 복숭아 도 [táo] 복숭아

套 | 씌울 투 [tào] 씌우다, 덮개, 씌우개

手套 [shǒutào] 장갑 【수식구조】 손(手) 씌우개(套). ◉ 手(수): 손

替 | 바꿀 체 [tì] 바꾸다, 대체하다

代替 [dàitì] 대체하다, 대신하다 【연합구조】 대신하고(代) 바꾸다 (替). ◉ 代(대): 대신하다, 교체하다, 세대

嚔 | 재채기 체 [tì] 재채기(하다)

打喷嚔 [dǎpēntì] 재채기하다 【술목구조】 재채기(喷嚔)를 하다 (打). ◉ 喷嚔(분체): 재채기. 打(타): 치다, 때리다, 하다. 喷(분): 뿜다, 재채기(하다)

屉 | 언치 체 [tì] 언치(안장 밑의 깔개), 안장, 쿠션, 납작한 통(그릇)

抽屉 [chōutì] 서랍 【수식구조】 뽑아내는(抽) 납작한 통(屉), 서랍. ◉ 抽(추): 뽑다, 빼다, 당기다

贴 贴 | 붙을 첩 [tiē] 붙(이)다, 보태주다, 도와주다, 보조금

体贴 [tǐtiē] 자상하게 돌보다 【수식구조】 몸소(体) 도와주다(贴). ◉ 体(체): 몸, 몸소, 겪다

粘贴 [zhāntiē] 붙이다, 바르다 【연합구조】 두 글자 모두 '붙이다,

붙다'는 뜻이다. ◉ 粘(점): 붙(이)다, 끈끈하다, 차지다

庭 | 뜰 정 [tíng] 뜰, 집안, 조정, 관청

家庭 [jiātíng] 가정【수식구조】집(家)이 있는 뜰안(庭). ◉ 家(가): 집, 가족, 집안, 전문가

统 統 | 거느릴 통 [tǒng] 거느리다, 합치다, 실마리, 계통
(물체의 유기적인 관계)

统一 [tǒngyī] 통일하다【술보구조】하나로(一) 합치다(统). 거느려 /합쳐서(统) 하나가 되다(一). ◉ 一(일): 하나

传统 [chuántǒng] 전통【연합구조】전해오는(传) 계통(统). ◉ 传 (전): 전하다, 옮기다, 책

系统 [xìtǒng] 계통, 체계, 시스템【연합구조】이어짐(系)과 실마 리(统). ◉ 系(계): 매다, 잇다, 묶다, 끈, 실마리

总统 [zǒngtǒng] 총통, 대통령【수식구조】총괄하여(总) 거느리다 (统), 또는 그런 사람. ◉ 总(총): 모두, 늘, 종합하다, 총괄하다

痛 | 아플 통 [tòng] 아프다, 슬프다, 사무치다, 몹시

痛苦 [tòngkǔ] 고통, 아픔【연합구조】아프고(痛) 괴롭다(苦). ◉ 苦(고): 쓰다, 괴롭다

痛快 [tòngkuài] 통쾌하다, 즐겁다, 기분 좋다【수식구조】아플 정도로/몹시(痛) 즐겁다(快). ◉ 快(쾌): 시원하다, 빠르다, 즐겁다, (아픔이) 좋아지다

偷 | 훔칠 투 [tōu] 훔치다, 도둑질하다

投 | 던질 투 [tóu] 던지다, 뛰어들다

投入 [tóurù] 투입하다, 뛰어들다, 돌입하다【연합구조】던져(投) 넣다(入). ◉ 入(입): 들다, 들이다

投资 [tóuzī] 투자하다 【술목구조】 자금(资)을 던져 넣다(投). ◉
资(자): 재물, 자금, 밑천, 바탕

| 透 | 꿰뚫을 투 [tòu] 꿰뚫다, 통하다, 사무치다, 지나 가다 |

透明 [tòumíng] 투명하다 【연합구조】 통하여(透) 밝다(明). ◉ 明
(명): 밝다, 훤하다

| 途 | 길 도 [tú] 길 |

长途 [chángtú] 장거리, 먼 거리의 【수식구조】 긴/먼(长) 길(途).
◉ 长(장): 길다
前途 [qiántú] 전도, 앞길, 앞날 【수식구조】 앞(前) 길(途). ◉ 前
(전): 앞
用途 [yòngtú] 용도 【수식구조】 쓰이는(用) 길/방법(途). ◉ 用
(용): 쓰다, 사용하다

| 涂 塗 | 칠할 도 [tú] 칠하다, 흙칠하다 |

糊涂 [hútu] 어리석다, 멍청하다, 흐리멍덩하다 【연합구조】 풀칠
하고(糊) 흙칠을 하듯(涂) 분명치 않음. ◉ 糊(호): 풀, 풀칠
하다, 바르다, 얼버무리다

| 土 | 흙 토 [tǔ] 흙, 땅 |

土地 [tǔdì] 토지, 농토, 땅 【연합구조】 두 글자 모두 '흙, 땅'이라
는 뜻이다. ◉ 地(지); 땅, 곳
土豆 [tǔdòu] 감자 【수식구조】 흙(土)에서 자라는 콩(豆) 비슷한
작물. 중국의 동북(東北) 및 하북(河北) 지방의 방언으로, 원
래 이름은 '马铃薯(마령서), [mǎlíngshǔ]'이다. ◉ 豆(두): 콩

| 吐 | 토할 토 [tǔ] 토하다, 게우다 |

| 兔 兔 | 토끼 **토** [tù] 토끼 |

兔子 [tùzi] 토끼 【부가구조】 '子'(자)는 명사접미어로 덧붙은 글자
이다. ◉ 子(자): 명사접미어, 아들, 자식

| 团 團 | 둥글 **단** [tuán] 둥글다, 모이다, 덩어리, 모임, 단
체, 집단 |

| 退 | 물러날 **퇴** [tuì] 물러나다, 물러서다, 후퇴하다 |

退步 [tuìbù] 퇴보하다, 후퇴하다, 낙오하다 【술목구조】 걸음(步)을
물러서다(退). ◉ 步(보): 걸음, 발걸음
退休 [tuìxiū] 퇴직하다, 퇴임하다, 은퇴하다 【연합구조】 물러나
(退) 쉬다(休). ◉ 休(휴): 쉬다

| 托 | 맡길 **탁** [tuō] 맡기다, 밀다 |

摩托车 [mótuōchē] 오토바이 【수식구조】 모터(摩托: motor)가
달린 차(车: cycle)라는 뜻으로, 영어 'motorcycle'의 외
래어 표기이다. '摩托'는 'motor'의 소리를 표기한 것이고,
'车'는 'cycle'의 뜻을 옮긴 것으로, 음역(音譯)과 의역(意
譯) 방식을 혼용하였다. ◉ 摩托(마탁): 모터(motor). 摩
(마) 문지르다. 车(차): 수레, 차

| 歪 | 비뚤 **왜** [wāi] 비뚤다, 기울다, 바르지 않다 |

| 弯 彎 | 굽을 **만** [wān] 굽다 |

拐弯 [guǎiwān] 방향을 틀다 【술목구조】 굽이(弯)를 돌다(拐). ◉
拐(괴): 후리다, 꾀어내다, (방향을) 바꾸다

| 王 | 임금 **왕** [wáng] 임금, 국왕, 군주 |

王子 [wángzǐ] 왕자 【수식구조】 왕(王)의 아들(子). ◉ 子(자): 아들, 자식

国王 [guówáng] 국왕, 임금 【수식구조】 나라(国)의 임금(王). ◉ 国(국): 나라

威 ┃ 위엄 위 [wēi] 위엄, 권위, 위엄을 부리다, 으르다

威胁 [wēixié] 위협하다, 으르다 【연합구조】 위엄을 부리고(威) 으르다(胁). 두 글자 모두 '으르다'는 뜻이다. ◉ 胁(협): 겁주다, 으르다, 옆구리

违 違 ┃ 어긋날 위 [wéi] 어긋나다, 어기다

违反 [wéifǎn] 위반하다, 어기다 【연합구조】 어기고(违) 거스르다(反). ◉ 反(반): 돌이키다, 뒤집다, 어기다, 거스르다

维 維 ┃ 벼리 유 [wéi] 벼리(그물 코를 꿴 굵은 줄, 뼈대가 되는 줄거리), 오직, 유지하다, 잇다, 매다

维修 [wéixiū] 수리하다, 보수하다, 수선하다 【연합구조】 꿰매고(维) 고치다(修). ◉ 修(수): 닦다, 익히다, 꾸미다, 고치다

唯 ┃ 오직 유 [wéi] 오직, 다만

唯一 [wéiyī] 유일한 【수식구조】 오직(唯) 하나(一) 뿐인. ◉ 一(일): 하나

尾 ┃ 꼬리 미 [wěi] 꼬리, 끝, 뒤

尾巴 [wěiba] 꼬리, 꽁무니 【부가구조】 巴(파)는 명사접미어로서 덧붙은 글자이다. 물체가 긴밀하게 붙어 있음을 의미한다. ◉ 巴(파): 바라다, 달라붙다, 버스, 명사접미어, 지명(중경 지역 일대)

委 | 맡길 위 [wěi] 맡기다, 시들다, 굽다

委屈 [wěiqu] 억울하다, 답답하다, 수모를 당하다 【연합구조】 시들고(委) 움츠려들다(屈). ◉ 屈(굴): 굽히다, 움츠리다

伟 偉 | 훌륭할 위 [wěi] 훌륭하다, 크다, 아름답다

伟大 [wěidà] 위대하다 【연합구조】 훌륭하고(伟) 높다(大). ◉ 大(대): 크다, 높다, 많다, 훌륭하다

未 未 | 아닐 미 [wèi] 아니다, 아직 … 못하다

未必 [wèibì] 반드시 …한 것은 아니다 【수식구조】 반드시(必) …인 것은 아니다(未). ◉ 必(필): 반드시, 꼭
未来 [wèilái] 미래 【수식구조】 오지(来) 않은(未) 시간. ◉ 来(래): 오다

谓 謂 | 이를 위 [wèi] 이르다, 일컫다, 말하다

无所谓 [wúsuǒwèi] 상관없다, 개의치 않다 【술목구조】 말할(谓) 것(所)이 없다(无). ◉ 所谓(소위): 이를 바, 말할 것. 无(무): 없다. 所(소): …바/것

胃 胃 | 밥통 위 [wèi] 위(장)

胃口 [wèikǒu] 식욕, 입맛, 구미 【연합구조】 위(胃)와 입(口)이 당기는 욕구. ◉ 口(구): 입

慰 | 위로할 위 [wèi] 위로하다, 안심시키다

安慰 [ānwèi] 마음이 편하다, 위안이 되다, 위로하다 【연합구조】 안심시키고(安) 위로하다(慰). ◉ 安(안): 편안하다

稳 穩 ┃ 편안할 온 [wěn] 편안하다, 평온하다, 움직이지 않다

稳定 [wěndìng] 안정되다 【연합구조】 편안하고(稳) 안정되다(定).
⊙ 定(정): 정하다, 바로잡다, 안정되다

吻 ┃ 입술 문 [wěn] 입술, 입맞춤하다, 키스하다

卧 臥 ┃ 누울 와 [wò] 눕다, 잠

卧室 [wòshì] 침실 【수식구조】 눕는(卧) 방(室). ⊙ 室(실): 방, 집

握 ┃ 쥘 악 [wò] 쥐다, 잡다

握手 [wòshǒu] 악수하다, 손을 잡다 【술목구조】 손(手)을 잡다
(握). ⊙ 手(수): 손
掌握 [zhǎngwò] 장악하다, 지배하다 【수식구조】 손바닥으로(掌)
잡다(握). ⊙ 掌(장): 손바닥, 맡다, 주관하다, 바로잡다
把握 [bǎwò] 파악하다, 잡다 【연합구조】 두 글자 모두 '손으로 꽉
잡다'는 뜻이다. ⊙ 把(파): 잡다, 가지다, 긁다, 다발, 묶
음, 자루, …을

屋 ┃ 집 옥 [wū] 집, 방, 지붕

屋子 [wūzi] 방 【부가구조】 '屋'는 '집'보다 '방'의 개념이 강하다.
子(자)는 명사접미어로 덧붙은 글자이다. ⊙ 子(자): 아들,
자식, 명사접미어

武 ┃ 호반 무 [wǔ] 호반(虎班: 무관의 반열), 무인, 무
사, 무예, 굳세다

武术 [wǔshù] 무술, 우슈 【수식구조】 무(武)의 기술(术). ⊙ 术
(술): 재주, 꾀, 술수, 기술

雾 霧 │ 안개 무 [wù] 안개

勿 │ 말 물 [wù] …말라, …하지 마라

析 │ 쪼갤 석 [xī] 쪼개다, 가르다

分析 [fēnxī] 분석하다 【연합구조】 나누고(分) 쪼개다(析). ◉ 分
(분): 나누다, 구별하다, 헤어지다

夕 │ 저녁 석 [xī] 저녁, 밤

除夕 [chúxī] 섣달 그믐밤, 제야, 제석 【수식구조】 섣달 그믐날
(除)의 밤(夕). ◉ 除(제): 섣달 그믐날, 덜다, 버리다

席 │ 자리 석 [xí] 자리, 깔다

出席 [chūxí] 출석하다 【술목구조】 자리(席)에 나가다(出). ◉ 出
(출): 나가다, 내놓다
主席 [zhǔxí] 주석, 의장 【수식구조】 주(主)가 되는 자리(席). ◉
主(주): 주인, 임금, 우두머리

瞎 │ 애꾸눈 할 [xiā] 눈이 멀다, 애꾸눈, 함부로

吓 嚇 │ 놀랄 혁 [xià] 놀라다, 무서워하다, 두려워하다

闲 閑 │ 한가할 한 [xián] 한가하다, 쉬다

空闲 [kòngxián] 한가하다, 여가, 짬, 틈 【연합구조】 비고(空) 한
가하다(闲). ◉ 空(공): 비다, 없다, 하늘
休闲 [xiūxián] 한가롭게 보내다, 휴식오락 【연합구조】 쉬고(休)
한가하다(闲). ◉ 休(휴): 쉬다, 그만두다

显 顯 | 나타날 현 [xiǎn] 나타나다, 드러나다, 뚜렷하다

显得 [xiǎnde] …하게 보이다, 드러나다 【부가구조】 '得'은 덧붙은 글자이다. 구조조사로서 상태결과를 나타낸다. ◉ 得(득): 얻다, 구조조사

显然 [xiǎnrán] 뚜렷하다, 분명하다 【부가구조】 '然'은 상태를 나타내는 접미어이다. ◉ 然(연): 그러하다, 접미어(상태를 나타냄)

显示 [xiǎnshì] 뚜렷하게 드러나 보이다, 분명하게 보이다 【연합구조】 나타나(显) 보이다(示). ◉ 示(시): 보이다

明显 [míngxiǎn] 뚜렷하다, 분명하다, 확연히 드러나다 【연합구조】 밝고(明) 뚜렷하다(显). ◉ 明(명): 밝다, 날새다, 밝게 드러나다

限 | 한할 한 [xiàn] 한하다, 한정하다, 끝

限制 [xiànzhì] 제한하다, 한정하다 【연합구조】 한정하고(限) 제지하다(制). ◉ 制(제): 제지하다, 절제하다, 짓다, 만들다, 법도

献 獻 | 드릴 헌 [xiàn] 드리다, 바치다

贡献 [gòngxiàn] 바치다, 공헌하다 【연합구조】 바치고(贡) 드리다(献). ◉ 贡(공): 바치다

县 縣 | 고을 현 [xiàn] 현[중국의 행정 단위. 성(省)의 하급 단위로 우리나라의 군(郡)에 상당함]

厢 廂 | 행랑 상 [xiāng] 행랑, 곁채, 차간, 차실, 트렁크

车厢 [chēxiāng] 객실, 차실, 차 트렁크 【수식구조】 차(车)의 칸(厢). ◉ 车(차): 차

乡 鄉 | 시골 향 [xiāng] 시골, 마을, 고향

家乡 [jiāxiāng] 고향 【수식구조】 집(家)이 있는 시골(乡). ⊙ 家(가): 집

享 | 누릴 향 [xiǎng]

享受 [xiǎngshòu] 누리다, 향유하다, 즐기다 【연합구조】 누리고 (享) 받다(受). ⊙ 受(수): 받다, 받아들이다, 얻다, 누리다

项 項 | 목 항 [xiàng] 목, 항목, 조목

项链 [xiàngliàn] 목걸이 【수식구조】 목(项)에 하는 쇠사슬(链). ⊙ 链(련): 쇠사슬
项目 [xiàngmù] 항목, 사항 【연합구조】 항목(项)과 조목(目). ⊙ 目(목): 눈, 조목

销 銷 | 녹일 소 [xiāo] 녹이다, 팔다

销售 [xiāoshòu] 팔다, 판매하다 【연합구조】 두 글자 모두 '팔다' 는 뜻이다. ⊙ 售(수): 팔다

孝 | 효도 효 [xiào] 효도, 부모를 섬기다

孝顺 [xiàoshùn] 효도하다, 공경하다 【연합구조】 효도하고(孝) 순 종하다(顺). ⊙ 顺(순): 따르다, 순하다

歇 | 쉴 헐 [xiē] 쉬다, 휴식하다

胁 脅脅 | 으를 협 [xié] 겁주다, 으르다, 옆구리

威胁 [wēixié] 위협하다, 으르다 【연합구조】 위엄을 부리고(威) 으 르다(胁). 두 글자 모두 '으르다'는 뜻이다. ⊙ 威(위): 위 엄, 권위, 위엄을 부리다, 으르다

| 斜 | 비낄 사 [xié] 비끼다, 비스듬하다, 기울다 |

| 血 | 피 혈 [xiě] 피 (단독사용 시) / [xuè] 피의 (주로 결합사용 시) |

| 欣 | 기쁠 흔 [xīn] 기쁘다, 즐거워하다, 받들다 |

欣赏 [xīnshǎng] 감상하다, 즐기다 【연합구조】 기뻐하며(欣) 즐기다(赏). ◉ 赏(상): 상주다, 즐기다, 감상하다

| 形 | 모양 형 [xíng] 모양, 형상, 형편, 나타나다 |

形成 [xíngchéng] 형성하다, 이루다 【연합구조】 나타내어(形) 이루다(成). ◉ 成(성): 이루다, 되다

形容 [xíngróng] 형용하다, 묘사하다 【연합구조】 형태를 나타내고 (形) 속내를 담아내다(容). 두 글자 모두 '모양과 속내를 있는 그대로 설명하다'는 뜻이다. ◉ 容(용): 얼굴, 용모, 용량, 속내, 담다, 받아들이다

形势 [xíngshì] 형세, 정세 【연합구조】 형편(形)과 기세(势). ◉ 势 (세): 기운차다, 기운, 기세, 힘

形式 [xíngshì] 형식, 형태 【연합구조】 형상(形)과 법식(式). ◉ 式 (식): 법, 의식(儀式), 법식, 형상, 본뜨다

形象 [xíngxiàng] 형상, 이미지 【연합구조】 두 글자 모두 '모양'이라는 뜻이다. ◉ 象(상): 코끼리, 꼴, 모양, 얼굴모양, 본뜨다, 같다

形状 [xíngzhuàng] 형상, 생김새, 겉모습 【연합구조】 모양(形)과 상태(状). ◉ 状(상): 모양, 용모, 상태, 문서

| 型 | 거푸집 형 [xíng] 거푸집, 본보기, 본, 모형 |

大型 [dàxíng] 대형(의) 【수식구조】 큰(大) 모형(型). ◉ 大(대): 크다

类型 [lèixíng] 유형 【수식구조】 무리(类)의 모형(型). ◉ 类(류): 무리, 비슷하다, 비슷한 사물의 집합

兄 | 맏 형 [xiōng] 형, 맏이

兄弟 [xiōngdì] 형제 【연합구조】 형(兄)과 아우(弟). ◉ 弟(제): 아우, 남자동생

胸 | 가슴 흉 [xiōng] 가슴, 마음, 뜻

雄 | 수컷 웅 [xióng] 수컷, 두목, 씩씩하다, 용감하다, 뛰어나다

英雄 [yīngxióng] 영웅 【연합구조】 재주가 뛰어나고(英) 용감한 (雄) 사람. ◉ 英(영): 꽃부리, 명예, 재주가 뛰어나다

虚 虛 | 빌 허 [xū] 비다, 비우다

虚心 [xūxīn] 허심하다, 겸허하다 【술목구조】 마음(心)을 비우다 (虚). ◉ 心(심): 마음

谦虚 [qiānxū] 겸허하다, 겸손하다 【연합구조】 겸손하고(谦) 마음을 비우다(虚). ◉ 谦(겸): 겸손하다, 겸허하다, 사양하다

叙 紋 | 펼 서, 차례 서 [xù] 펴다, 늘어서다, 진술하다, 쓰다, 차례, 서문

叙述 [xùshù] 서술하다 【연합구조】 차례대로 펴고(叙) 짓다(述). ◉ 述(술): 짓다, 펴다, 서술하다, 말하다, 밝히다

绪 緒 | 실마리 서 [xù] 실마리, 첫머리, 차례, 마음

情绪 [qíngxù] 정서, 감정, 기분 【연합구조】 뜻(情)과 마음(绪). ◉ 情(정): 뜻, 정성, 사랑, 상태, 실상

宣 | 베풀 선 [xuān] 베풀다, 널리 펴다

宣布 [xuānbù] 선포하다, 선언하다 【연합구조】 두 글자 모두 '널리 펴다(알리다)'는 뜻이다. ⊚ 布(포): 천, 베, 널리 펴다, 널리 알리다

宣传 [xuānchuán] 선전하다, 홍보하다 【연합구조】 널리 펴(宣)전하다(传). ⊚ 传(전): 전하다

寻 尋 | 찾을 심 [xún] 찾다, 캐묻다, 길이(여덟 자)

寻找 [xúnzhǎo] 찾다, 구하다 【연합구조】 두 글자 모두 '찾다'는 뜻이다. ⊚ 找(조): 찾다, 채우다

询 詢 | 물을 순 [xún] 묻다, 꾀하다

询问 [xúnwèn] 묻다, 알아보다, 의견을 구하다 【연합구조】 두 글자 모두 '묻다'는 뜻이다. ⊚ 问(문): 묻다

旬 | 열흘 순 [xún] 열흘

中旬 [zhōngxún] 중순 【수식구조】 가운데(中)의 열흘(旬). 한달의 11일에서 20일까지 열흘. ⊚ 中(중): 가운데

迅 | 빠를 신 [xùn] 빠르다, 뛰어넘다

迅速 [xùnsù] 신속하다, 빠르다, 날래다 【연합구조】 두 글자 모두 '빠르다'는 뜻이다. ⊚ 速(속): 빠르다, 빨리하다

训 訓 | 가르칠 훈 [xùn] 가르치다, 타이르다, 이끌다

训练 [xùnliàn] 훈련하다, 훈련시키다 【연합구조】 가르치고(训) 익히게 하다(练). ⊚ 练(련): 익히다, 겪다, 능숙하다

教训 [jiàoxùn] 가르치다, 가르치고 타이르다, 훈계하다 【연합구조】 가르치고(教) 타이르다(训). ⊚ 教(교): 가르치다, …하게 하다

培训 [péixùn] 양성하다, 훈련하다 【연합구조】 키우고(培) 가르치다(训). ◉ 培(배): 북돋우다, 키우다, 다스리다

| 押 | 누를 압 [yā] 누르다, 잡다, 잡아가두다, 서명하다 |

押金 [yājīn] 보증금, 담보금 【수식구조】 눌러두는(押) 돈(金). ◉ 金(금): 돈, 쇠, 금

| 延 | 늘일 연 [yán] 늘이다, 잇다, 퍼지다 |

延长 [yáncháng] 연장하다, 늘이다 【술보구조】 늘여서(延) 길게하다(长). ◉ 长(장): 길다

| 宴 | 잔치 연 [yàn] 잔치, 잔치하다, 즐기다 |

宴会 [yànhuì] 연회, 파티 【수식구조】 잔치(宴) 모임(会). ◉ 会(회): 모이다, 깨닫다, 할 수 있다

| 艳 艳 | 고울 염 [yàn] 곱다, 아름답다, 요염하다 |

鲜艳 [xiānyàn] 산뜻하고 아름답다 【연합구조】 산뜻하고(鲜) 곱다(艳). ◉ 鲜(선): 곱다, 산뜻하다, 깨끗하다, 싱싱하다 드물다

| 痒 | 가려울 양 [yǎng] 가렵다, 간지럽다 |

| 腰 | 허리 요 [yāo] 허리 |

| 摇 | 흔들 요 [yáo] 흔들다, 흔들리다, 움직이다 |

| 咬 | 물 교 [yǎo] 물다, 깨물다, 지저귀다 |

| 夜 | 밤 야 [yè] 밤 |

熬夜 [áoyè] 밤새다, 철야하다【술목구조】밤(夜)을 조리다(熬). ◉ 熬(오): 오래 끓이다, 달이다, 조리다

依 │ 기댈 의 [yī] 기대다, 전과 같다, 따르다, 믿다

依然 [yīrán] 의연하다, 여전하다, 그대로이다【부가구조】전과 같이(依) 그러하다(然). 然(연)은 접미어로서, 상태가 그러함을 나타낸다. ◉ 然(연): 그러하다, 접미어(상태를 나타냄)

移 │ 옮길 이 [yí] 옮기다, 바꾸다

移动 [yídòng] 옮기다, 움직이다【연합구조】옮기고(移) 움직이다 (动). ◉ 动(동): 움직이다, 옮기다, 흔들리다, 느끼다, 일하다

移民 [yímín] 이민(하다)【수식구조】(국적, 지역을) 옮긴(移) 사람 (民). 또는【술목구조】백성(民)을 옮기어(移) 살게 하다. 통상 전자의 뜻으로 사용하며, 명사 동사로 통용함. ◉ 民 (민): 백성

遗 遺 │ 남길 유 [yí] 남기다, 끼치다, 잃다

遗憾 [yíhàn] 유감이다, 섭섭하다【술목구조】섭섭함(憾)을 남기다 (遗). ◉ 憾(한): 섭섭하다

乙 │ 새 을 [yǐ] 을(천간天干의 둘째), 두 번째

义 義 │ 옳을 의 [yì] 옳다, 의롭다, 순응하다, 뜻

义务 [yìwù] 의무【수식구조】순응해야 하는(义) 일(务). ◉ 务 (무): 힘쓰다, 일, 직무

意义 [yìyì] 의의, 의미, 뜻【연합구조】두 글자 모두 '뜻'이라는 뜻이다. ◉ 意(의): 뜻, 생각, 정취

益 │ 더할 익 [yì] 더하다, 이롭다, 넉넉해지다, 이익

利益 [lìyì] 이익, 이득 【연합구조】 이롭고(利) 유익하다(益). ◉ 利
(리): 이롭다, 편리하다, 날카롭다, 이자, 이익

裔 | 후손 예 [yì] 裔(예): 후손

华裔 [huáyì] 화교, 외국거주 중국인 【수식구조】 중화민족(华)의
후손(裔). ◉ 华(화): 꽃이 많다, 화려하다, 사치스럽다, 중
화(中華: 중국민족의 통칭)

亿 億 | 억 억 [yì] (숫자) 일억

姻 | 혼인 인 [yīn] 혼인(하다), 시집가다

婚姻 [hūnyīn] 혼인, 결혼 【연합구조】 두 글자 모두 '혼인하다'는
뜻이다. ◉ 婚(혼): 혼인하다, 결혼하다

英 | 꽃부리 영 [yīng] 꽃부리, 명예, 재주가 뛰어나다

英俊 [yīngjùn] 뛰어나다, 출중하다 【연합구조】 영민하고(英) 준수
하다(俊). 두 글자 모두 '뛰어나다'는 뜻이다. ◉ 俊(준): 준
걸, 뛰어나다
英雄 [yīngxióng] 영웅 【연합구조】 재주가 뛰어나고(英) 용감한
(雄) 사람. ◉ 雄(웅): 수컷, 두목, 씩씩하다, 용감하다, 뛰
어나다

营 營 | 경영할 영 [yíng] 경영(하다), 운영(하다), 도모(하
다), 숙영(宿營: 야외에 머물며 행하는 특별활동)

经营 [jīngyíng] 경영하다 【연합구조】 법도에 맞추어 다스려(经)
운영하다(营). ◉ 经(경): 지나다, 다스리다, 날실, 법
营养 [yíngyǎng] 영양 【술목구조】 양생(养)을 도모하다(营), 또는
그 성분. ◉ 养(양): 기르다, 먹이다, 가꾸다
营业 [yíngyè] 영업하다 【술목구조】 어떤 일(业)을 운영하다(营).

◉ 业(업): 일, 업, 직업

夏令营 [xiàlìngyíng] 여름학교, 하계캠프 【수식구조】 여름철(夏令)에 여는 숙영(营) 활동. ◉ 夏令(하령): 하계, 여름철. 夏(하): 여름. 令(령): 하게하다, 시키다, 법령, 규칙

| 硬 | 굳을 경 [yìng] 굳다, 단단하다, 딱딱하다

硬件 [yìngjiàn] 하드웨어(hardware) 【수식구조】 딱딱한(硬) 구성품(件). 바탕/뼈대(硬)를 이루는 부품(件)을 말한다. ◉ 件(건): 물건, 사건, 가지, 문서

| 映 | 비칠 영 [yìng] 비치다, 비추다, 햇빛

反映 [fǎnyìng] 반영하다, 되비치다 【연합구조】 되돌아(反) 비치다(映). ◉ 反(반): 돌이키다, 되풀이하다, 뒤집다, 어기다

| 拥 擁 | 안을 옹 [yōng] 안다, 품다

拥抱 [yōngbào] 포옹하다, 껴안다 【연합구조】 두 글자 모두 '안다'는 뜻이다. ◉ 抱(포): 안다, 품다

| 悠 | 멀 유 [yōu] 멀다, 아득하다, 근심하다

悠久 [yōujiǔ] 유구하다, 아득하게 오래되다 【연합구조】 멀고(悠) 오래되다(久). ◉ 久(구): 오래되다, 길다

| 犹 猶 | 오히려 유 [yóu] 오히려, …와 같다, 머뭇거리다

犹豫 [yóuyù] 머뭇거리다, 주저하다, 망설이다 【연합구조】 두 글자 모두 '머뭇거리다'는 뜻이다. ◉ 豫(예): 머뭇거리다, 미리

| 幼 | 어릴 유 [yòu] 어리다, 작다

幼儿园 [yòu'éryuán] 유치원, 유아원 【수식구조】 어린아이(幼儿)들의 동산(园). ◉ 幼儿(유아): 어린아이. 儿(아): 아이, 어

5급

y

린이. 园(원): 동산, 뜰

余 餘 | 남을 여 [yú] 남다, 나머지

业余 [yèyú] 업무 외의, 여가의 【수식구조】 업무(业) 나머지(余)의.
⊙ 业(업): 일, 업, 직무

多余 [duōyú] 여분의, 나머지의 【연합구조】 많고도(多) 남는(余).
⊙ 多(다): 많다, 남다, 남짓

其余 [qíyú] 나머지 【수식구조】 그(其) 나머지(余). ⊙ 其(기) 그,
그의, 그것

娱 娛 | 즐길 오 [yú] 즐기다, 장난치다

娱乐 [yúlè] 오락하다, 즐기다 【연합구조】 두 글자 모두 '즐기다'
는 뜻이다. ⊙ 乐(락): 즐겁다, 음악(악)

屿 嶼 | 섬 서 [yǔ] 섬, 작은 섬

岛屿 [dǎoyǔ] 섬, 도서 【연합구조】 큰 섬(岛)과 작은 섬(屿). ⊙
岛(도): 섬, 큰 섬

玉 | 구슬 옥 [yù] 옥, 구슬, 소중하다

玉米 [yùmǐ] 옥수수, 강냉이 【수식구조】 구슬(玉) 같은 쌀(米). ⊙
米(미): 쌀

与 與 | 더불 여 [yù] 참여하다 [yǔ] 주다, 더불다, …와

参与 [cānyù] 참여하다, 참가하다 【연합구조】 두 글자 모두 '참여
하다'는 뜻이다. ⊙ 参(참): 참여하다, 헤아리다, 살피다

域 | 지경 역 [yù] 지경, 구역, 국토

领域 [lǐngyù] 영역 【수식구조】 다스리는(领) 구역(域). ⊙ 领(령):
[lǐng] 거느리다, 다스리다, 받다, 깨닫다

寓 | 머무를 우 [yù] 머무르다, 묵다, 빗대다, 거처, 집

公寓 [gōngyù] 아파트, 공동주택 【수식구조】 공동의(公) 거처(寓).
    ◉ 公(공): 모두의, 공동의, 공공의

豫 | 머뭇거릴 예 [yù] 머뭇거리다, 망설이다, 미리

犹豫 [yóuyù] 머뭇거리다, 주저하다, 망설이다 【연합구조】 두 글
자 모두 '머뭇거리다'는 뜻이다. ◉ 犹(유): 머뭇거리다, 오
히려, …와 같다

源 | 근원 원 [yuán] 근원, 기원

能源 [néngyuán] 에너지원(energy源) 【수식구조】 에너지(能)의 근
원(源). ◉ 能(능): 할 수 있다, 재능, 능력, 에너지
资源 [zīyuán] 자원 【수식구조】 재물(资)의 근원(源). ◉ 资(자):
재물, 자금, 밑천, 바탕

圆 圓 | 둥글 원 [yuán] 둥글다, 원만하다, 동그라미, 화폐
단위

怨 | 원망할 원 [yuàn] 원망(하다), 미워하다

抱怨 [bàoyuàn] 원망하다 【술목구조】 원망함(怨)을 품다(抱). ◉
抱(포): 품다, 안다

跃 躍 | 뛸 약 [yuè] 뛰다, 뛰어오르다

活跃 [huóyuè] 활기차다, 활약하다, 활동적이다 【연합구조】 생기
가 있고(活) 뛰어오르다(跃). ◉ 活(활): 살다, 생기가 있다,
활발하다

勻 | 고를 균, 나눌 윤 [yún] 고르다(균), 나누다(윤), 소리(운)

均勻 [jūnyún] 고르다, 균등하다, 균일하다 【연합구조】 두 글자 모두 '고르다'는 뜻이다. ⊙ 均(균): 고르다, 평평하다, 균등하다

暈 暈 | 해무리 훈, 어지러운 운 [yūn] 어지럽다, 어질어질하다, 해/달무리(훈)

孕 | 아이밸 잉 [yùn] 아이를 배다, 임신하다

怀孕 [huáiyùn] 임신하다 【술목구조】 아이를 배어(孕) 품다(怀). ⊙ 怀(회): 품다, 생각하다

灾 災 | 재앙 재 [zāi] 재앙

灾害 [zāihài] 재해, 재난 【연합구조】 자연 재앙(灾)과 사람이나 짐승으로 인한 피해(害). ⊙ 害(해): 해롭다, 손해, 피해

载 載 | 실을 재 [zài] 싣다 / [zǎi] 해, 년(年)

下载 [xiàzài] 다운로드하다 【연합구조】 내려(下) 싣다(载). ⊙ 下(하): 아래, 내리다

赞 贊 | 도울 찬 [zàn] 돕다, 밝히다, 기리다

赞成 [zànchéng] 찬성하다 【연합구조】 도와서(赞) 이루다(成). ⊙ 成(성): 이루다, 되다

赞美 [zànměi] 찬미하다, 찬양하다 【연합구조】 기리고(赞) 꾸미다(美). 두 글자 모두 '기리다'는 뜻이다. ⊙ 美(미): 아름답다, 좋다, 기리다

称赞 [chēngzàn] 칭찬하다 【연합구조】 일컫고(称) 기리다(赞), 称(칭): 일컫다, 부르다

糟 | 지게미 조 [zāo] 지게미, 찌꺼기, 썩다, 상하다

糟糕 [zāogāo] 망치다, 재수 없다, 제기랄 【수식구조】 술지게미 (糟) 떡(糕), 재미 없는 상태 ◉ 糕(고): 떡, 가루떡

造 | 지을 조 [zào] 짓다, 만들다, 이루다

造成 [zàochéng] 조성하다 【연합구조】 만들어(造) 이루다(成). ◉ 成(성): 이루다, 되다, 익다

制造 [zhìzào] 제조하다, 만들다 【연합구조】 짓고(制) 만들다(造). ◉ 制(제): 짓다, 만들다, 바로잡다, 절제하다, 금하다, 법제

皂 | 하인 조 [zào] 비누, 하인, 검정

肥皂 [féizào] 빨래비누 【수식구조】 투박한(肥) 비누(皂). ◉ 肥 (비): 살찌다, 기름지다, 두텁다, 투박하다, 거름, 지방, 살

燥 | 마를 조 [zào] 마르다, 말리다, 애태우다

干燥 [gānzào] 건조하다 【연합구조】 두 글자 모두 '마르다'는 뜻 이다. 干(간/건)은 원래 '방패 간(干)'이나, 여기에서는 '마 르다(乾건)'의 간체자이다. ◉ 干(간/건): 방패, 하다, 줄기, 마르다(건)

炸 | 터질 작, 튀길 찰 [zhá] 터지다(작), 폭발하다(작), 튀기다(찰), 튀김(찰)

油炸 [yóuzhá] 기름에 튀기다 【수식구조】 기름으로(油) 튀기다 (炸). ◉ 油(유): 기름

摘 | 딸 적 [zhāi] 따다, 꺾다, 뜯다

窄 | 좁을 착 [zhǎi] 좁다, 비좁다, 협소하다

粘 黏 | 차질 점, 차질 념 [zhān] 붙(이)다, 끈끈하다 / [nián] 차지다, 끈적끈적하다

粘贴 [zhāntiē] 붙이다, 바르다 【연합구조】 두 글자 모두 '붙이다, 붙다'는 뜻이다. ◉ 贴(첩): 붙(이)다, 보태주다, 도와주다, 보조금

战 戰 | 싸움 전 [zhàn] 싸움, 전쟁, 시합, 싸우다, 두려워 떨다

战争 [zhànzhēng] 전쟁 【연합구조】 싸우고(战) 다투다(争). ◉ 争(쟁): 다투다, 경쟁하다
挑战 [tiǎozhàn] 도전(하다) 【술목구조】 싸움(战)을 돋우다/걸다 (挑). ◉ 挑(도): 돋우다, 쳐들다, 후비다 / [tiāo] 고르다, 가려내다

涨 漲 | 넘칠 창 [zhǎng] 넘치다, 물이 붇다, (값이) 오르다

掌 | 손바닥 장 [zhǎng] 손바닥, 맡다, 주관하다, 바로 잡다

掌握 [zhǎngwò] 장악하다, 지배하다 【수식구조】 손바닥으로(掌) 잡다(握). ◉ 握(악): 잡다, 쥐다
鼓掌 [gǔzhǎng] 손뼉을 치다, 박수치다 【술목구조】 손바닥(掌)을 치다(鼓). ◉ 鼓(고): 북, (북을) 치다

账 賬 | 장부 장 [zhàng] 공책, 장부

账户 [zhànghù] 계정, 계좌, 구좌, 수입 지출의 명세 【수식구조】 장부(账)의 문(户). ◉ 户(호): 문, 집, 세대
结账 [jiézhàng] 계산하다, 결산하다 【술목구조】 장부(账)를 매듭 짓다(结). ◉ 结(결): 맺다, 묶다, 다지다

召 | 부를 소 [zhào] 부르다, 불러들이다, 알리다

召开 [zhàokāi] (회의를) 열다, 개최하다, 소집하다 【연합구조】 불러서(召) 열다(开). ◉ 开(개): 열다, 시작하다

哲 | 밝을 철 [zhé] (사리에) 밝다, 밝히다

哲学 [zhéxué] 철학 【수식구조】 (사리를) 밝히는(哲) 학문(学). ◉ 学(학): 배우다, 학문

珍 | 보배 진 [zhēn] 보배, 진귀하다, 진귀하게 여기다

珍惜 [zhēnxī] 아끼다, 소중하게 여기다 【수식구조】 보배처럼(珍) 아끼다(惜). ◉ 惜(석): 아끼다, 아쉬워하다, 가엾게 생각하다

诊 诊 | 진찰할 진 [zhěn] 진찰하다, 맥보다

诊断 [zhěnduàn] 진단하다 【연합구조】 진찰하여(诊) 판단하다 (断). ◉ 断(단): 끊다, 결단하다, 나누다
急诊 [jízhěn] 응급 진료, 급진 【수식구조】 긴급하게(急) 진찰하다 (诊). ◉ 急(급): 급하다, 빠르다, 갑자기

振 | 떨칠 진 [zhèn] 떨치다, 떨다, 떨쳐 일어나다

振动 [zhèndòng] 진동하다 【연합구조】 떨고(振) 움직이다(动). ◉ 动(동): 움직이다, 옮기다, 흔들리다, 일하다

震 | 우레 진 [zhèn] 우레, 천둥, 벼락, 지진, 흔들리다, 진동하다

地震 [dìzhèn] 지진 【주술구조】 땅(地)이 진동하다(震). ◉ 地(지): 땅

阵 阵 | 진칠 진 [zhèn] 진을 치다, 진, 무리, 전투, 한바탕

睁 睜 │ 눈동자 정 [zhēng] 눈동자, (눈을) 부릅뜨다

征 徵 │ 칠 정 / 부를 징 [zhēng] 치다(정), 정벌하다(정), 부르다(징), 거두다(징), 밝히다(징), 이루다(징), 조 짐(징), 현상(징), 징험(징)

征求 [zhēngqiú] 널리 구하다, 탐문하여 구하다 【연합구조】 불러 (征) 구하다(求). ◉ 求(구): 구하다, 빌다
特征 [tèzhēng] 특징 【수식구조】 특별한(特) 징후(征)나 표시(征). ◉ 特(특): 특별하다, 뛰어나다
象征 [xiàngzhēng] 상징(하다) 【연합구조】 형상(象)과 징후(征). ◉ 象(상): 코끼리, 형상, 조짐, 본뜨다

政 │ 정치할 정 [zhèng] 나라를 다스리다, 바르게 하다

政治 [zhèngzhì] 정치 【연합구조】 나라를 바르게 하고(政) 잘 다 스리다(治). ◉ 治(치): 다스리다, 고치다, 익히다

挣 掙 │ 다툴 쟁 [zhèng] 다투다, 애쓰다, 일하여 벌다

织 織 │ 짤 직 [zhī] 짜다, 방직하다

组织 [zǔzhī] 조직(하다), 결성(하다) 【연합구조】 두 글자 모두 '짜 다'는 뜻이다. ◉ 组(조): 짜다, 꿰매다, 줄

执 執 │ 잡을 집 [zhí] 잡다, 가지다, 맡아 다스리다, 처리 하다

执照 [zhízhào] 인가증, 허가증 【연합구조】 잡아주고(执) 보살펴 주는(照) 증서. ◉ 照(조): 비추다, 찍다, 보살피다, 빛, (정 부가 발급한) 증서

| 智 | 슬기 지 [zhì] 슬기, 슬기롭다

智慧 [zhìhuì] 지혜 【연합구조】 두 글자 모두 '슬기롭다'는 뜻이
　　　다. ◉ 慧(혜): 슬기롭다, 사리에 밝다

| 秩 | 차례 질 [zhì] 차례, 순서, 매기다, 가지런하다

秩序 [zhìxù] 질서 【연합구조】 두 글자 모두 '차례, 순서'라는 뜻
　　　이다. ◉ 序(서): 차례, 첫머리, 머리말

| 制 製 | 절제할 제 / 지을 제 [zhì] 절제하다, 제지하다,
　　　　　법도(制) / 짓다, 만들다(製)

制定 [zhìdìng] 제정하다, 작성하다, 확정하다 【연합구조】 지어서
　　　(制) 정하다(定). ◉ 定(정): 정하다, 결정하다, 안정되다
制度 [zhìdù] 제도 【연합구조】 두 글자 모두 '법도'라는 뜻이다.
　　　◉ 度(도): 법도, 법제, 정도, 도수, 헤아리다
制造 [zhìzào] 제조하다, 만들다 【연합구조】 짓고(制) 만들다(造).
　　　◉ 造(조): 짓다, 만들다, 이루다
制作 [zhìzuò] 제작하다, 만들다 【연합구조】 두 글자 모두 '짓다,
　　　만들다'는 뜻이다. ◉ 作(작): 짓다, 만들다, 하다
控制 [kòngzhì] 제어하다, 규제하다 【연합구조】 당기고(控) 억제하
　　　다(制). ◉ 控(공): 당기다, 두드리다, 고발하다
限制 [xiànzhì] 제한하다, 한정하다 【연합구조】 한정하고(限) 제지
　　　하다(制). ◉ 限(한): 한하다, 한정하다, 끝

| 置 置 | 둘 치 [zhì] 두다, 배치하다, 세우다, 마련하다

位置 [wèizhi] 위치 【연합구조】 자리 잡고(位) 서있는(置) 곳. ◉
　　　位(위): 자리, 곳, 지위, 자리 잡다, 서있다

| 治 | 다스릴 치 [zhì] 다스리다, 고치다, 익히다

Z

政治 [zhèngzhì] 정치 【연합구조】 나라를 바르게 하고(政) 잘 다스리다(治). ◉ 政(정): 나라를 다스리다, 바르게 하다

| 致 | 이룰 치 [zhì] 이루다, 이르다, 다하다, **빽빽하다**, 정취 |

导致 [dǎozhì] 초래하다, 야기하다, 가져오다 【연합구조】 이끌어(导) 이루다(致). ◉ 导(도): 이끌다

一致 [yízhì] 일치하다 【수식구조】 하나(一)로 이르다(致). ◉ 一(일): 하나

| 骤 驟 | 달릴 취 [zhòu] 달리다, 빠르다, 몰아가다, 갑자기 |

步骤 [bùzhòu] (일이 진행되는) 순서, 절차, 단계 【수식구조】 발걸음(步)처럼 나아가다(骤). 한걸음씩 단계적으로. ◉ 步(보): 걸음, 걷다

| 猪 豬 | 돼지 저 [zhū] 돼지 |

| 竹 | 대나무 죽 [zhú] 대, 대나무 |

竹子 [zhúzi] 대나무 【부가구조】 子(자)는 명사접미어로서 덧붙은 글자이다. 개체의 독립성을 나타낸다. ◉ 子(자): 아들, 자식, 명사접미어

| 逐 | 쫓을 축 [zhú] 쫓다, 따라가다 |

逐步 [zhúbù] 한 걸음 한 걸음, 점차 【술목구조】 걸음(步)을 따라가다(逐). ◉ 步(보): 걸음, 걷다

| 煮 煮 | 삶을 자 [zhǔ] 삶다, 끓이다, 익히다 |

| 筑 築 | 쌓을 축 [zhù] 쌓다, 짓다, 건축물, 악기이름 |

建筑 [jiànzhù] 건축하다, 건축(물) 【연합구조】 세우고(建) 쌓다 (筑). ◉ 建(건): 세우다, 일으키다

抓 | 긁을 조 [zhuā] (손발톱으로) 긁다, 집다, 움켜쥐다

抓紧 [zhuājǐn] 꽉 쥐다, 단단히 잡다 【술보구조】 단단하게(紧) 움켜쥐다(抓). ◉ 紧(긴): 팽팽하다, 단단하다, 굵게 얽다

转 轉 | 구를 전 [zhuǎn] 바꾸다, 전환하다 [※ '转'은 多音字로서 'zhuǎn'(전환하다), 'zhuàn'(돌다, 구르다)으로 발음된다.]

转变 [zhuǎnbiàn] 전환하다, 바꾸다, 바뀌다 【연합구조】 굴러서 (转) 변하다(变). ◉ 变(변): 변하다, 바뀌다
转告 [zhuǎngào] 전언하다, 전(달)하다 【연합구조】 돌려서(转) 알리다(告). ◉ 告(고): 알리다, 통지하다

装 裝 | 꾸밀 장 [zhuāng] 꾸미다, 넣다, 묶다, 싸다, 신다

装修 [zhuāngxiū] (집 따위의) 내장공사를 하다 【연합구조】 꾸미고(装) 고치다(修). ◉ 修(수): 닦다, 익히다, 꾸미다, 고치다
安装 [ānzhuāng] 설치하다, 장착하다 【수식구조】 안전하게(安) 신다(装). ◉ 安(안): 편안하다
假装 [jiǎzhuāng] 가장하다, …체하다 【수식구조】 거짓으로(假) 꾸미다(装). ◉ 假(가): 거짓, 임시, 틈, 가령

撞 | 칠 당 [zhuàng] 치다, 부딪치다

状 狀 | 형상 상, 문서 장 [zhuàng] 형상, 모양, 용모, 상태, 문서(장)

状况 [zhuàngkuàng] 상황, 형편 【연합구조】 형상(状)과 정황(况). ◉ 况(황): 정황, 형편, 하물며

状态 [zhuàngtài] 상태 【연합구조】 형상(状)과 모습(态). ◉ 态
(태): 모습, 모양, 몸가짐, 생김새

形状 [xíngzhuàng] 형상, 생김새, 겉모습 【연합구조】 모양(形)과
상태(状). ◉ 形(형): 모양, 형상, 나타내다

| 追 | 쫓을 추 [zhuī] 뒤쫓다, 따라가다, 거슬러가다 |

追求 [zhuīqiú] 추구하다, 탐구하다 【연합구조】 쫓아가서(追) 구하
다(求). ◉ 求(구): 구하다, 빌다, 모으다

| 咨 | 물을 자 [zī] 묻다, 상의하다 |

咨询 [zīxún] 의견을 구하다, 자문하다 【연합구조】 상의하고(咨)
묻다(询). ◉ 询(순): 묻다, 꾀하다

| 姿 | 모양 자 [zī] 모양, 맵시, 생김새, 내맡기다 |

姿势 [zīshì] 자세, 모양 【연합구조】 맵시(姿)와 기세(势). ◉ 势
(세): 기운, 기세, 힘, 기운차다

| 紫 | 자줏빛 자 [zǐ] 자줏빛, 자색의 |

| 综 综 | 모을 종 [zōng] 모으다, 짜다, 잉아(베틀의 굵은 실) |

综合 [zōnghé] 종합하다 【연합구조】 모아서(综) 합치다(合). ◉ 合
(합): 합하다, 모으다, 맞다

| 阻 | 막힐 조 [zǔ] 막다, 막히다 |

阻止 [zǔzhǐ] 가로막다, 저지하다 【연합구조】 막고(阻) 그치다(止).
◉ 止(지): 그치다, 그만두다, 멈추다, 머무르다

| 组 组 | 짤 조 [zǔ] 짜다, 꿰매다, 줄 |

组成 [zǔchéng] 조성하다, 구성하다, 조직하다 【연합구조】 짜서 (组) 이루다(成). ◉ 成(성): 이루다, 되다

组合 [zǔhé] 조합하다, 짜맞추다 【연합구조】 짜서(组) 맞추다(合). ◉ 合(합): 합하다, 모으다, 맞추다, 맞다

组织 [zǔzhī] 조직(하다), 결성(하다) 【연합구조】 두 글자 모두 '짜다'는 뜻이다. ◉ 织(직): 짜다, 방직하다

| 醉 | 취할 취 [zuì] (술 등에) 취하다 |

| 遵 | 좇을 준 [zūn] 좇다, 따르다, 지키다 |

遵守 [zūnshǒu] 준수하다, 지키다, 따르다 【연합구조】 따르고(遵) 지키다(守). ◉ 守(수): 지키다, 머무르다

1-4급 신출한자로 이루어진 5급 단어_520개

爱 愛 ┃ 사랑 애 [ài] 사랑하다, 아끼다, 즐겨하다 1급신출자

爱护 [àihù] 소중히 하다, 잘 보살피다 【연합구조】 사랑하고(爱)
보호하다(护). ◉ 护(호): 지키다

爱惜 [àixī] 아끼다, 소중히 여기다 【연합구조】 좋아하고(爱) 아끼
다(惜). ◉ 惜(석): 아끼다, 가엾게 여기다

爱心 [àixīn] 관심과 사랑 【수식구조】 사랑하는(愛) 마음(心). ◉
心(심): 마음

办 辦 ┃ 힘쓸 판 [bàn] 힘쓰다, (일)하다, 처리하다, 운영하
다 3급신출자

办理 [bànlǐ] 처리하다, 해결하다, (수속을) 밟다 【연합구조】 처리
하여(办) 정리하다(理). ◉ 理(리): 다스리다, 정리하다

保 ┃ 지킬 보 [bǎo] 지키다, 보존하다 4급신출자

保持 [bǎochí] 유지하다, 지키다 【연합구조】 잘 지키고(保) 지니다
(持). ◉ 持(지): 가지다, 지니다

保存 [bǎocún] 보존하다, 간직하다 【연합구조】 잘 지켜(保) 있게
하다(存). ◉ 存(존): 있다, 존재하다

保留 [bǎoliú] 보류하다, 유보하다 【연합구조】 지켜서(保) 남게 하
다(留). ◉ 留(류): 머무르다, 남다

保险 [bǎoxiǎn] 보험 【술목구조】 위험한(险) 상황을 지키다(保).
◉ 险(험): 험하다, 위험하다

报 報 | 알릴 보 [bào] 알리다, 신문 2급신출자

报到 [bàodào] 도착 보고를 하다, 도착 등록을 하다 【술목구조】 도착(到)을 알리다(报). ⊙ 到(도): 이르다, 도착하다, …로, …까지

报道 [bàodào] (뉴스 따위의) 보도 【연합구조】 알려(报) 말하다 (道). ⊙ 道(도): 말하다, 길

报告 [bàogào] 보고, 보고서, 과제, 리포트 【연합구조】 두 글자 모두 '알리다'는 뜻이다. ⊙ 告(고): 알리다, 아뢰다, 깨우쳐 주다

报社 [bàoshè] 신문사 【수식구조】 신문(报) 회사(社). ⊙ 社(사): 단체, 모임, 모이다, 토지신

被 | 입을 피 [bèi] 덮다, 이불, …에 의해, 당하다
3급신출자

被子 [bèizi] 이불 【부가구조】 '被'는 '덮개, 덮는 것'이라는 뜻이다. 子(자)는 명사접미어로서 덧붙은 글자이다. 개체의 독립성을 나타낸다. ⊙ 子(자): 자식, 아들, 명사접미어

本 | 근본 본 [běn] 근본, 본래, 책, 공책, 권(단위사)
1급신출자

本科 [běnkē] (대학교의) 학부(과정), 4년제 대학과정 [※ 전문대학(专科), 대학원(研究所)] 【수식구조】 본과(本) 과정(科). [※ 본과: 대학의 학부과정(4년제).] ⊙ 科(과): 갈래, 과목, 과정

本质 [běnzhì] 본질 【수식구조】 근본(本) 바탕(质). ⊙ 质(질): 바탕, 품질, 품성

比 | 견줄 비 [bǐ] 견주다, 비교하다 2급신출자

比例 [bǐlì] 비율, 비례, 비중 【수식구조】 비교되는(比) 보기(例). ⊙

例(례): 예, 보기, 본보기

毕 畢 | 마칠 **필** [bì] 마치다, 끝내다 4급신출자

毕竟 [bìjìng] 결국, 끝내, 드디어【연합구조】두 글자 모두 '마치다, 끝내다'는 뜻이다. ◉ 竟(경): 마침내, 끝, 지경

必 | 반드시 **필** [bì] 반드시, 꼭, 분명히 3급신출자

必然 [bìrán] 반드시, 필연적이다【부가구조】반드시(必)인 상태(然). ◉ 然(연): 그렇다, 부사/형용사 접미어(앞 말의 상태를 나타낸다)

必要 [bìyào] 필요로 하다【수식구조】반드시(必) 요구되다(要). ◉ 要(요): 구하다, 요구하다

标 標 | 우듬지 **표** [biāo] 나무 끝, 표지, 기호 ※우듬지: 나무의 꼭대기 줄기 4급신출자

标点 [biāodiǎn] 구두점(句讀點)【수식구조】표시(标)하는 점(点). ◉ 点(점): 점, 점찍다

标志 [biāozhì] 표지, 마크, 명시(하다)【수식구조】표시하는(标) 기록(志). ◉ 志(지): 뜻, 마음. 여기에서는 '誌'(지)의 간화자로, '기록하다, 기록물'의 뜻으로 사용됨.

表 | 겉 **표** [biǎo] 겉, 표, 드러내다, 계기(錶), 시계(錶) 4급신출자

表面 [biǎomiàn] 표면, 겉, 외관【수식구조】겉(表) 면(面). ◉ 面(면): 면, 쪽, 얼굴, 밀가루

表明 [biǎomíng] 분명하게 밝히다, 표명하다【연합구조】나타내어(表) 밝히다(明). ◉ 明(명): 밝다, 밝히다

表情 [biǎoqíng] 표정【수식구조】겉으로 드러나는(表) 뜻(情). ◉ 情(정): 뜻, 감정, 정취

表现 [biǎoxiàn] 태도, 행동, 품행 【수식구조】 겉(表)으로 나타나다(现). ◉ 现(현): 나타나다, 드러나다

播 | 뿌릴 파 [bō] 뿌리다, 퍼뜨리다, 전파하다 4급신출자

播放 [bōfàng] 방송하다 【연합구조】 퍼뜨려(播) 놓다(放), 퍼뜨리다. ◉ 放(방): 놓다, 내놓다, 발하다

博 | 넓을 박 [bó] 넓다, 박식하다 4급신출자

博物馆 [bówùguǎn] 박물관 【수식구조】 널리(博) 구한 사물(物)을 진열해놓은 큰집(馆). ◉ 博物(박물): 여러 사물. 物(물): 사물, 물건. 馆(관): 큰집, 객사, 관사

不 | 아닐 불 [bù] 안, 아니(부정(否定)을 나타냄)
1급신출자

不安 [bù'ān] 불안하다, 편안하지 않다 【수식구조】 안(不) 편안하다(安). ◉ 安(안): 편안하다, 안정되다

不得了 [bùdéliǎo] 어쩔 수가 없다, 매우 심하다 【수식구조】 마칠(了) 수(得)가 없다(不). ◉ 不得(부득): 할 수가 없다. 得(득): 얻다, 할 수 있다. 了(료): 마치다, 끝내다

不断 [búduàn] 끊임없다, 늘 【수식구조】 끊이지(断) 않다(不). ◉ 断(단): 끊다, 자르다

不见得 [bújiànde] 반드시 …라고는 할 수 없다, …한 것은 아니다 【수식구조】 …로 보이지(见得) 않는다(不). ◉ 见得(견득): 보이다 见(견): 보다. 得(득): 얻다, 할 수 있다. 조사(동사나 형용사 뒤에 덧붙어 정도나 상태를 나타냄)

不耐烦 [búnàifán] 못 참다, 견디지 못하다 【수식구조】 번거로움(烦)을 참지(耐) 못하다(不). ◉ 耐烦(내번): 괴로움을 참다. 耐(내): 참다, 인내하다. 烦(번): 괴롭다, 번거롭다, 귀찮다

不然 [bùrán] 그렇지 않으면, 아니면 【수식구조】 그렇지(然) 않으

면(不). ◉ 然(연): 그러하다, 그렇다

不如 [bùrú] …만 못하다 【수식구조】 …와 같지(如) 않다(不). ◉
如(여): 같다

不要紧 [bùyàojǐn] 괜찮다, 문제 될 것이 없다 【수식구조】 긴장
(紧)할 필요(要)가 없다(不). ◉ 要紧(요긴): 긴박함(紧)을 요
하다(要). 要(요): 구하다, 요구하다, 필요하다. 紧(긴): 팽팽
하다, 굳다, 단단하다, 긴박하다

不足 [bùzú] 부족하다, 모자라다, 충분하지 않다 【수식구조】 충분
하지(足) 않다(不). ◉ 足(족): 넉넉하다, 충분하다

部 │ 떼 부 [bù] 부분, 분류, 부서, 집단(떼) 4급신출자

部门 [bùmén] 부(部), 부문, 부서 【연합구조】 부(部)와 문(门), 갈
래. ◉ 门(문): 문, 입구, 분야

参 参 │ 참여할 참 [cān] 참여하다, 참고하다, 관계하다,
나란하다, 살피다 3급신출자

参考 [cānkǎo] 참고하다, 참조하다 【연합구조】 살펴서(参) 생각하
다(考). ◉ 考(고): 생각하다, 살펴보다, 시험하다

常 │ 떳떳할 상 [cháng] 항상, 보통, 일정하다 2급신출자

常识 [chángshí] 상식, 일반 지식 【수식구조】 일상적인(常) 지식
(识). ◉ 识(식): 알다, 깨닫다

超 │ 뛰어넘을 초 [chāo] 뛰어넘다, 초월하다 3급신출자

超级 [chāojí] 초(超), 최상급의, 슈퍼(super) 【수식구조】 뛰어난
(超) 등급(级). ◉ 级(급): 등급, 차례

成 │ 이룰 성 [chéng] 이루다, 자라다, 익다, 어른이
되다 3급신출자

成分 [chéngfèn] 성분, 요소 【수식구조】 이루는(成) 부분(分). ◉
分(분): 나누다, 몫, 부분

成果 [chéngguǒ] 성과, 결과 【수식구조】 이루어진(成) 결과(果).
◉ 果(과): 열매, 결과

成就 [chéngjiù] 성취, 성과, 업적, 【연합구조】 이루고(成) 나아가
다(就). 두 글자 모두 '이루다'는 뜻이다. ◉ 就(취): 나아가
다, 이루다, 바로

成立 [chénglì] 설립하다, 결성하다 【연합구조】 이루고(成) 세우다
(立). ◉ 立(립): 서다, 세우다

成人 [chéngrén] 성인, 어른 【수식구조】 다 자란(成) 사람(人). ◉
人(인): 사람

成熟 [chéngshú] 성숙하다 【연합구조】 자라고(成) 익다(熟). ◉ 熟
(숙): 익다, 여물다

成语 [chéngyǔ] 성어, 관용어 【수식구조】 이루어진(成) 말(语). ◉
语(어): 말

成长 [chéngzhǎng] 성장하다, 자라다 【연합구조】 두 글자 모두
'자라다'는 뜻이다. ◉ 长(장): 길다, 자라다, 어른

程 | 길 정 [chéng] 길, 과정, 법칙, 한도, 헤아리다
4급신출자

程度 [chéngdù] 정도 【수식구조】 과정(程)의 정도(度). ◉ 度(도):
정도, 도수, 법도

程序 [chéngxù] 순서, 절차 【수식구조】 과정(程)의 차례(序). ◉
序(서): 차례, 순서

持 | 가질 지 [chí] 잡다, 가지다, 견디다, 지키다
4급신출자

持续 [chíxù] 지속하다 【연합구조】 유지하고(持) 계속하다(续) ◉
续(속): 잇다, 계속하다

迟 遲 | 늦을 지 [chí] 늦다, 더디다 3급신출자

迟早 [chízǎo] 조만간, 머지않아 【연합구조】 늦거나(迟) 이르거나
(早). ◉ 早(조): 이르다, 일찍, 아침

重 | 무거울 중 [chóng] 거듭, 다시, 겹치다 / [zhòng]
무겁다, 중요하다 4급신출자

重复 [chóngfù] 중복하다, 되풀이하다, 다시 하다 【연합구조】 두
글자 모두 '반복하다'는 뜻이다. ◉ 复(복): 중복하다, 돌아가다

抽 | 뽑을 추 [chōu] 뽑다, 빼다 4급신출자

抽象 [chōuxiàng] 추상, 추상적이다 【술목구조】 표상(象)을 뽑아
내다(抽). ◉ 象(상): 코끼리, 본뜨다, 닮다, 꼴, 모양, 상징

出 | 날 출 [chū] 나다, 나가다, 내어놓다 1급신출자

出口 [chūkǒu] 출구, 수출(하다), 말을 꺼내다 【수식구조】 나가는
(出) 입구(口), 출구 / 【술목구조】 항구(口)를 떠나다(出), 수
출(하다) / 【술목구조】 입에서(口) 꺼내다(出), 말을 꺼내다.
◉ 口(구): 입, 입구, 길목, 항구

出色 [chūsè] 특별히 좋다, 대단히 뛰어나다 【술목구조】 색깔(色)
을 나타내다(出). ◉ 色(색): 빛깔, 색

出示 [chūshì] 제시하다, 내보이다 【연합구조】 내어(出) 보이다
(示). ◉ 示(시): 보이다

除 | 덜 제 [chú] 덜어내다, 없애다, 빼다, 제외하다
3급신출자

除非 [chúfēi] …제외하고, 오직 …만/해야만 【연합구조】 제외하고
(除) 아니면(非)=제외하고(除了). …아님(非)을 제외하면(除)=
오직(只有). ◉ 非(비): 아니다, 그르다, 등지다, 어긋나다. 비-

传 傳 | 전할 전 [chuán] 전하다, 보내다 _{4급신출자}

传播 [chuánbō] 전파하다, 널리 퍼뜨리다 【연합구조】 전하고(传) 퍼뜨리다(播). ◉ 播(파): 뿌리다, 퍼뜨리다

传染 [chuánrǎn] 전염하다, 옮기다 【연합구조】 전하여(传) 옮기다 (染). ◉ 染(염): 물들다, 옮다, 더럽히다

传说 [chuánshuō] 전설 【수식구조】 전해오는(传) 이야기(说). ◉ 说(설): 말하다, 말, 이야기

此 | 이 차 [cǐ] 이, 이것 _{4급신출자}

此外 [cǐwài] 이 외에, 이 밖에 【수식구조】 이(此) 외에(外). ◉ 外 (외): 밖

次 | 차례 차 [cì] 차례, 번, 버금가다(두번째의) _{2급신출자}

次要 [cìyào] 부차적인, 이차적인 【수식구조】 다음으로(次) 중요한 (要), 要(요): 중요하다, 요구되다

从 從 | 따를 종 [cóng] 따르다, 좇다, (시간이나 장소의) …로부터 _{2급신출자}

从此 [cóngcǐ] 이로부터, 이제부터 【술목구조】 이(此)로 부터. ◉ 此(차): 이, 이것, 이곳

从而 [cóng'ér] 따라서, 그리하여 【연합구조】 따라서(从) 그리고 (而). ◉ 而(이): 그리고, 그러나

从前 [cóngqián] 이전, 종전, 옛날 【술목구조】 앞(前)으로 부터 (从). ◉ 前(전): 앞

从事 [cóngshì] 종사하다, 몸담다 【연합구조】 좇아/참여하여(从) 일하다(事) ◉ 事(사): 일, 일하다

存 | 있을 존 [cún] 있다, 존재하다, 맡기다 _{4급신출자}

存在 [cúnzài] 존재하다 【연합구조】 두 글자 모두 '있다'는 뜻이다. ⊙ 在(재): …에 있다

打 │ 때릴 타 [dǎ] 치다, 때리다, 하다 1급신출자

打工 [dǎgōng] 일하다, 아르바이트하다 【술목구조】 일/작업(工)을 하다(打). 여기에서 '工'은 '工作'(일)을 의미한다. ⊙ 工(공): 장인, 기술

打交道 [dǎjiāodao] 교제하다, 사귀다 【술목구조】 오가는(交) 길(道)을 터다(打). 交道(교도): 교제, 사귐. ⊙ 交(교): 오가다, 사귀다. 道(도): 길, 도리, 방법

打听 [dǎting] 물어보다, 알아보다 【술목구조】 듣기(听)를 하다(打). ⊙ 听(청): 듣다

大 │ 큰 대 [dà] 크다, 넓다, 많다, 세다 1급신출자

大方 [dàfang] (언행이) 시원시원하다, 거침없다, 대범하다 【연합구조】 크고(大) 바르다(方). ⊙ 方(방): 네모지다, 바르다, 방향, 방법

大象 [dàxiàng] 코끼리 【부가구조】 '大'는 접두어로 사용되어 '크다'는 이미지를 나타낸다. 쌍음절 단어를 만들기 위해 덧붙인 글자에 불과하다. ⊙ 象(상): 코끼리, 닮다, 모습

单 單 │ 홑 단 [dān] 홑, 단독의, 단순하다, 표 3급신출자

单调 [dāndiào] 단조롭다 【수식구조】 단순한(单) 가락(调). ⊙ 调(조): 고르다, 어울리다, 조사하다, 가락, 리듬

单位 [dānwèi] 직장, 기관, 부서 【수식구조】 개별적인(单) 자리(位). ⊙ 位(위): 자리, 위치, 분

单元 [dānyuán] (교재 따위의) 단원 【수식구조】 하나하나(单)의 으뜸/시초(元). ⊙ 元(원): 으뜸, 시초, 임금, 첫째

担 擔 | 떨칠 단 / 멜 담 [dān,dàn] 메다, 맡다 3급신출자

担任 [dānrèn] 맡다, 담임하다, 담당하다 【연합구조】 메고(担) 맡다(任). ◉ 任(임): 맡다, 맡기다

当 當 | 마땅할 당 [dāng] 마땅하다, 당연하다, 맡다, 당하다, 대하다 3급신출자

当地 [dāngdì] 현지, 현장, 그 곳 【수식구조】 대하고(当) 있는 곳(地). ◉ 地(지): 땅

当心 [dāngxīn] 조심하다, 주의하다 【술목구조】 마음(心)을 마땅하게 하다(当). ◉ 心(심): 마음

导 導 | 이끌 도 [dǎo] 이끌다, 지도하다 4급신출자

导演 [dǎoyǎn] 연출자, 감독 【술목구조】 펼침/연기(演)를 이끌다(导). ◉ 演(연): 펼치다, 늘이다, 넓히다

道 | 길 도 [dào] 길, 도리, 방법, 이치, 말하다 2급신출자

道理 [dàolǐ] 도리, 이치, 일리 【연합구조】 길(道)과 이치(理). ◉ 理(리): 다스리다, 이치

登 | 오를 등 [dēng] 오르다, 올리다, 기재하다 4급신출자

登记 [dēngjì] 등기하다, 등록하다, 기재하다 【연합구조】 올려(登) 기록하다(记). ◉ 记(기): 기록(하다), 적다, 기억하다

等 | 같을 등 [děng] 같다, 기다리다, 무리, 등급, 등등 2급신출자

等于 [děngyú] …와 같다 【술보구조】 …와(于) 같다(等). ◉ 于(우): …와/에/에서/보다

地 │ 땅 지 [dì] 땅, 곳, 지역, 자리 _{3급신출자}

地道 [dìdao] 진정한, 진짜의, 정통의 【연합구조】 대지(地)의 특징
과 만물의 도(道)로 이루어진. 진정한. ◉ 道(도): 길, 도,
도리, 이치, 방법

地理 [dìlǐ] 지리 【수식구조】 땅(地)의 이치(理). ◉ 理(리): 다스리
다, 이치

地区 [dìqū] 지역, 지구 【수식구조】 지상(地)의 구역(区). ◉ 区
(구): 나누다, 구분하다, 구역, 지경

地位 [dìwèi] (사회적) 지위, 위치 【수식구조】 자리(地)의 위치(位).
◉ 位(위): 위치, 자리, 곳, 방위

点 點 │ 점 점 [diǎn] 점, 점찍다, 조금, 시(時) _{1급신출자}

点心 [diǎnxin] 간식 【술목구조】 (허기진) 마음(心)에 점을 찍듯
(点) 먹을 것을 채우다. 또는 그 먹거리, (떡·과자·빵·케이
크 등과 같은) 간식. [※ 우리말 '점심'의 어원이다.] ◉ 心
(심): 마음

电 電 │ 전기 전 [diàn] 전기 _{1급신출자}

电台 [diàntái] 라디오 방송국 【수식구조】 전파(电)를 내보내는 기
지(台). ◉ 台(대): 돈대, 무대, 받침대, 카운터, 기지

动 動 │ 움직일 동 [dòng] 움직이다 _{2급신출자}

动画片 [dònghuàpiān] 만화 영화 【수식구조】 애니메이션(动画)
필름(片). 动画(동화): 움직이는(动) 그림(画), 애니메이션.
◉ 画(화): 그림. 片(편): 조각, 판자, 필름

度 │ 법도 도 [dù] 정도, 도수, 법도, 기질자태, 건너다,
나르다 _{4급신출자}

度过 [dùguò] (시간을) 보내다, 지내다 【술보구조】 보내어(度) 지나가다(过). ◉ 过(과): 지나가다

对 對 | 마주할 대 [duì] 맞다, 마주보다 1급신출자

对比 [duìbǐ] 대비하다, 대조하다 【연합구조】 맞대고(对) 비교하다(比). ◉ 比(비): 비교하다, 나란히 하다

对方 [duìfāng] 상대방, 상대편 【수식구조】 맞은(对) 편(方). ◉ 方(방): 방향, 쪽, 측

对手 [duìshǒu] 상대, 적수 【수식구조】 마주하는(对) 사람(手). ◉ 手(수): 손, 재주, 방법, 사람

对象 [duìxiàng] (연애·결혼의) 상대, 애인, 짝 【수식구조】 상대되는/마주하는(对) 형상(象). 또는 그 사람. ◉ 象(상): 꼬끼리, 꼴, 형상, 본받다

耳 | 귀 이 [ěr] 귀 3급신출자

耳环 [ěrhuán] 귀걸이 【수식구조】 귀(耳)에 하는 고리(环). ◉ 环(환): 고리, 둘러싸다

发 發 | 필 발 [fā] 피다, 일어나다, 떠나다, 보내다, 떼다
3급신출자

发表 [fābiǎo] (신문·잡지 따위에) 글을 게재하다, 발표하다 【연합구조】 펴서(发) 드러내다(表). ◉ 表(표): 겉, 표, 드러내다

发明 [fāmíng] 발명하다 【연합구조】 일으켜(发) 밝히다(明). ◉ 明(명): 밝다, 밝히다

发票 [fāpiào] 영수증, 영수증을 발급하다 【술목구조】 표/전자영수증(票)을 발행하다(发). ◉ 票(표): 표, 영수증

发言 [fāyán] 발언하다, 의견을 발표하다 【술목구조】 말(言)을 하다(发). ◉ 言(언): 말

法 | 법 법 [fǎ] 법, 본보기 3급신출자

法院 [fǎyuàn] 법원 【수식구조】 법(法)을 다루는 집(院). ◉ 院(원): 집, 뜰, 관아

反 | 되돌릴 반 [fǎn] 뒤집다, 되돌리다, 거꾸로, 돌아가다, 상반저 4급신출자

反而 [fǎn'ér] 반대로, 도리어, 거꾸로 【연합구조】 거꾸로(反) 그리고(而). ◉ 而(이): 그리고, 그러나

反复 [fǎnfù] 반복하다, 되풀이하다, 거듭하다 【연합구조】 두 글자 모두 '돌아가다'는 뜻이다. ◉ 复(복): 돌아가다, 되돌리다, 되풀이하다

反应 [fǎnyìng] 반응 【수식구조】 되돌아가는(反) 응답(应). ◉ 应(응): 응하다, 상대하다

反正 [fǎnzhèng] 아무튼, 어쨌든, 여하튼 【연합구조】 뒤집히든(反) 바로이든(正), 틀리든(反) 맞든(正). ◉ 正(정): 바르다, 맞다

方 | 모 방 [fāng] 사각형, 곳, 쪽, 반듯하다 3급신출자

方案 [fāng'àn] 방안 【수식구조】 방법(方)에 관한 생각/계획(案). ◉ 案(안): 책상, 생각, 안건, 구상

方式 [fāngshì] 방식, 방법, 패턴(pattern) 【연합구조】 수단(方)과 법식(式). ◉ 方(방): 네모, 방향, 방법, 수단, 반듯하다

分 | 나눌 분 [fēn] 나누다, 떨어지다, 분(시간단위) 1급신출자

分别 [fēnbié] 헤어지다, 이별하다 【연합구조】 떨어지고(分) 달리하다(别). ◉ 别(별): 다르다, 달리하다, 나누다, 떠나다

分手 [fēnshǒu] 헤어지다, 이별하다 【술목구조】 손(手)을 나누다(分). ◉ 手(손): 손

风 風 | 바람 풍 [fēng] 바람, 모습, 기질, 풍습 3급신출자

风格 [fēnggé] 풍격, 태도, 성품 【수식구조】 모습(风)의 격조(格).
　　◉ 格(격): 격식, 격조, 법식, 틀, 이르다, 바르다

风景 [fēngjǐng] 풍경, 경치 【연합구조】 바람(风)과 햇볕(景). 곧
　　자연 상태를 구성하는 요소. ◉ 景(경): 볕, 경치

风险 [fēngxiǎn] 위험, 모험 【연합구조】 바람(风)과 험함(险). ◉
　　险(험): 험하다, 험준하다, 위태롭다

否 | 안 그럴 부 [fǒu] 그렇지 않다, 아니다 [='不+동사 /형용사'(…하지 않다)] 4급신출자

否定 [fǒudìng] (어떤 존재나 사실을) 부정(하다) 【수식구조】 그렇
　　지 않다는(否) 판정/결정(定). 반대어는 肯定(긍정). ◉ 定
　　(정): 정하다, 정해지다, 안정되다

否认 [fǒurèn] 부인하다, 부정하다 【수식구조】 그렇지 않다고(否)
　　인정함(认). ◉ 认(인): 알다, 인정하다, 허가하다

复 復 | 돌아올 복, 다시 부 [fù] 돌아오다, 반복하다, 복잡하다(복), 다시(부) 3급신출자

复制 [fùzhì] 복제하다 【수식구조】 반복하여(复) 만들다(制). ◉ 制
　　(제): 짓다, 만들다, 법제

服 | 옷 복 [fú] 옷, 따르다 1급신출자

服装 [fúzhuāng] 복장, 의류, 의복 【수식구조】 옷(服) 차림(装).
　　◉ 装(장): 차리다, 꾸미다, 묶다, 싣다, 싸다

改 | 고칠 개 [gǎi] 고치다, 바꾸다 4급신출자

改进 [gǎijìn] 개선하다, 개량하다 【술보구조】 고쳐(改) 나가다(进).
　　◉ 进(진): 나아가다

改正 [gǎizhèng] 개정하다, 시정하다 【술보구조】 고쳐서(改) 바르게 하다(正). ⊙ 正(정): 바르다, 맞다

感 | 느낄 감 [gǎn] 느끼다 3급신출자

感激 [gǎnjī] 감격하다 【술보구조】 느껴서(感) 감정이 솟구치다 (激). ⊙ 激(격): 세차다, 높아지다

感受 [gǎnshòu] (영향을) 감수하다, 받아들이다, 느끼다 【연합구조】 느끼고(感) 받아들이다(受). ⊙ 受(수): 받다, 거두다, 받아들이다, 누리다

感想 [gǎnxiǎng] 감상, 느낌, 소감 【연합구조】 느끼고(感) 생각하다(想). ⊙ 想(상): 생각하다

赶 | 쫓을 간 [gǎn] 뒤쫓다, 따라가다, 추적하다 4급신출자

赶紧 [gǎnjǐn] 긴박하게, 서둘러, 재빨리 【술보구조】 긴밀하게(紧) 뒤쫓다(赶). ⊙ 紧(긴): 긴하다, 팽팽하다, 급하다

赶快 [gǎnkuài] 재빨리, 황급히, 다급하게 【술보구조】 빠르게(快) 뒤쫓다(赶). ⊙ 快(쾌): 빠르다, 시원하다, 즐겁다

干 幹 | 방패 간 / 줄기 간 [gàn] 일하다, 담당하다, 줄기 / [gān] 마르다(乾건 3급 참조) 4급신출자

干活儿 [gàn huór] 일을 하다 【술목구조】 활동(活儿)을 하다(干). 活儿(활아): 삶, 활동, 움직임. 儿(아)는 명사/동사 뒤에 사용하는 접미어이다. 귀여움을 나타내거나 발음을 부드럽게 하는 작용을 한다. ⊙ 活(활): 살다, 움직이다

钢 鋼 | 강철 강 [gāng] 강철, 단단하다 4급신출자

钢铁 [gāngtiě] 강철 【수식구조】 단단한(钢) 쇠(铁). ⊙ 铁(철): 쇠

高 | 높을 고 [gāo] 높다, 높이다 1급신출자

高级 [gāojí] 고급 【수식구조】 높은(高) 등급(级). ⊙ 级(급): 등급, 위치, 차례

告 | 알릴 고 [gào] 알리다, 아뢰다 2급신출자

告别 [gàobié] 고별하다, 작별 인사를 하다 【술목구조】 작별(别)을 고하다(告). ⊙ 别(별): 떨어지다, 이별하다, 다르다

格 | 격식 격 [gé] 규격, 격식, 품격 4급신출자

格外 [géwài] 각별히, 유달리, 이외로 【수식구조】 격식(格) 밖(外)의. ⊙ 外(외): 밖, 바깥

个 個 | 낱 개 [gè] (단위)개, 명 1급신출자

个别 [gèbié] 개별적인, 개개의 【수식구조】 하나씩(个) 다르게 (别). ⊙ 别(별): 다르다, 떨어지다, 나누다

个人 [gèrén] 개인 ['集体(단체)'와 구별됨] 【수식구조】 하나의(个) 사람(人). ⊙ 人(인): 사람

个性 [gèxìng] 개성 【수식구조】 개인(个)의 성격(性). ⊙ 性(성): 본성, 성품, 성격

各 | 각각 각 [gè] 각각, 갖가지 4급신출자

各自 [gèzì] 각자, 제각기 【연합구조】 각각(各) 홀로(自). ⊙ 自 (자): 스스로, 혼자, 직접

根 | 뿌리 근 [gēn] 뿌리, 근본 3급신출자

根本 [gēnběn] 근본, 근원, 가장 주요한 부분 【연합구조】 두 글자 모두 '뿌리'라는 뜻이다. ⊙ 本(본): 뿌리, 근본

工 | 장인 공 [gōng] 장인, 기술, 일 1급신출자

工程师 [gōngchéngshī] 기사(技师), 엔지니어 【수식구조】 작업

(工) 과정(程)을 관리하는 전문가(师). ◉ 工程(공정): 일이
되어가는 과정. 程(정): 길, 과정, 법칙, 법도. 师(사): 스승,
전문가

工具 [gōngjù] 공구, 도구 【수식구조】 기술(工)에 관련된 연장(具).
◉ 具(구): 갖추다, 모두, 그릇, 연장

工人 [gōngrén] 노동자, 직공 【수식구조】 기술/일 하는(工) 사람
(人). ◉ 人(인): 사람

工业 [gōngyè] 공업 【수식구조】 기술(工) 관련 업종(业). ◉ 业
(업): 일, 업종, 업계

功 | 공들일 공 [gōng] 정성, 공로, 보람, 업적, 효율,
힘들이다 4급신출자

功能 [gōngnéng] 기능, 작용, 효능 【수식구조】 효과/보람있는(功)
능력(能). ◉ 能(능): 능력, 재능, 기량, 할 수 있다

公 | 공정할 공 [gōng] 공공의, 모두의, 공정하다, 킬로
- 2급신출자

公开 [gōngkāi] 공개하다, 터놓다 【수식구조】 공식적으로/모두에
게(公) 열다(开). ◉ 开(개): 열다, 피다, 시작하다

公平 [gōngpíng] 공평하다, 공정하다 【연합구조】 공정하고(公) 고
르다(平). ◉ 平(평): 고르다, 평평하다

公元 [gōngyuán] 서기(西紀) 【수식구조】 공공달력(公)의 기원/시작
(元). ◉ 元(원): 으뜸, 시작, 우두머리

公主 [gōngzhǔ] 공주 【수식구조】 공/임금(公)의 중심인물(主). ◉
主(주): 주인, 주인공, 중심

鼓 | 북 고 [gǔ] 북, (북을)치다 4급신출자

鼓舞 [gǔwǔ] 고무하다, 격려하다 【연합구조】 북을 쳐서(鼓) 춤추
게 하다(舞). ◉ 舞(무): 춤, 춤추다

挂 掛 │ 걸 괘 [guà] 걸다, 등록하다 _{4급신출자}

挂号 [guàhào] 등록하다, 접수시키다, 등기로 하다 【술목구조】
번호(号)를 걸다(挂). ⊙ 号(호): 번호, 차례, 호소하다

怪 │ 기이할 괴 [guài] 기이하다, 이상하다, 괴이하다
_{3급신출자}

怪不得 [guàibude] 어쩐지, 탓할 수 없다 【술보구조】 탓할(怪) 수
가 없다(不). 기이할(怪) 수가 없다(不得). ⊙ 不得(부득): 할
수 없다. 동사/형용사 뒤에 보어로 사용되어 불가능을 나
타냄. 不(불): 안, 아니. 得(득): 할 수 있다. 얻다

观 觀 │ 볼 관 [guān] (둘러)보다, 구경하다, 견해 _{4급신출자}

观察 [guānchá] 관찰하다, 살피다 【연합구조】 둘러보고(观) 살피
다(察). ⊙ 察(찰): 살피다, 살펴보다
观点 [guāndiǎn] 관점, 견해 【수식구조】 보는(观) 점(点). ⊙ 点
(점): 점, 점찍다

管 │ 대롱 관 [guǎn] 대롱, 피리, 붓자루, 맡다, 관리하
다 _{4급신출자}

管子 [guǎnzi] 대롱, 관, 파이프 【부가구조】 대롱(管)처럼 생긴 물
체의 총칭으로, '子'는 명사접미어로 덧붙은 글자이다. ⊙
子(자): 아들, 자식, 명사접미어(개체의 독립성을 나타냄)

光 │ 빛 광 [guāng] 빛, 경치, 오로지, 깡그리 _{4급신출자}

光明 [guāngmíng] 광명, 빛, 밝다 【연합구조】 빛나고(光) 밝다
(明). ⊙ 明(명): 밝다
光盘 [guāngpán] CD, 콤팩트디스크 【수식구조】 빛이 나는(光)
쟁반 같은 판(盘). ⊙ 盘(반): 소반, 쟁반

广 廣 ┃ 넓을 광 [guǎng] 넓다 4급신출자

广场 [guǎngchǎng] 광장 【수식구조】 넓은(广) 마당(场). ◉ 场 (장): 마당, 장소

广大 [guǎngdà] 광대하다, 크고 넓다 【연합구조】 넓고(广) 크다 (大). ◉ 大(대): 크다

规 規 ┃ 법 규 [guī] 각도기, 법칙, 본보기, 바로잡다 4급신출자

规律 [guīlǜ] 규율, 법규 【연합구조】 법(规)과 계율(律). ◉ 律(률): 법, 계율, 율령

规则 [guīzé] 규칙, 규정 【연합구조】 법(规)과 준칙(则). ◉ 则 (칙): 법, 준칙, 곧(즉) …면(즉)

果 ┃ 열매 과 [guǒ] 열매, 과일, 정말, 만약 1급신출자

果然 [guǒrán] 과연, 생각한대로 【부가구조】 열매가 맺을 것으로 생각했던(果) 상태(然). '然'은 부사 접미어이다. ◉ 然(연): 그렇다, 그러하다, 그러한 상태(접미어)

果实 [guǒshí] 과실 【연합구조】 두 글자 모두 '열매'라는 뜻이다. ◉ 实(실): 열매, 진실, 실제

过 過 ┃ 지날 과 [guò] 지나다, 건너다 [guo] …한 적이 있다(경험) 2급신출자

过分 [guòfèn] 지나치다, 과분하다 【술목구조】 분수(分)를 지나치다(过). ◉ 分(분): 나누다, 몫, 분수, 신분

过期 [guòqī] 기한을 넘기다, 기일이 지나다 【술목구조】 기간(期)을 지나다(过). ◉ 期(기): 기간, 시기, 기대하다, 바라다

海 ┃ 바다 해 [hǎi] 바다 4급신출자

海关 [hǎiguān] 세관(稅關) 【수식구조】 바다(海)의 관문(关). ◉
  关(관): 관문, 세관, 빗장, 잠그다, 끄다
海鲜 [hǎixiān] 해산물, 해물 【수식구조】 바다(海) 고기(鲜). ◉
  鲜(선): 드물다, 곱다, 싱싱하다, 생선

| 行 | 항렬 항 [háng] 줄, 항렬, 업종 / [xíng] 가다(행)
  3급신출자

行业 [hángyè] 업종, 직종, 직업 【수식구조】 (어떤) 대열(行)의 업
  종(业). ◉ 业(업): 일, 업, 직업

| 好 | 좋아할 호 [hào] 좋아하다 [hǎo] 좋다 3급신출자

好客 [hàokè] 손님 접대를 좋아하다, 손님을 좋아하다 【술목구조】
  손님(客)을 좋아하다(好). ◉ 客(객): 손님, 나그네
好奇 [hàoqí] 호기심을 갖다, 궁금하게 생각하다 【술목구조】 기이
  함(奇)을 좋아하다(好). ◉ 奇(기): 기이하다, 이상하다

| 何 | 어찌 하 [hé] 어찌(怎么), 무엇(什么) 4급신출자

何必 [hébì] 하필, 구태여 …할 필요가 있는가 【수식구조】 어째서
  (何) 반드시(必) …해야 하는가. ◉ 必(필): 꼭, 반드시
何况 [hékuàng] 하물며, 더군다나 【수식구조】 어떻게(何) 하물며
  (况). ◉ 况(황): 하물며, 상황, 형편

| 合 | 합할 합 [hé] 꼭 맞다, 합치다, 어울리다, 부합하
  다 4급신출자

合法 [héfǎ] 합법적이다, 법에 맞다 【술목구조】 법(法)에 맞다(合).
  ◉ 法(법): 법
合理 [hélǐ] 합리적이다, 도리에 맞다 【술목구조】 이치(理)에 맞다
  (合). ◉ 理(리): 이치, 도리, 다스리다
合同 [hétong] 계약서 【연합구조】 합쳐서(合) 함께하다(同). 또는

5급
단어

g

그렇게 약속하는 증서. ⊚ 同(동): 같다, 같이하다, 합치다

合影 [héyǐng] 함께 사진을 찍다 【술목구조】 사진(影)을 함께하다 (合). ⊚ 影(영): 그림자, 모습, 초상

合作 [hézuò] 협력하다, 협조하다 【수식구조】 합쳐서/함께(合) 만들다(作). ⊚ 作(작): 작품, 짓다, 만들다

| 和 | 부드러울 화 [hé] …와, 어울리다, 부드럽다, 평화롭다 1급신출자 |

和平 [hépíng] 평화 【연합구조】 화목하고(和) 평온함(平). ⊚ 平(평): 평평하다, 평온하다, 고르다, 편안하다

| 后 後 | 뒤 후 [hòu] 뒤, 황후 1급신출자 |

后背 [hòubèi] 등, 후방, 배후 【연합구조】 뒤(后)와 등쪽(背). ⊚ 背(배): 등, 뒤

后果 [hòuguǒ] (안 좋은) 결과, 뒤탈 【수식구조】 뒤(后)에 일어나는 결과(果). ⊚ 果(과): 열매, 결과

| 呼 | 부를 호 [hū] 숨을 내쉬다, 외치다, 소리 지르다 4급신출자 |

呼吸 [hūxī] 호흡하다, 숨을 쉬다 【연합구조】 숨을 내쉬고(呼) 들이마시다(吸). ⊚ 吸(흡): 마시다, 들이쉬다, 빨다

| 花 | 꽃 화 [huā] 꽃 3급신출자 |

花生 [huāshēng] 땅콩 【연합구조】 '落花生'[luòhuāshēng]의 준말로, '꽃(花)을 떨어뜨려(落) 열매를 생기게(生) 하는 작물'이라는 뜻으로, 땅콩의 생장과정을 표현한 말이다. 줄여서 '花生'이라고 한다. ⊚ 生(생): 나다, 태어나다, 생기다, 낯설다

| 化 | 될 화 [huà] 변화하다, 바뀌다 3급신출자 |

化学 [huàxué] 화학 【수식구조】 변화(化)에 관한 학문(学). ◉ 学 (학): 배우다, 학문, 학술

话 話 | 말씀 화 [huà] 말, 이야기 1급신출자

话题 [huàtí] 화제, 논제, 이야기의 주제 【수식구조】 말/이야기 (话)의 주제(题). ◉ 题(제): 이마, 제목, 표제, 글

黄 黃 | 누를 황 [huáng] 노랗다, 누렇다 3급신출자

黄金 [huángjīn] 황금, 금 【수식구조】 누런 빛깔(黄)의 금(金). ◉ 金(금): 금, 쇠

婚 | 혼인할 혼 [hūn] 혼인 3급신출자

婚礼 [hūnlǐ] 결혼식, 혼례 【수식구조】 결혼(婚) 예식(礼). ◉ 礼 (례): 예절, 예식, 예의

伙 | 많을 화 [huǒ] 동료, 무리, 패 4급신출자

伙伴 [huǒbàn] 동료, 친구, 동반자 【연합구조】 두 글자 모두 '동료, 동반자'라는 뜻이다. ◉ 伴(반): 짝, 동료, 반려

或 | 혹 혹 [huò] 또는, 혹은 3급신출자

或许 [huòxǔ] 아마, 어쩌면, 혹시 【연합구조】 두 글자 모두 '혹시'라는 뜻이다. ◉ 许(허): 허락하다, 가량, 아마도, 혹시

基 | 터 기 [jī] 터, 바탕, 기초 4급신출자

基本 [jīběn] 기본(의), 기본적인 【연합구조】 터(基)와 뿌리(本)로, 두 글자 모두 '바탕'이라는 뜻이다. ◉ 本(본): 뿌리, 바탕, 근원, 근본

及 | 미칠 급 [jí] 미치다, 이르다, 및 4급신출자

及格 [jígé] 합격하다 【술목구조】 기준(格)에 미치다(及). ⦿ 格(격): 격식, 기준, 법식, 품격, 과녁, 이르다

极 極 | 다할 극 [jí] 극점, 절정, 끝, 다하다, 지극하다, 극히, 몹시 3급신출자

极其 [jíqí] 극히, 몹시, 매우 【부가구조】 '其'는 문법화의 과정을 거친 덧붙은 글자이다. 특별한 뜻이 없다. ⦿ 其(기): 그, 그의, 그것

急 | 급할 급 [jí] 급하다, 안달하다, 조급하다 3급신출자

急忙 [jímáng] 급히, 황급히, 바삐 【연합구조】 급하고(急) 바삐(忙). ⦿ 忙(망): 바쁘다, 급하다

纪 紀 | 벼리 기 [jì] 벼리, 규율, 법도, 연대 4급신출자

纪律 [jìlǜ] 기율, 기강, 법도 【연합구조】 벼리(纪)와 계율(律). ⦿ 律(률): 법칙, 법, 계율, 비율

计 計 | 셈할 계 [jì] 세다, 계산하다, 계획하다 4급신출자

计算 [jìsuàn] 계산하다, 셈하다 【연합구조】 두 글자 모두 '셈하다'는 뜻이다. ⦿ 算(산): 셈, 수, 지혜, 셈하다

记 記 | 기록할 기 [jì] 기록하다, 기억하다 3급신출자

记忆 [jìyì] 기억하다, 떠올리다 【술목구조】 생각(忆)을 기록하다 (记). ⦿ 忆(억): 생각(하다), 기억(하다), 추억(하다)

家 | 집 가 [jiā] 집, 권위자, 집단 1급신출자

家务 [jiāwù] 가사, 집안일 【수식구조】 집(家) 일(务). ⦿ 务(일):

힘쓰다, 일, 직무

假 │ 거짓 가 [jiǎ] 거짓의, 만약 [jià] 휴가, 틈 4급신출자

假如 [jiǎrú] 만약, 만일, 가령 【연합구조】 두 글자 모두 '만약'이
라는 가정의 뜻을 나타냄. ◉ 如(여): 같다, 만약

价 價 │ 값 가 [jià] 값, 가격, 가치 4급신출자

价值 [jiàzhí] 가치 【연합구조】 두 글자 모두 '값'이라는 뜻이다.
◉ 值(치): 값, 값어치, 가치에 상당하다, 즈음하다

坚 堅 │ 굳을 견 [jiān] 굳다, 단단하다, 굳건하다 4급신출자

坚决 [jiānjué] 단호하다, 결연(决然)하다 【수식구조】 굳게(坚) 결
단하다(决). ◉ 决(결): 결단하다, 결정하다, 틔우다, 결코

简 簡 │ 편지 간 [jiǎn] 간단하다, 댓조각, 편지 3급신출자

简历 [jiǎnlì] 이력서 【수식구조】 간단한(简) 이력(历). ◉ 历(력):
겪다, 지나다, 보내다, 달력
简直 [jiǎnzhí] 그야말로, 차라리, 솔직하게 【연합구조】 간단하고
(简) 바로(直). ◉ 直(직): 곧다, 바르다, 직접

建 │ 세울 건 [jiàn] 세우다, 제기하다, 건설하다 4급신출자

建立 [jiànlì] 세우다, 창설하다, 건립하다 【연합구조】 두 글자 모
두 '세우다'는 뜻이다. ◉ 立(립): 서다, 세우다

健 │ 굳셀 건 [jiàn] 굳세다, 튼튼하다, 건강하다 3급신출자

健身 [jiànshēn] 신체를 단련하다, 튼튼하게 하다 【술목구조】 몸
(身)을 건강하게 하다(健). ◉ 身(신): 몸, 신체

键 鍵 | 열쇠 건 [jiàn] 자물쇠, 굴대, 비녀장, 건반, 쪼개다. 서로 4급신출자

键盘 [jiànpán] 건반, 키보드(keyboard) 【수식구조】 피아노, 오르간 등의 소리를 내는 열쇠(键) 역할을 하는 판(盘). ◉ 盘(반): 소반, 쟁반, 받침

讲 講 | 외울 강 [jiǎng] 말하다, 설명하다, 꾀하다 3급신출자

讲究 [jiǎngjiu] 중요시하다, 소중히 여기다 【연합구조】 꾀하고(讲) 탐구하다(究). ◉ 究(구): 궁구하다, 탐구하다, 헤아리다
讲座 [jiǎngzuò] 강좌 【수식구조】 강의하는(讲) 자리(座). ◉ 座(좌): 자리, 깔개, 지위

交 | 사귈 교 [jiāo] 교차하다, 왕래하다, 건네주다, 사귀다, 서로 4급신출자

交换 [jiāohuàn] 교환하다 【수식구조】 주고받으며 서로(交) 바꾸다(换). ◉ 换(환): 바꾸다
交际 [jiāojì] 교제하다, 서로 사귀다 【술목구조】 사이(际)를 오가다(交). ◉ 际(제): 사이, 끝, 때
交往 [jiāowǎng] 왕래하다, 내왕하다, 교제하다 【수식구조】 오고가듯(交) 서로 가다(往). ◉ 往(왕): 가다

角 角 | 뿔 각 [jiǎo] 뿔, 화폐단위(元의 1/10, 구어로는 '毛'[máo]라고 함), 모, 모서리 3급신출자

角度 [jiǎodù] 각도 【수식구조】 모난(角) 정도(度). ◉ 度(도): 법도, 정도, 도수, 기량, 헤아리다(탁)

教 | 가르칠 교 [jiào] 가르치다(합성사용) / [jiāo] 가르치다(단독사용) 2급신출자

教材 [jiàocái] 교재 【수식구조】 가르치는(教) 재로(材). ◉ 材(재): 재목, 재료

教练 [jiàoliàn] 감독, 코치(coach) 【연합구조】 가르치고(教) 익히게 하다(练), 또는 그런 사람. ◉ 练(련): 익히다, 단련하다, 연습하다, 훈련하다

接 | 이을 접 [jiē] 잇다, 접촉하다, 맞이하다 3급신출자

接近 [jiējìn] 접근하다, 가까이하다, 다가가다 【술목구조】 가까이(近) 다가가다(接). ◉ 近(근): 가깝다

节 節 | 마디 절 [jié] 마디, 절기, 명절, 절약 3급신출자

节省 [jiéshěng] 아끼다, 절약하다 【연합구조】 절약하고(节) 덜다(省). ◉ 省(생): 덜다, 생략하다

结 結 | 맺을 결 [jié] 맺다, 묶다 3급신출자

结合 [jiéhé] 결합하다 【연합구조】 맺어서(结) 합하다(合). ◉ 合(합): 합하다, 모으다, 맞다

结论 [jiélùn] 결론 【수식구조】 맺는(结) 논의/논단(论) ◉ 论(론): 논의하다, 의논하다, 따지다

结实 [jiēshi] 튼튼하다, 건장하다 【연합구조】 엮어 짜서(结) 튼실하다(实) / [jiēshí] 【술목구조】 열매(实)를 맺다(结), 결과를 얻다. ◉ 实(실): 열매, 실체, 내용, 본질, 실하다, 진실되다

借 | 빌릴 차 [jiè] 빌리다 3급신출자

借口 [jièkǒu] 구실, 핑계(로 삼다) 【술목구조】 말(口)을 빌리다(借). ◉ 口(구): 입, 말, 출입구

紧 緊 | 팽팽할 긴 [jǐn] 팽팽하다, 단단하다, 긴밀하다
4급신출자

紧急 [jǐnjí] 긴급하다, 긴박하다 【연합구조】 팽팽하고(紧) 급하다 (急). ◉ 急(급): 급하다

尽 儘/盡 | 다할 진 [jǐn] 되도록 …하다, …할 수 있는 한 (儘) / [jìn] 다하다(盡) 4급신출자

尽快 [jǐnkuài] 되도록 빨리 【술목구조】 되도록 빨리(快) 하다(尽). ◉ 快(쾌): 빠르다, 즐겁다

尽量 [jǐnliàng] 양을 다하다, 최대한도에 이르다 【술목구조】 될수록 양/한도(量)를 다하다(尽). ◉ 量(량): 용량, 한도, 헤아리다, 재다

进 進 | 나아갈 진 [jìn] 나아가다, 들어가다 2급신출자

进步 [jìnbù] 진보하다 【술목구조】 걸음(步)을 나아가다(进). ◉ 步 (보): 걸음, 단계

进口 [jìnkǒu] 수입하다 【술목구조】 항구(口)로 들어오다(进), 수입 (하다). ◉ 口(구): 입, 입구, 길목, 항구

经 經 | 날실 경 [jīng] 날실, 지나다, 거치다, 다스리다, 평소, 법, 경서 2급신출자

经典 [jīngdiǎn] 고전, 중요하고 권위 있는 저작 【연합구조】 두 글자 모두 '불변의 진리나 모범이 되는 책'이라는 뜻이다. ◉ 典(전): 법, 법전, 책, 의례, 고사, 맡다

经商 [jīngshāng] 장사하다, 상업에 종사하다 【연합구조】 다스리 고(经) 장사하다(商). ◉ 商(상): 장사하다, 헤아리다

精 | 깨끗할 정 [jīng] 순수하다, 정밀하다, 뛰어나다 4급신출자

精力 [jīnglì] 정력, 활동력, 힘 【수식구조】 심신을 움직이는 뛰어 난(精) 힘(力). ◉ 力(력): 힘

酒 ┃ 술 주 [jiǔ] 술 3급신출자

酒吧 [jiǔbā] 술집, 바(bar)【수식구조】술(酒) 집(吧). ◉ 吧(파): 어기조사(명령, 권유, 추측 등을 나타냄), 휴식공간(bar의 음역표기)

居 ┃ 살 거 [jū] 살다, 거주하다 3급신출자

居然 [jūrán] 뜻밖에, 의외로, 확연히【부가구조】머무르는(居) 상태(然), 확연히. 然(연)은 부사접미어로 사용되어 상태가 그러함을 나타냄. ◉ 然(연): 그렇다, 부사접미어

据 據 ┃ 의거할 거 [jū] 점거하다, 의거하다 3급신출자

据说 [jùshuō] 들리는 바에 따르면, 말하는 바에 의하면【술목구조】말하는(说) 바에 근거하면(据). ◉ 说(설): 말하다

具 ┃ 갖출 구 [jù] 연장, 갖추다, 온전하다 4급신출자

具体 [jùtǐ] 구체적이다【술목구조】실체(体)를 갖추다(具). ◉ 体(체): 몸, 실체

具备 [jùbèi] 갖추다, 구비하다, 완비하다【연합구조】두 글자 모두 '갖추다'는 뜻이다. ◉ 备(비): 갖추다, 마련하다, 모두

绝 絕 ┃ 끊을 절 [jué] 끊다, 거절하다, 절대 4급신출자

绝对 [juéduì] 절대적인, 무조건적인【수식구조】절대적으로(绝) 맞다(对). ◉ 对(대): 대하다, 마주하다, 맞다, 상대, 짝

决 決 ┃ 결단할 결 [jué] 결단하다, 결정짓다, 확고하다, 틔우다, 결코 3급신출자

决赛 [juésài] 결승【수식구조】(우승을) 결정짓는(决) 시합(赛). ◉ 赛(새): 시합, 경기, 우열을 가리다, 주사위

决心 [juéxīn] 결심, 결의, 다짐 【술목구조】 마음(心)을 확고히 하다(决). ◉ 心(심): 마음

坚决 [jiānjué] 단호하다, 결연(决然)하다 【수식구조】 굳게(坚) 결단하다(决). ◉ 坚(견): 굳다, 단단하다, 굳건하다

卡 ┃ 카드 가 / 지킬 잡 [kǎ] 카드, 트럭 등의 외래어
표기글자 3급신출자

卡车 [kǎchē] 트럭(truck) 【수식구조】 cargo/짐(卡) 차(车). ◉ 车(차): 차, 자동차

开 開 ┃ 열 개 [kāi] 열다, (불)켜다, (꽃)피다, 분리하다,
끓다 1급신출자

开发 [kāifā] 개발하다, 개간하다 【연합구조】 열어(开) 일으키다(发). ◉ 发(발): 피다, 일어나다, 드러내다, 들추다

开放 [kāifàng] 개방하다 【연합구조】 열어(开) 놓다(放). ◉ 放(방): 놓다, 널리 펴다

开水 [kāishuǐ] 끓인 물 【수식구조】 끓인(开) 물(水). ◉ 水(수): 물

看 ┃ 볼 간 [kàn] 보다, 구경하다 1급신출자

看不起 [kànbuqǐ] 경시하다, 깔보다, 얕보다 【술보구조】 볼(看) 수가 없다(不起). 볼(看) 것이 없다(不起). -不起(불기): 동사 뒤에 위치하여 보어로 작용하며, '…할 수 없다'는 뜻으로 불가능을 나타냄. ◉ 不(불): 안, 아니. 起(기): 일어나다, 시작하다

看望 [kànwàng] 방문하다, 문안하다, 찾아뵙다 【연합구조】 두 글자 모두 '보다'는 뜻이다. ◉ 望(망): 바라보다

可 ┃ 옳을 가 [kě] 할 수 있다(상황의 허락), 할 만하다, 옳다 2급신출자

可见 [kějiàn] …을 볼/알 수 있다 【수식구조】 …로 볼(见) 수 있다(可). ◉ 见(견): 보다

可怕 [kěpà] 두렵다, 무섭다 【수식구조】 두려워(怕) 할 만하다(可), 정말(可) 두렵다(怕). ◉ 怕(파): 두렵다

课 課 | 공부할 과 [kè] 수업, 본문, 과 2급신출자

课程 [kèchéng] 교육과정, 커리큘럼(curriculum) 【수식구조】 공부(课) 내용 과정(程). ◉ 程(정): 길, 과정

克 | 이길 극 [kè] 이기다, 그램(g) 4급신출자

克服 [kèfú] 극복하다, 이기다 【연합구조】 이겨내고(克) 따르다(服). ◉ 服(복): 옷, 입다, 따르다, 굽히다

客 | 손님 객 [kè] 손님 1급신출자

客观 [kèguān] 객관적이다 【수식구조】 손님/남(客)의 눈으로 보다(观). ◉ 观(관): 보다, 구경하다

刻 | 새길 각 [kè] 새기다, 다하다, 시각, 15분 3급신출자

刻苦 [kèkǔ] 매우 애를 쓰다, 고생을 참아 내다 【술목구조】 괴로움(苦)을 다하다(刻). ◉ 苦(고): 괴롭다, 쓰다

空 | 빌 공 [kōng] 비다, 헛되다 [kòng] 공간, 틈
3급신출자

空间 [kōngjiān] 공간 【수식구조】 빈(空) 곳(间). ◉ 间(간): 사이, 때, 동안, 틈

口 | 입 구 [kǒu] 입 3급신출자

口味 [kǒuwèi] 맛, 향미, 풍미 【수식구조】 입(口) 맛(味). ◉ 味(미): 맛

老 │ 늙을 로 [lǎo] 늙다, 오래되다, 노련하다, 숙련되다, 친하다, 늘 1급신출자

老百姓 [lǎobǎixìng] 백성, 국민, 일반 국민 【부가구조】 친밀한(老) 백(百) 가지 성(姓)을 가진 사람들. 老(로)는 명사접두어로서 이 경우 '친밀하고 오래되다'는 뜻을 나타냄. ⊙ 百姓(백성): 백(百) 가지 성(姓)을 가진 사람들. 온나라 사람들을 뜻함. 百(백): 일백. 姓(성): 성씨

老板 [lǎobǎn] 사장, 가게주인 【부가구조】 '老板'은 '老闆'([lǎobǎn], 노반/노판)의 가차표기로, '늘(老) 문안에서 보는(闆) 사람, 즉 주인'이라는 뜻이다. 여기에서 '老'(로)는 접두어로 '노련하다, 늘'이라는 뜻으로 사용되었다. ⊙ 板(판): 널빤지, '老板'에서는 '闆'(반: 문안에서 보다. 판: 널빤지)의 가차자로 사용되었다.

老实 [lǎoshi] 성실하다, 솔직하다, 정직하다 【수식구조】 늘(老) 성실하다(实). ⊙ 实(실): 열매, 실체, 실제, 튼튼하다, 성실하다

乐 樂 │ 즐거울 락 / 풍류 악 [lè] 즐겁다 / [yuè] 음악 2급신출자

乐观 [lèguān] 낙관적이다, 희망차다 【수식구조】 즐겁게(乐) 보다(观). ⊙ 观(관): 보다, 둘러보다, 구경하다

离 離 │ 떠날 리 [lí] 떠나다 2급신출자

离婚 [líhūn] 이혼하다 【술목구조】 혼인(婚) 관계를 떠나다(离). ⊙ 婚(혼): 혼인

理 │ 다스릴 리 [lǐ] 다스리다, 이치, 도리 3급신출자

理论 [lǐlùn] 이론 【수식구조】 이치(理)적인 논의(论). ⊙ 论(론): 논하다, 논의하다, 사리를 논하는 말

理由 [lǐyóu] 이유, 까닭 【연합구조】 이치(理)와 까닭(由). 다스리고 (理) 말미암은(由) 근거. ◉ 由(유): 말미암다, 따르다, 도리, 까닭

力 ┃ 힘 력 [lì] 힘 3급신출자

力量 [lìliang] 힘, 역량 【수식구조】 힘(力)의 양(量). ◉ 量(량): 양, 분량, 용적, 헤아리다, 재다

利 ┃ 이로울 리 [lì] 날카롭다, 이익 4급신출자

利息 [lìxī] 이자 【주술구조】 이익(利)이 늘어나다(息). ◉ 息(식): (숨을) 쉬다, 휴식하다, 번식하다, 자식, 이자

利用 [lìyòng] 이용하다 【수식구조】 유리하게(利) 쓰다(用). ◉ 用 (용): 쓰다, 사용하다, …로써

联 聯 ┃ 잇닿을 련 [lián] 잇다, 관련되다 4급신출자

联合 [liánhé] 연합하다, 결합하다 【연합구조】 이어서(联) 합치다 (合). ◉ 合(합): 합하다, 알맞다

连 連 ┃ 이을 련 [lián] 잇다, 연결하다, …조차(도) 4급신출자

连忙 [liánmáng] 얼른, 재빨리, 즉시 【수식구조】 연이어(连) 바쁘 게(忙). ◉ 忙(망): 바쁘다

连续 [liánxù] 연속하다, 계속하다 【연합구조】 두 글자 모두 '잇 다, 이어서'라는 뜻이다. ◉ 续(속): 잇다

了 ┃ 마칠 료 [liǎo] 마치다, 끝나다 4급신출자

了不起 [liǎobuqǐ] 굉장하다, 뛰어나다 【술보구조】 끝낼(了) 수가 없다(不起), 대단하다. ◉ -不起(불기): …할 수가 없다. 동 사 뒤에 보어로 사용되어 '할 수 없다'는 불가능을 나타낸 다. 不(불): 안, 아니. 起(기): 일어나다, 시작하다

列 | 줄 렬 [liè] 줄, 열, 항렬, 줄짓다 4급신출자

列车 [lièchē] 열차 【수식구조】 줄지은(列) 차(车). ◉ 车(차): 차, 수레, 자동차

零 | 떨어질 령 [líng] 영, 0, 나머지, 부스러기, 자잘하다 1급신출자

零件 [língjiàn] 부속품 【수식구조】 자잘한(零) 물건(件). ◉ 件 (건): 물건, 가지

零食 [língshí] 간식, 군것질 【수식구조】 자잘한(零) 먹거리(食). ◉ 食(식): 먹다, 밥, 음식

流 | 흐를 류 [liú] 흐르다, 전하다, 퍼지다, 물결 4급신출자

流传 [liúchuán] 유전하다, 전해 내려오다 【수식구조】 흘러(流) 전하다(传). ◉ 传(전): 전하다

论 論 | 논할 론 [lùn] 의논하다, 논의하다 4급신출자

论文 [lùnwén] 논문 【수식구조】 논의하는(论) 글(文). ◉ 文(문): 글

落 | 떨어질 락 [luò] 떨어지다 4급신출자

落后 [luòhòu] 낙후되다, 뒤떨어지다 【술목구조】 뒤(后)로 떨어지다(落). ◉ 后(후): 뒤

满 | 찰 만 [mǎn] 가득하다, 만족하다 3급신출자

满足 [mǎnzú] 만족하다, 흡족하다 【술목구조】 족함(足)을 꽉 채우다(满). ◉ 足(족): 발, 넉넉하다, 족하다, 채우다

毛 | 털 모 [máo] 털, 화폐단위('角'의 구어), 초목, 가늘다, 조잡하다, 불결하다, 곰팡이 4급신출자

毛病 [máobìng] 고장, 결함, 병 【연합구조】 곰팡이(毛)가 나고 병들다(病). ◉ 病(병): 아프다, 병들다, 병

冒 │ 무릅쓸 모 [mào] 무릅쓰다, 발산하다 3급신출자

冒险 [màoxiǎn] 모험하다, 위험을 무릅쓰다 【술목구조】 위험(险)을 무릅쓰다(冒). ◉ 险(험): 험하다, 험난하다, 위험하다

美 │ 아름다울 미 [měi] 아름답다 4급신출자

美术 [měishù] 미술, 그림, 회화 【수식구조】 아름다움(美)의 예술/학술(术). ◉ 术(술): 재주, 꾀, 방법, 학술, 학문

梦 夢 │ 꿈 몽 [mèng] 꿈 4급신출자

梦想 [mèngxiǎng] 꿈, 몽상, 바람 【수식구조】 꿈꾸는(梦) 생각(想). ◉ 想(상): 생각(하다)

面 │ 낯 면 [miàn] 얼굴, 쪽(보통 경성으로 읽음), 면, 마주보다, 밀가루(麵) 1급신출자

面对 [miànduì] 마주 보다, 마주 대하다, 직면하다 【수식구조】 얼굴로(面) 대하다/마주하다(对). ◉ 对(대): 맞다, 마주하다, 대하다

面积 [miànjī] 면적 【수식구조】 면(面)의 쌓임/누적(积). ◉ 积(적): 쌓다, 많다, 심하다, 넓이

名 │ 이름 명 [míng] 이름 1급신출자

名牌 [míngpái] 유명 상표, 유명 브랜드 【수식구조】 이름 있는(名) 상표(牌). ◉ 牌(패): 패, 간판, 상표

名片 [míngpiàn] 명함 【수식구조】 이름(名)을 쓴 조각(片). ◉ 片(편): 조각, 편, 판, 명함

明 | 밝을 명 [míng] 밝다 1급신출자

明确 [míngquè] 명확하다, 확실하다 【연합구조】 밝고(明) 굳건하다(确). ◉ 确(확): 굳다, 굳건하다, 확실하다

明星 [míngxīng] 샛별, 스타(star) 【수식구조】 밝은(明) 별(星). ◉ 星(성): 별

命 | 목숨 명 [mìng] 목숨, 운수, 명령 4급신출자

命运 [mìngyùn] 운명 【연합구조】 두 글자 모두 '운명'이라는 뜻이다. ◉ 运(운): 옮기다, 움직이다, 나르다, 운수, 운명

目 | 눈 목 [mù] 눈, 조목, 목록, 보다 3급신출자

目标 [mùbiāo] 목표 【수식구조】 눈(目)으로 바라보는 표/기준(标). ◉ 标(표): 표하다, 나뭇가지 끝, 표, 기록, 기준

目前 [mùqián] 지금, 현재 【수식구조】 눈(目) 앞(前). ◉ 前(전): 앞

哪 | 어느 나 [nǎ] 어느, 어찌 1급신출자

哪怕 [nǎpà] 설령 …라 해도 (주로 '也(yě), 都(dōu), 还(hái)'와 호응함) 【수식구조】 어찌(哪) 두려워하겠는가(怕). ◉ 怕(파): 두렵다, 아마

难 難 | 어려울 난 [nán] 어렵다, 힘들다, 곤란하다 3급신출자

难怪 [nánguài] 어쩐지, 과연 【술목구조】 괴이하기(怪) 어렵다(难). [※ '怪'는 '难'의 목적어이다.] ◉ 怪(괴): 괴이하다

难免 [nánmiǎn] 면하기 어렵다, …하게 마련이다 【술목구조】 면하기(免) 어렵다(难). ◉ 免(면): 면하다

脑 腦 | 뇌 뇌 [nǎo] 뇌 1급신출자

脑袋 [nǎodai] 뇌, 머리(통), 골(통) 【수식구조】 뇌(脑)가 든 자루

(袋). ⊙ 袋(대): 자루, 부대, 가방

内 | 안 내 [nèi] 안, 안쪽, 속 4급신출자

内部 [nèibù] 내부 【수식구조】 속(内) 부분(部). ⊙ 部(부): 떼, 무리, 부분, 곳

内科 [nèikē] 내과 【수식구조】 속(内)을 치료하는 부서(科). ⊙ 科(과): 과목, 부서, 법, 조문

能 | 능할 능 [néng] …할 수 있다, 선천적인 능력 외에 가능, 허락을 나타낸다. 1급신출자

能干 [nénggàn] 유능하다, 일을 잘 하다 【수식구조】 능히 할(干) 수 있다(能). ⊙ 干(간): 하다, 일하다

年 | 해 년 [nián] 년, 해 1급신출자

年纪 [niánjì] 나이, 연령 【수식구조】 해(年)의 벼리/뼈대(纪). ⊙ 纪(기): 벼리, 뼈대

牛 | 소 우 [niú] 소 2급신출자

牛仔裤 [niúzǎikù] 청바지 【수식구조】 카우보이(牛仔) 바지(裤). 牛仔: 소(牛)를 치는 아이(仔). ⊙ 仔(자): 자세하다, 어리다, 새끼, 아이. 裤(고): 바지

女 | 여자 녀 [nǚ] 여자 1급신출자

女士 [nǚshì] 여사, 숙녀 【수식구조】 여성(女) 선비(士). 여성으로서 선비적인 품행을 가진 사람. ⊙ 士(사): 선비, 사내, 군사

偶 | 짝 우 [ǒu] 짝, 짝수, 우연히, 인형 4급신출자

偶然 [ǒurán] 우연히, 뜻밖에 【부가구조】 뜻밖(偶)인 상태(然). ⊙ 然(연): 그렇다, 상태를 나타내는 접미어

批 │ 칠 비 [pī] 비평하다, 품평하다, 바로잡다, 표를 하다 4급신출자

批准 [pīzhǔn] 비준하다, 허가하다 【연합구조】 품평하고(批) 허가 하다(准). ◉ 准(준): 본받다, 바로잡다, 정확하다, 승인하다, 꼭

片 │ 조각 편 [piàn] 조각, 필름, 편 3급신출자

片面 [piànmiàn] 한쪽, 일면, 단편적이다 【수식구조】 한쪽(片) 면 (面). ◉ 面(면): 얼굴, 쪽, 보다

平 │ 평평할 평 [píng] 고르다, 평평하다, 바르다, 보통 3급신출자

平安 [píng'ān] 평안하다, 편안하다 【연합구조】 평화롭고(平) 편안 하다(安). ◉ 安(안): 편안하다

平常 [píngcháng] 평소, 평상시 【연합구조】 보통(平) 항상/늘(常). ◉ 常(상): 떳떳하다, 일정하다, 늘, 항상

平等 [píngděng] 평등하다, 같은 대우를 받다 【연합구조】 고르고 (平) 같다(等). ◉ 等(등): 같다, 등등

平方 [píngfāng] 제곱, 평방 【수식구조】 고르게(平) 반듯한/네모 진(方). ◉ 方(방): 모, 네모지다, 바르다, 방향, 방법

平静 [píngjìng] 조용하다, 고요하다 【연합구조】 평안하고(平) 고 요하다(静). ◉ 静(정): 고요하다, 깨끗하다, 조용하다

评 評 │ 평할 평 [píng] 평가하다, 논평 4급신출자

评价 [píngjià] 평가하다 【술목구조】 값(价)을 평하다(评). ◉ 价 (가): 값, 가치

破 │ 깨뜨릴 파 [pò] 깨뜨리다, 깨어지다, 해지다 4급신출자

破产 [pòchǎn] 파산하다, 도산하다 【술목구조】 재산(产)을 잃다/

깨뜨리다(破). ◉ 产(산): 낳다, 생산하다, 재산

破坏 [pòhuài] 파괴하다 【연합구조】 깨지고(破) 무너지다(坏). ◉
坏(괴): 무너지다, 그르치다, 나쁘다

期 | 기약할 기 [qī] 시기, 기간, 기대하다 1급신출자

期间 [qījiān] 기간 【수식구조】 시기(期) 사이(间). ◉ 间(간): 사
이, 공간

汽 | 김 기 [qì] 수증기, 김 2급신출자

汽油 [qìyóu] 휘발유, 가솔린(gasoline) 【수식구조】 김(汽)처럼 휘
발하는 기름(油). ◉ 油(유): 기름

亲 親 | 친할 친 [qīn] 어버이, 친척, 친하다, 친절하다, 친
히, 몸소 4급신출자

亲爱 [qīn'ài] 친애하다, 사랑하다 【연합구조】 친하고(亲) 사랑하
다(爱). ◉ 爱(애): 사랑하다, 아끼다

亲自 [qīnzì] 직접, 손수, 친히 【연합구조】 몸소(亲) 스스로(自).
◉ 自(자): 스스로, 직접

轻 輕 | 가벼울 경 [qīng] 가볍다, 어리다 3급신출자

轻视 [qīngshì] 경시하다, 무시하다 【수식구조】 가볍게(轻) 보다
(视). ◉ 视(시): 보다

轻易 [qīngyì] 가볍다, 수월하다, 가볍게 【연합구조】 가볍고(轻)
쉽다(易). ◉ 易(이): 쉽다 / 바꾸다(역)

情 | 뜻 정 [qíng] 뜻, 감정, 정황 2급신출자

情景 [qíngjǐng] 정경(情景), 작자의 감정과 묘사된 경치 【연합구
조】 느낌(情)과 풍경(景).景(경): 볕, 경치, 풍경

请 請 | 청할 청 [qǐng] 청하다, 부탁하다, 요구하다, 신청하다 1급신출자

请求 [qǐngqiú] 청구, 요구, 부탁【연합구조】청하고(请) 구하다(求). ◉ 求(구): 구하다

球 | 공 구 [qiú] 공 2급신출자

球迷 [qiúmí] 축구 팬(fan), 광적으로 구기를 좋아하는 사람【수식구조】공/구기(球)에 미혹된(迷) 사람. ◉ 迷(미): 미혹하다, 길을 잃다, 빠지다, 혼미하다

取 | 취할 취 [qǔ] 취하다, (돈을) 찾다, 갖다 4급신출자

取消 [qǔxiāo] 취소하다【연합구조】취하여(取) 없애다(消). ◉ 消(소): 사라지다, 없애다, 줄어들다, 거닐다

去 | 갈 거 [qù] 가다, 버리다 1급신출자

去世 [qùshì] 돌아가다, 세상을 떠나다【술목구조】세상(去)을 떠나다(去). [※ '世'는 '去'의 목적이다.] ◉ 世(세): 세상, 세계

全 | 온전할 전 [quán] 전부, 완전하다, 온전하다 4급신출자

全面 [quánmiàn] 전면, 전체적으로【수식구조】전체적인(全) 면(面). ◉ 面(면): 얼굴, 면, 쪽, 보다

确 確 | 굳을 확 [què] 굳다, 확실하다, 견고하다 4급신출자

确定 [quèdìng] 확정하다, 확실히 결정을 내리다【수식구조】굳게/확실하게(确) 정하다(定). ◉ 定(정): 정하다, 결정하다, 안정되다

确认 [quèrèn] 명확히 인정하다, 확인하다,【수식구조】확실하게

(确) 알다(认). ◉ 认(인): 알다, 인식하다, 허가하다

热 熱 | 뜨거울 열 [rè] 덥다, 뜨겁다 1급신출자

热爱 [rè'ài] 열애에 빠지다, 뜨겁게 사랑하다 【수식구조】 뜨겁게 (热) 사랑하다(爱). ◉ 爱(애): 사랑하다, 아끼다

热心 [rèxīn] 열심이다, 적극적이다 【술목구조】 마음(心)을 뜨겁게 하다(热). ◉ 心(심): 마음

人 | 사람 인 [rén] 사람, 인간 1급신출자

人才 [réncái] 인재, 인재 【수식구조】 사람(人) 중의 재주꾼(才). ◉ 才(재): 재주, 재능, 겨우, 비로서

人口 [rénkǒu] 인구 【연합구조】 두 글자 모두 '사람'이라는 뜻이다. ◉ 口(구): 입, 인구, 입구

人生 [rénshēng] 인생 【수식구조】 사람(人)의 삶(生). ◉ 生(생): 태어나다, 살다

人事 [rénshì] 인사 【수식구조】 사람(人)에 관련되는 일(事). ◉ 事(사): 일

人物 [rénwù] 인물(특색이나 대표적인 사람) 【수식구조】 사람(人)인 물체(物). ◉ 物(물): 물건, 사물, 물체

人员 [rényuán] 인원, 요원 【연합구조】 두 글자 모두 '사람, 구성원'이라는 뜻이다. ◉ 员(원): 인원, 구성원

日 | 날 일 [rì] 일, 해, 날 2급신출자

日常 [rìcháng] 일상의, 일상적인, 평소의 【수식구조】 날마다(日) 항상/변함없이(常). ◉ 常(상): 떳떳하다, 일정하다, 늘, 항상

日程 [rìchéng] 일정 【수식구조】 일별(日) 과정(程). ◉ 程(정): 길, 과정, 단계

日历 [rìlì] 일력, 달력 【수식구조】 일일(日) 달력(历). ◉ 历(력): 지나다, 겪다, 달력

日期 [rìqī] 날짜, 기일 【수식구조】 날짜(日)로서의 시기/때(期). ◉ 期(기): 기약하다, 기다리다, 바라다, 기일, 기간, 때

日子 [rìzi] 날, 날짜 【부가구조】 '日'(일)은 세월의 단위로 하루인 '날'을 뜻하고, '子'(자)는 명사접미어로 덧붙은 글자이다. ◉ 子(자): 아들, 자식, 명사접미어(개체의 독립성을 나타냄)

如 ┃ 같을 여 [rú] 같다, 만약 3급신출자

如何 [rúhé] 어찌하다, 어떠하다, 어떻게 【술목구조】 어떠한(何) 상황과 같이하다(如). ◉ 何(하): 어찌, 무엇, 무슨

如今 [rújīn] 지금, 이제 【술목구조】 지금(今) 같은(如) 시간. ◉ 今(금): 이제, 지금

色 ┃ 빛깔 색 [sè] 색, 색채 2급신출자

色彩 [sècǎi] 색채, 색깔, 빛깔 【연합구조】 두 글자 모두 '빛깔'이라는 뜻이다. ◉ 彩(채): 채색, 빛깔, 빛

伤 傷 ┃ 다칠 상 [shāng] 다치다, 상처 4급신출자

伤害 [shānghài] 상해하다, 손상시키다, 해치다 【연합구조】 다치고(伤) 해하다(害). ◉ 害(해): 해하다, 해롭다, 재앙, 손해

商 ┃ 장사할 상 [shāng] 거래하다, 헤아리다, 상의하다
1급신출자

商务 [shāngwù] 상무, 비즈니스 【수식구조】 상업적(商) 일/사무(务). ◉ 务(무): 힘쓰다, 일, 직무

商业 [shāngyè] 상업 【수식구조】 장사하는(商) 일/업(业). ◉ 业(업): 일, 업

上 ┃ 위 상 [shàng] 위, 올라서다, 시작하다, 지난
1급신출자

上当 [shàngdàng] 속다, 꾐에 빠지다, 사기를 당하다 【술목구조】
적당함/마땅함(当)을 웃돌다/넘어서다(上). ◉ 当(당): 마땅
(하다), 바닥, 당하다, 등급(档)

身 ┃ 몸 신 [shēn] 몸, 신체, 자신 2급신출자

身材 [shēncái] 몸매, 체격, 몸집 【수식구조】 신체적(身) 재목/바
탕(材). ◉ 材(재): 재목, 재료, 재주, 바탕

身份 [shēnfen] 신분, 지위 【수식구조】 몸(身)의 몫(份). ◉ 份(빈
/분): 부분, 몫, 세트(양사)

深 ┃ 깊을 심 [shēn] 깊다 4급신출자

深刻 [shēnkè] 심각하다, 강렬하다 【수식구조】 깊이(深) 새기다
(刻). ◉ 刻(각): 새기다, 시각, 15분

生 ┃ 날 생 [shēng] 낳다, 태어나다, 학생, 생도 1급신출자

生产 [shēngchǎn] 생산하다 【연합구조】 두 글자 모두 '낳고 만들
어내다'는 뜻이다. ◉ 产(산): 낳다, 만들다, 제품, 자산, 산물

生动 [shēngdòng] 생동감 있다, 생동하다, 생생하다 【연합구조】
살아서(生) 움직이다(动). ◉ 动(동): 움직이다

生长 [shēngzhǎng] 생장하다, 자라다 【연합구조】 나서(生) 자라다
(长). ◉ 长(장): 자라다, 어른, 길다

声 聲 ┃ 소리 성 [shēng] 소리, 명성 3급신출자

声调 [shēngdiào] 성조, 어조, 톤(tone) 【수식구조】 소리(声)의 가
락(调). ◉ 调(조): 고르다, 어울리다, 조절하다, 조사하다, 가락

失 ┃ 잃을 실 [shī] 잃다, 과실 4급신출자

失去 [shīqù] 잃다, 잃어버리다 【술보구조】 잃어(失) 버리다(去).
◉ 去(거): 가다, 없애다, 버리다

失业 [shīyè] 일을 잃다, 실업하다, 실직하다 【술목구조】 일/업
(业)을 잃다(失). ⊙ 业(업): 일, 업, 직업

时 時 | 때 시 [shí] 때, 시간, 시기 1급신출자

时刻 [shíkè] 시각, 시간, 때, 순간 【연합구조】 시간(时)과 시점
(刻). ⊙ 刻(각): 새기다, 시각, 시점, 15분

时期 [shíqī] 시기, 【수식구조】 때(时)로서의 기간(期). ⊙ 期(기):
기약하다, 기다리다, 바라다, 기일, 기간, 때

实 實 | 열매 실 [shí] 열매, 실체, 사실, 진실하다, 성실하
다 4급신출자

实话 [shíhuà] 실화, 참말 【수식구조】 실제(实)의 말/이야기(话).
⊙ 话(화): 말, 이야기

实习 [shíxí] 실습하다 【수식구조】 실제로(实) 익히다(习). ⊙ 习
(습): 익히다

实现 [shíxiàn] 실현하다, 달성하다 【수식구조】 실제로(实) 드러내
다(现). ⊙ 现(현): 나타나다, 드러내다, 지금

实验 [shíyàn] 실험(하다) 【수식구조】 실제로(实) 검증하다(验). ⊙
验(험): 시험, 증명, 증거, 시험하다, 검증하다

实用 [shíyòng] 실용적이다 【수식구조】 실제로(实) 쓰다(用): 用
(용): 쓰다, 사용하다, …로써

始 | 비롯할 시 [shǐ] 시작하다, 처음 2급신출자

始终 [shǐzhōng] 시종, 처음부터 끝까지 【연합구조】 시작(始)과
마침(终). ⊙ 终(종): 마치다, 끝나다

事 | 일 사 [shì] 일, 섬기다 2급신출자

事实 [shìshí] 사실 【수식구조】 일(事)의 실제(实). ⊙ 实(실): 열
매, 실제, 진실, 섬기다

事物 [shìwù] 사물 【연합구조】 일/현상(事)과 물체(物). ◉ 物(물): 사물, 물체

事先 [shìxiān] 사전(에), 미리 【수식구조】 일(事)보다 먼저(先), 일(事)에 앞서(先). ◉ 先(선): 먼저, 앞서다

市 | 저자 시 [shì] 저자(시장), 도시 3급신출자

市场 [shìchǎng] 시장 【수식구조】 저자/사고파는(市) 마당(场). ◉ 场(장): 마당, 장소, 곳

收 | 거둘 수 [shōu] 거두다, 받다, 받아들이다 4급신출자

收据 [shōujù] 영수증, 수취증(서) 【수식구조】 받은(收) 증거(据). ◉ 据(거): 근거, 증거, 의지하다, 의거하다

手 | 손 수 [shǒu] 손 2급신출자

手工 [shǒugōng] 수공, 손으로 하는 일 【수식구조】 손(手)으로 하는 일/기술(工). ◉ 工(공): 장인, 기술, 일

手术 [shǒushù] 수술(하다) 【수식구조】 손(手)으로 하는 방법/기술(术). ◉ 术(술): 재주, 꾀, 방법, 기술

手续 [shǒuxù] 수속, 절차, 과정 【수식구조】 손(手)으로 잇다(续). 또는 그 절차/과정. ◉ 续(속): 잇다, 더하다, 계속하다

手指 [shǒuzhǐ] 손가락 【수식구조】 손(手) 가락(指). ◉ 指(지): 손가락, 손가락질하다, 가리키다

受 | 받을 수 [shòu] 받다, 받아들이다, 견디다 4급신출자

受伤 [shòushāng] 상처를 입다, 부상을 입다 【술목구조】 상처(伤)를 받다(受). ◉ 伤(상): 다치다, 상처

输 輸 | 나를 수 [shū] 나르다, 운송하다, 지다(승패)
4급신출자

输入 [shūrù] 입력하다, 들여보내다, 수입하다 【술보구조】 실어 (输) 들이다(入). ⊚ 入(입): 들다, 들이다

舒 | 펼 서 [shū] 펴다, 느슨하다, 편안하다 3급신출자

舒适 [shūshì] 편안하다, 쾌적하다 【연합구조】 느슨하고(舒) 알맞 다(适). ⊚ 适(적): 알맞다, 맞다

熟 | 익을 숙 [shú] 익다, 여물다, 잘 알다 4급신출자

熟练 [shúliàn] 숙련되다, 능숙하다 【연합구조】 익히고(熟) 익히다 (练). ⊚ 练(련): 익히다, 단련하다, 능숙하다

数 數 | 셀 수 [shù] 수(명사) [shǔ] 세다(동사) 3급신출자

数据 [shùjù] 데이터(data), 통계 수치 【수식구조】 수(数)적인 근 거/자료(据). ⊚ 据(거): 근거, 증거, 의지하다, 의거하다

数码 [shùmǎ] 디지털, 숫자 【수식구조】 숫자(数) 방식(码). ⊚ 码 (마): 마노, 숫자부호, 숫자도구

双 雙 | 둘씩 쌍 [shuāng] 짝, 켤레, 쌍 3급신출자

双方 [shuāngfāng] 쌍방, 양쪽, 양측 【수식구조】 두/양(双) 쪽 (方). ⊚ 方(방): 모, 반듯하다, 방법, 방향, 쪽

说 說 | 말할 설 [shuō] 말하다 1급신출자

说不定 [shuōbúdìng] 단언하기 어렵다, 짐작컨대 【술보구조】 말 하여(说) 정할(定) 수 없다(不). -不定(부정): 동사 뒤에 보 어로 사용되어 '정할 수 없다'는 뜻을 나타냄. ⊚ 不(불): 안, 아니. 定(정): 정하다, 안정되다, 일정하다

说服 [shuōfú] 설복하다, 설득하다 【술보구조】 말하여(说) 따르게 하다(服). 따르게 말하다. ⊚ 服(복): 옷, 입다, 따르다

思 | 생각 사 [sī] 생각(하다), 사상, 그리워하다 2급신출자

思考 [sīkǎo] 사고하다, 사색하다, 생각하다 【연합구조】 두 글자 모두 '생각하다'는 뜻이다. ◉ 考(고): 생각하다, 헤아리다, 시험하다

思想 [sīxiǎng] 사상, 의식 【연합구조】 두 글자 모두 '생각'이라는 뜻이다. 명사적인 개념으로 사용된다. ◉ 想(상): 생각(하다), …하려고 하다

随 隨 | 따를 수 [suí] 따르다, 순응하다 4급신출자

随身 [suíshēn] 몸에 지니다, 휴대하다 【술목구조】 몸(身)을 따르다(随). ◉ 身(신): 몸, 신체

随时 [suíshí] 수시로, 언제든지, 편할 때에 【술목구조】 (편리한) 시간(时)에 따라(随). ◉ 时(시): 때, 시간

随手 [suíshǒu] …하는 김에, 겸해서 【술목구조】 손(手)을 따라(随). 손(手)으로 하는 김에(随). ◉ 手(수): 손, 손길

太 | 클 태 [tài] 너무, 크다 1급신출자

太太 [tàitai] 부인, 아내, 마님, 여사 【중첩구조】 크고(太) 큰(太) 존재. 칭호로서 중첩하였다.

谈 談 | 말씀 담 [tán] (주제에 대하여) 말하다, 이야기하다 4급신출자

谈判 [tánpàn] 담판하다, 회담하다 【연합구조】 말하여(谈) 판단하다(判). ◉ 判(판): 나누다, 판단하다, 구별하다

讨 討 | 칠 토 [tǎo] 치다, 탐구하다, 비난하다, 요구하다 4급신출자

讨价还价 [tǎojiàhuánjià] 값을 흥정하다 【연합구조】 값(价)을 요

5급
단어

s
t

구하고(讨) 값(价)을 돌려 요구하다/에누리하다(还). 讨价(토가): 값을 요구하다. 还价(환가): 값을 반대 신청하다. 에누리하다. ◉ 价(가): 값, 가치. 还(환): 돌려주다, 갚다

特 | 수컷 특 [tè] 특별하다, 특히, 유달리, 황소, 수소
3급신출자

特色 [tèsè] 특색, 특징 【수식구조】 특별한(特) 빛깔(色). ◉ 色(색): 색, 빛깔

疼 | 아플 동 [téng] 아프다 3급신출자

疼爱 [téng'ài] 매우 귀여워하다 【수식구조】 아프도록(疼) 사랑하다/아끼다(爱). ◉ 爱(애): 사랑하다, 좋아하다, 아끼다

提 | 끌 제 [tí] 들다, 끌다, 끌어당기다 3급신출자

提问 [tíwèn] 질문하다 【술목구조】 물음(问)을 제시하다(提). ◉ 问(문): 묻다, 의문

题 題 | 제목 제 [tí] 제목, 주제, 적다 2급신출자

题目 [tímù] 제목, 표제, 테마 【수식구조】 주제(题)의 항목/이름(目). ◉ 目(목): 눈, 보다, 항목, 목록, 이름

体 體 | 몸 체 [tǐ] 몸, 신체, 몸소, 물체, 체제 2급신출자

体会 [tǐhuì] 체득하다, 체험하여 터득하다 【수식구조】 몸소(体) 깨닫다(会). ◉ 会(회): 모이다, 이해하다, 깨닫다, 할 수 있다

体现 [tǐxiàn] 구현하다, 체현하다, 구체적으로 드러내다 【수식구조】 구체적(体)으로 드러내다(现). ◉ 现(현): 나타나다, 드러내다, 현재

体验 [tǐyàn] 체험(하다) 【수식구조】 몸소(体) 증험하다(验). ◉ 验(험): 시험, 증험, 증거, 검정하다

天 | 하늘 천 [tiān] 하늘, 날[日] 1급신출자

天空 [tiānkōng] 하늘, 공중 【수식구조】 하늘(天) 빈곳(空). ◉ 空 (공): 비다, 헛되다, 구멍, 공중, 하늘

天真 [tiānzhēn] 천진하다, 순진하다, 꾸밈이 없다 【수식구조】 하늘(天)처럼 참되다(真). ◉ 真(진): 참(되다), 정말, 진짜

调 調 | 고를 조 [tiáo] 고르다, 조절하다 [diào] 조사하다, (부서를) 옮기다 3급신출자

调皮 [tiáopí] 장난스럽다, 까불다, 짓궂다 【연합구조】 '调皮'의 글자 자체로는 의미가 추론되지 않는다. 이 말은 원래 '농담하다, 조롱하다'는 뜻인 '誂擊'(조별; tiǎopiē)의 가차표기로, 중국 강소지방의 방언이었다고 한다. '誂擊'는 자체로 '희롱하고(誂) 치다(擊)'는 의미로 연합관계이다. ◉ 誂(조): 꾀다, 희롱하다. 擊(별/내): 치다(별), 때리다(별), 문대다(내), 닦다(내). 皮(피): 가죽, 껍질

调整 [tiáozhěng] 조정하다, 조절하다 【연합구조】 조절하고(调) 가지런히 하다(整). ◉ 整(정): 가지런하다, 가지런히 하다, 단정하다

通 | 통할 통 [tōng] 통하다, 알리다, 뚫리다 4급신출자

通常 [tōngcháng] 평상시, 보통, 통상 【수식구조】 보통(通)으로 늘(常). ◉ 常(상): 일정하다, 불변하다, 떳떳하다, 늘, 항상

突 | 갑자기 돌 [tū] 갑자기, 돌연히 3급신출자

突出 [tūchū] 돌출하다, 튀어나오다 【수식구조】 갑자기(突) 나오다(出). ◉ 出(출): 나가다, 나오다

推 | 밀 추 [tuī] 밀다, 미루다 4급신출자

推广 [tuīguǎng] 확대하다, 널리 보급하다 【연합구조】 밀어(推) 넓히다(广). ◉ 广(광): 넓다, 넓히다

外 ｜ 밖 외 [wài] 밖, 남, 외국, 외가 2급신출자

外公 [wàigōng] 외조부, 외할아버지 【수식구조】 외가(外)의 귀인/할아버지(公). ◉ 公(공): 모두의, 공평하다, 귀인

外交 [wàijiāo] 외교 【수식구조】 외국(外)과의 교류/사귐(交). ◉ 交(교): 사귀다, 교류하다, 건네주다

玩 ｜ 희롱할 완 [wán] 놀다, 희롱하다, 장난하다 2급신출자

玩具 [wánjù] 장난감, 완구 【수식구조】 놀이(玩) 기구(具). ◉ 具(구): 갖추다, 모두, 도구

完 ｜ 완전할 완 [wán] 완전하다, 완성하다, 마치다
2급신출자

完美 [wánměi] 매우 훌륭하다, 완전하여 흠잡을 데가 없다 【연합구조】 완전하고(完) 아름답다(美). ◉ 美(미): 아름답다, 곱다

完整 [wánzhěng] 완정하다, 완전하다 【연합구조】 완전하고(完) 가지런하다(整). ◉ 整(정): 가지런하다, 가지런히 하다

万 萬 ｜ 일만 만 [wàn] 만, 10000 3급신출자

万一 [wànyī] 만일에, 만약에 【수식구조】 만(万)에 하나(一), 만(万) 중의 일(一). ◉ 一(일): 하나

危 ｜ 위태할 위 [wēi] 위태롭다, 위험하다 4급신출자

危害 [wēihài] 해치다, 위해 【연합구조】 위험하고(危) 해롭다(害). ◉ 害(해): 해하다, 해롭다, 재앙, 손해

微 ｜ 작을 미 [wēi] 작다, 미미하다 4급신출자

微笑 [wēixiào] 미소하다, 미소 짓다 【수식구조】 미미하게(微) 웃다(笑). ◉ 笑(소): 웃다

围 圍 | 에워쌀 위 [wéi] 둘레, 둘러싸다 4급신출자

围巾 [wéijīn] 목도리, 머플러, 스카프 【수식구조】 두르는(围) 수건(巾). ◉ 巾(건): 수건

位 | 자리 위 [wèi] 자리, 곳, 위치, 분(사람존칭 단위사)
3급신출자

位于 [wèiyú] …에 위치하다 【술보구조】 …에(于) 자리하다(位). '于'는 개사로서 동사 '位'(위)의 보어로 충당된다. ◉ 于(우): …에

温 溫 | 따뜻할 온 [wēn] 따뜻하다, 부드럽다 4급신출자

温暖 [wēnnuǎn] 따뜻하다, 온난하다 【연합구조】 두 글자 모두 '따뜻하다'는 뜻이다. ◉ 暖(난): 따뜻하다, 부드럽다

文 | 글월 문 [wén] 글, 글자, 무늬, 문학 3급신출자

文件 [wénjiàn] 문건 (공문, 서류, 서신 등등) 【수식구조】 글(文)로 된 물건(件). ◉ 件(건): 물건, 사건, 가지

文具 [wénjù] 문구, 문방구 【수식구조】 글(文)을 쓰는 도구(具). ◉ 具(구): 갖추다, 도구

文明 [wénmíng] 문명 【주술구조】 글(文)이 밝음(明). ◉ 明(명): 밝다

文学 [wénxué] 문학 【수식구조】 글(文)과 관련된 공부/학문(学). ◉ 学(학): 배우다, 공부하다, 학문

文字 [wénzì] 문자, 글자 【연합구조】 단순글자(文)와 결합문자(字). 상형, 지사와 같은 1차적인 글자를 '文'이라고 하고, 이것들이 서로 결합하여 만들어진 2차적인 글자를 '字'라고 한

다. ◉ 字(자): 글자, 기르다, 낳다

问 問 │ 물을 문 [wèn] 묻다 <small>2급신출자</small>

问候 [wènhòu] 안부를 묻다, 문안드리다 【술목구조】 철에 따른
상태(候)를 묻다(问). ◉ 候(후): 철, 때, 기후, 상태, 기다리다

无 無 │ 없을 무 [wú] 없다 <small>4급신출자</small>

无数 [wúshù] 수를 헤아리기 어렵다, 수를 헤아릴 수 없다 【술목
구조】 셀(数) 수가 없다(无). ◉ 数(수): 수, 셈, 세다

物 │ 사물 물 [wù] 물건, 물체, 사물 <small>3급신출자</small>

物理 [wùlǐ] 물리(학) 【수식구조】 사물(物)의 이치(理). ◉ 理(리):
다스리다, 이치, 도리
物质 [wùzhì] 물질 【수식구조】 사물(物)의 바탕(质). ◉ 质(질): 바
탕, 본질, 성질, 소박하다

吸 │ 들이쉴 흡 [xī] 숨을 들이쉬다, 마시다, 빨다
<small>4급신출자</small>

吸取 [xīqǔ] 흡수하다, 빨아들이다, 섭취하다 【연합구조】 빨아들여
(吸) 취하다(取). ◉ 取(취): 취하다, 가지다
吸收 [xīshōu] 섭취하다, 흡수하다 【연합구조】 빨아들여(吸) 거두
다(收). ◉ 收(수): 거두다, 받다

细 細 │ 가늘 세 [xì] 가늘다, 세밀하다 <small>4급신출자</small>

细节 [xìjié] 세목, 세부(사항) 【수식구조】 자세한/세부(细) 절목
(节). ◉ 节(절): 마디, 항목, 절목, 아끼다

戏 戲 │ 놀 희 [xì] 희롱하다, 조롱하다, 장난, 놀이, 연극
<small>3급신출자</small>

戏剧 [xìjù] 희극, 연극, 중국 전통극 【수식구조】 희화한(戏) 연극 (剧). ◉ 剧(극): 심하다, 희롱하다, 연극

相 | 서로 상 [xiāng] 서로 / [xiàng] 사진, 돕다
3급신출자

相当 [xiāngdāng] 상당히, 무척, 꽤 【수식구조】 서로(相) 마땅하 다(当). ◉ 当(당): 마땅하다, 당하다

相对 [xiāngduì] 상대하다, 상대적으로 【수식구조】 서로(相) 대하 다(对). ◉ 对(대): 맞다, 대하다, 마주하다, 짝

相关 [xiāngguān] 상관있다, 상관되다 【수식구조】 서로(相) 관련 되다(关). ◉ 关(관): 빗장, 관문, 관계, 닫다, 끄다

想 | 생각할 상 [xiǎng] 생각하다, 하려고 하다, 하고
싶다 1급신출자

想象 [xiǎngxiàng] 상상(하다) 【술목구조】 어떤 모습(象/像)을 생 각하다(想). ◉ 象(상): 코끼리, 본뜨다, 모습, 모양

现 現 | 나타날 현 [xiàn] 지금, 나타나다 1급신출자

现实 [xiànshí] 현실 【수식구조】 나타나 있는(现) 실체(实). ◉ 实 (실): 열매, 사실, 실체, 진실, 실제

现象 [xiànxiàng] 현상 【수식구조】 나타나는(现) 모습(象). ◉ 象 (상): 코끼리, 본뜨다, 모습, 모양

消 | 사라질 소 [xiāo] 없어지다, 사라지다, 소모하다,
소식 4급신출자

消费 [xiāofèi] 소비하다 【연합구조】 없애고(消) 쓰다(费). ◉ 费 (비): 쓰다, 소모하다, 비용

消化 [xiāohuà] 소화하다 【연합구조】 소모하여(消) 바꾸다(化). ◉ 化(화): 바뀌다, 변하다, 되다

消极 [xiāojí] 소극적이다, 의기소침하다 【술목구조】 극진함(极)을 없애다(消). ⊙ 极(극): 극점, 절정, 끝, 다하다, 극진하다, 극히
消失 [xiāoshī] 사라지다, 없어지다, 소실되다 【연합구조】 사라지고 (消) 잃다(失). ⊙ 失(실): 잃다, 빠뜨리다, 잘못하다, 그르치다

小 ❘ 작을 소 [xiǎo] 작다, 어리다, 귀엽다, …군(손아래 사람 성 앞에 붙이는 접두어, 小↔老) 1급신출자

小气 [xiǎoqi] 쩨쩨하다, 옹졸하다, 인색하다, 도량이 좁다 【수식구조】 작은(小) 기백(气), 또는 그런 상태. ⊙ 气(기): 기운, 기세, 기백, 공기, 힘

写 寫 ❘ 베낄 사 [xiě] (글씨를) 쓰다, 베끼다 1급신출자

写作 [xiězuò] 글을 짓다, 저작하다 【연합구조】 글을 써서(写) 짓 다(作). ⊙ 作(작): 짓다, 만들다, 하다

心 ❘ 마음 심 [xīn] 마음 3급신출자

心脏 [xīnzàng] 심장 【수식구조】 심(心)인 장기(脏). ⊙ 脏(장): 오 장(배 안에 있는 다섯 기관), 장기, 더럽다
心理 [xīnlǐ] 심리 【수식구조】 마음(心)이 움직이는 이치(理). ⊙ 理 (리): 다스리다, 이치, 도리

信 ❘ 믿을 신 [xìn] 믿다, 편지, 정보 3급신출자

信号 [xìnhào] 신호 【수식구조】 정보(信) 부호(号). ⊙ 号(호): 부 르짖다, 번호, 부호
信任 [xìnrèn] 신임하다, 신뢰하다 【연합구조】 믿고(信) 맡기다 (任). ⊙ 任(임): 맡다, 맡기다

行 ❘ 갈 행 [xíng] 가다, 좋다, 행하다 / [háng](항) 줄, 항렬, 업종 3급신출자

行动 [xíngdòng] 행동, 행위, 거동 【연합구조】 행하여(行) 움직이다(动). ⊙ 动(동): 움직이다, 옮기다

行人 [xíngrén] 행인, 길을 가는 사람 【수식구조】 길가는(行) 사람(人). ⊙ 人(인): 사람

行为 [xíngwéi] 행위, 하는 짓 【연합구조】 행하여(行) 하다(为). ⊙ 为(위): 하다, 위하여, 때문에

幸 | 다행 행 [xìng] 다행, 좋은 운, 은총 4급신출자

幸运 [xìngyùn] 운이 좋다, 행운이다 【수식구조】 다행스러운(幸) 운수(运). ⊙ 运(운): 나르다, 움직이다, 운수

性 | 성품 성 [xìng] 성품, 본성, 성별 4급신출자

性质 [xìngzhì] 성질 【연합구조】 성품(性)과 기질(质). ⊙ 质(질): 바탕, 기질, 소박하다

修 | 닦을 수 [xiū] 닦다, 꾸미다, 고치다 4급신출자

修改 [xiūgǎi] 고치다, 수정하다 【연합구조】 수리하고(修) 고치다(改). ⊙ 改(개): 고치다, 바꾸다

学 學 | 배울 학 [xué] 배우다, 공부하다 1급신출자

学历 [xuélì] 학력 【수식구조】 배운(学) 이력(历). ⊙ 历(력): 지나다, 겪다, 경력, 이력, 달력

学术 [xuéshù] 학술 【연합구조】 학문(学)과 기술(术). 학문(学)과 방법(术). ⊙ 术(술): 재주, 꾀, 방법, 기예, 학술

学问 [xuéwen] 학문, 공부, 지식 【연합구조】 배우고(学) 묻다(问). ⊙ 问(문): 묻다, 질문

演 | 펼 연 [yǎn] 펼치다, 행하다, 공연하다, 몸짓하다, 설명하다 4급신출자

演讲 [yǎnjiǎng] 강연(하다), 연설(하다) 【연합구조】 펼치고(演) 설명하다(讲). ◉ 讲(강): 설명하다, 이야기하다, 꾀하다

阳 陽 ｜ 볕 양 [yáng] 볕, 햇볕, 양지 3급신출자

阳台 [yángtái] 발코니, 베란다 【수식구조】 햇볕(阳)이 드는 단(台). ◉ 台(대): 돈대, 무대, 단

样 樣 ｜ 모양 양 [yàng] 모양, 본보기, 형태 1급신출자

样式 [yàngshì] 양식, 모양, 스타일(style) 【연합구조】 모양(样)과 법식(式). ◉ 式(식): 법, 법식, 방식, 의식, 본뜨다

要 ｜ 구할 요 [yāo] 구하다, 요구하다, 필요하다, 강요하다, 만약 3급신출자

要不 [yàobù] 그렇지 않으면, 안 그러면 【수식구조】 만약(要) …않으면(不). ◉ 不(불): 안, 아니

业 業 ｜ 업 업 [yè] 일, 업 3급신출자

业务 [yèwù] 업무 【연합구조】 두 글자 모두 '일, 업무'라는 뜻이다. ◉ 务(무): 힘쓰다, 일, 직무

一 ｜ 한 일 [yī] 하나, 1 1급신출자

一律 [yílǜ] 일률적이다, 한결같다 【수식구조】 하나(一)의 법칙/규칙(律)으로. ◉ 律(률): 법, 규칙, 계율, 정도, 가락

一再 [yízài] 거듭, 반복해서 【연합구조】 한번(一) 또다시(再). ◉ 再(재): 다시, 또, 두번째

疑 ｜ 의심할 의 [yí] 의심, 의심하다 4급신출자

疑问 [yíwèn] 의문, 의혹(疑惑) 【연합구조】 의심스러워(疑) 묻다(问). ◉ 问(문): 묻다, 물음

以 以 │ 써 이 [yǐ] …로서, …로써, …때문, 까닭 2급신출자

以及 [yǐjí] 및, 그리고, 아울러 【부가구조】 그리고(以) … 및(及). '以'는 원래 접속사로 사용되었으나, 뒷말과 한 단어로 굳어져 의미가 허화된 덧붙은 글자로 변하였다. ⊙ 及(급): 미치다, …와/및

以来 [yǐlái] 이래, 동안 【부가구조】 그리고(以) 앞으로(来). '以'는 원래 접속사로 사용되었으나, 뒷말과 한 단어로 굳어져 의미가 허화된 덧붙은 글자로 변하였다. ⊙ 来(래): 오다, 하다, 이후로, 앞으로

意 │ 뜻 의 [yì] 뜻, 마음, 의지 2급신출자

意外 [yìwài] 의외의, 뜻밖의 【수식구조】 뜻(意) 밖(外)에. ⊙ 外(외): 밖, 바깥, 외국

议 議 │ 의논할 의 [yì] 의논하다, 상의하다 3급신출자

议论 [yìlùn] 논의하다, 의논하다 【연합구조】 두 글자 모두 '논의하다'는 뜻이다. ⊙ 论(론): 논하다, 논의하다, 토론하다

因 │ 인할 인 [yīn] 원인, 때문 2급신출자

因而 [yīn'ér] 그러므로, 그런 까닭에, 따라서 【연합구조】 까닭(因)에 그래서(而). ⊙ 而(이): 그리고, 그러나, 그래서

印 │ 도장 인 [yìn] 도장, 찍다, 인쇄하다 4급신출자

印刷 [yìnshuā] 인쇄하다 【연합구조】 두 글자 모두 '찍어내다'는 뜻이다. '印'(인)은 '도장처럼 찍어내다'는 뜻이고, '刷'(쇄)는 '솔로 쓸어 찍어내다'는 뜻이다. ⊙ 刷(쇄): 쓸다, 솔질하다, 찍어내다, 없애버리다

迎 | 맞이할 영 [yíng] 맞이하다 3급신출자

迎接 [yíngjiē] 영접하다, 마중하다 【연합구조】 환영하며(迎) 맞이하다(接). ⊙ 接(접): 잇다, 붙이다, 접하다, 맞이하다

影 | 그림자 영 [yǐng] 그림자 1급신출자

影子 [yǐngzi] 그림자 【부가구조】 '子'(자)는 명사접미어로 덧붙은 글자이다. 개체의 독립성을 나타낸다. ⊙ 子(자): 아들, 자식, 명사접미어

应 應 | 응할 응 [yìng] 대응하다, 응답하다, 맞추다 / [yīng] 마땅하다, 해야한다 4급신출자

应付 [yìngfu] 응하다, 대응하다, 대강하다 【연합구조】 응하여(应) 주다(付). ⊙ 付(부): 주다, 맡기다, 부탁하다

应用 [yìngyòng] 응용하다, 이용하다 【연합구조】 대응하여(应) 쓰다(用). ⊙ 用(용): 쓰다, 사용하다, 용도

勇 | 날낼 용 [yǒng] 날래다, 용감하다 4급신출자

勇气 [yǒngqì] 용기 【수식구조】 날래는(勇) 기운(气), 气(기): 기운, 공기, 기세, 기백

用 | 쓸 용 [yòng] 쓰다, 사용하다, …로써 3급신출자

用功 [yònggōng] 노력하다, 열심히 공부하다 【술목구조】 공/노력(功)을 들이다(用). ⊙ 功(공): 공, 공로, 보람

优 優 | 넉넉할 우 [yōu] 뛰어나다, 넉넉하다, 낫다 4급신출자

优美 [yōuměi] 아름답다, 우아하고 아름답다 【연합구조】 뛰어나고(优) 아름답다(美). ⊙ 美(미): 아름답다, 좋다

有 | 있을 유 [yǒu] (가지고) 있다 (소유를 나타냄)
1급신출자

有利 [yǒulì] 유리하다, 이롭다, 유익하다 【술목구조】 이익됨(利)이 있다(有). ◉ 利(리): 날카롭다, 이롭다, 이익, 편리

语 語 | 말씀 어 [yǔ] 말, 언어 1급신출자

语气 [yǔqì] 어기, 말투, 어세(語勢) 【수식구조】 말(语)의 기세(气). ◉ 气(기): 기운, 기세, 공기, 기백

与 與 | 더불 여 [yǔ] …와[=和(hé)], 더불어, …보다는
4급신출자

与其 [yǔqí] …하기보다는, …하느니 (차라리) 【술목구조】 그(其) …하기보다는(与), 엄밀하게 말하면. [※ '其…'는 '与'의 개 사목적어이다. 문언의 상용구로서, 현대한어의 '和他/它'로 해석될 수 있다.] ◉ 其(기): 그, 그의, 그것

预 預 | 미리 예 [yù] 미리 4급신출자

预报 [yùbào] 미리 알리다, 예보하다 【수식구조】 미리(预) 알리다 (报). ◉ 报(보): 알리다, 신문

员 員 | 인원 원 [yuán] 인원, 구성원 2급신출자

员工 [yuángōng] 종업원, 직원과 노동자 【연합구조】 직원(员)과 기술자/노동자(工). ◉ 工(공): 장인, 기술, 솜씨

原 | 언덕 원 [yuán] 언덕, 근원, 원래, 처음의, 바라다
(愿) 4급신출자

原料 [yuánliào] 원료, 감 【수식구조】 원래(原)의 재료(料). ◉ 料 (료): 헤아리다, 재다, 재료

原则 [yuánzé] 원칙 【수식구조】 근원적인(原) 법칙(则). ⊙ 则(칙/
즉): 법칙, 규칙, 준칙, …면(즉)

愿 願 | 바랄 원 [yuàn] 원하다, 바라다, 소원 3급신출자

愿望 [yuànwàng] 희망, 소원, 바람 【연합구조】 원하고(愿) 바라다
(望). ⊙ 望(망): 바라보다, 바라다, 보름

**运 運 | 옮길 운 [yùn] 옮기다, 움직이다, 나르다, 궁리하
다, 운명, 운수** 2급신출자

运气 [yùnqi] 운(運), 운수, 운세, 운명 【수식구조】 운명(运)의 기
운(气). ⊙ 气(기): 기운, 기세, 공기, 기백
运输 [yùnshū] 운수하다, 운송하다, 수송하다 【연합구조】 두 글자
모두 '실어 나르다'는 뜻이다. 나르고(运) 보내다(输). ⊙
输(수): 실어내다, 보내다, 나르다, 지다(↔이기다), 짐
运用 [yùnyòng] 운용하다, 활용하다, 응용하다 【연합구조】 궁리하
여(运) 쓰다(用). ⊙ 用(용): 쓰다, 사용하다, …로써

再 | 다시 재 [zài] 다시, 또 (미래 시제에 사용) 1급신출자

再三 [zàisān] 재삼, 거듭, 여러번 【연합구조】 두(再) 세(三) 번. ⊙
三(삼): 삼, 셋

在 | 있을 재 [zài] 있다, 존재하다, 생존하다 1급신출자

在乎 [zàihu] …에 있다, 개의하다, 마음에 두다 【부가구조】 …에
(乎) 있다/두다(在). ⊙ 乎(호): …에, 조사(의문·감탄·추측
등을 나타냄)
在于 [zàiyú] …에 있다 【술보구조】 …에(于) 있다(在). ⊙ 于(우):
…에(서)

责 責 | 꾸짖을 책 [zé] 꾸짖다, 나무라다, 요구하다, 책임
4급신출자

责备 [zébèi] 책망하다, 탓하다 【술목구조】 완벽하게 갖출 것(备)을 요구하다(责). ◉ 备(비): 갖추다, 마련하다, 준비하다

展 | 펼 전 [zhǎn] 펴다, 벌이다, 나아가다, 발달하다
4급신출자

展开 [zhǎnkāi] 펴다, 펼치다 【연합구조】 펼쳐(展) 열다(开). ◉ 开(개): 열다, 펴다, 시작하다, 떨어지다

着 着 | 붙을 착 [zháo] 닿다, 붙다, '着急'의 구성글자 /
[zhe] 상태조사 3급신출자

着火 [zháohuǒ] 불나다, 발화하다 【술목구조】 불(火)을 일으키다(着). ◉ 火(화): 불

着凉 [zháoliáng] 감기에 걸리다, 【술목구조】 찬기운(凉)을 맞다(着). ◉ 凉(량): 서늘하다, 차갑다

照 | 비출 조 [zhào] 비추다, 따르다, 밝다, (사진)찍다
3급신출자

照常 [zhàocháng] 평소대로 하다, 평소와 같다 【술목구조】 평상시(常)를 비추어 따르다(照). ◉ 常(상): 늘, 항상, 일상적이다, 변함없다,

真 眞 | 참 진 [zhēn] 정말 2급신출자

真实 [zhēnshí] 진실하다 【연합구조】 참되고(真) 사실적이다(实). ◉ 实(실): 열매, 실제, 사실, 진실

针 針 ┃ 바늘 침 [zhēn] 바늘, 침, 바느질하다, 찌르다
4급신출자

针对 [zhēnduì] 겨누다, 대하다, 맞추다 【수식구조】 침으로 찌르
듯(针) 마주하다(对). ⊙ 对(대): 대하다, 마주하다, 대답하
다, 상대, 짝

争 爭 ┃ 다툴 쟁 [zhēng] 다투다 4급신출자

争论 [zhēnglùn] 논쟁하다, 쟁론하다, 변론하다 【수식구조】 다투
어(争) 논의하다(论). ⊙ 论(론): 논하다, 논의하다, 토론하다
争取 [zhēngqǔ] 쟁취하다, 얻어 내다, 따내다 【연합구조】 싸워서
(争) 빼앗다(取). ⊙ 取(취): 취하다, 가지다

整 ┃ 가지런할 정 [zhěng] 가지런하다, 온전하다, 완정
하다 4급신출자

整个 [zhěnggè] 온, 완정한 것, 모든 것 【수식구조】 온전한(整)
하나(个). ⊙ 个(개): 개, 낱낱, 하나, 단독
整体 [zhěngtǐ] 전부, 전체, 총체 【수식구조】 완전한(整) 개체(体).
⊙ 体(체): 몸, 몸소, 형체, 물체, 체재

证 證 ┃ 증거 증 [zhèng] 증서, 증거, 증명하다 4급신출자

证件 [zhèngjiàn] 증명서, 증거 서류 【수식구조】 증명하는(证) 문
건(件). ⊙ 件(건): 물건, 사건, 문서, 가지
证据 [zhèngjù] 증거 【수식구조】 증명하는(证) 증거/근거(据). ⊙
据(거): 근거, 증거, 의거하다

支 ┃ 지탱할 지 [zhī] 받치다, 치르다, 지불하다, 갈리
다, 가지 4급신출자

支票 [zhīpiào] 수표 【수식구조】 값을 치르는(支) 증표(票). ⊙ 票

(표): 표, 증표, 쪽지

指	가리킬 지 [zhǐ] 손가락, 가리키다, 지시하다
	4급신출자

指导 [zhǐdǎo] 지도하다, 이끌어 주다 【연합구조】 가리키고(指) 이끌다(导). ◉ 导(도): 이끌다

至	이를 지 [zhì] 이르다, 지극하다, 최대한의, …까지
	4급신출자

至今 [zhìjīn] 지금까지, 오늘까지 【술목구조】 오늘(今)에 이르기까지(至). ◉ 今(금): 이제, 지금, 오늘

至于 [zhìyú] …에 이르다, …할 지경이다, …에 관해서는 【술보구조】 …에(于) 이르다(至). ◉ 于(우): …에(서)

志 誌	뜻 지 / 기록할 지 [zhì] 뜻(志), 마음, 기록하다 (誌) [※ '志'(뜻 지)는 '誌'(기록할 지)의 간화자이기도 함.] 4급신출자

志愿者 [zhìyuànzhě] 자원봉사자 【수식구조】 뜻/마음(志)으로 참여하기를 원하는(愿) 사람(者). 志愿(지원): 마음(志)으로 원함(愿). ◉ 愿(원): 원하다, 바라다. 者(자): 사람, 것

中	가운데 중 [zhōng] 가운데, 속 1급신출자

中介 [zhōngjiè] 중개하다, 매개하다 【수식구조】 가운데(中)에서 소개하다(介). ◉ 介(개): 끼다, 사이에 들다, 소개하다

中心 [zhōngxīn] 중심, 한가운데, 센터 【연합구조】 두 글자 모두 '가운데'라는 뜻이다. ◉ 心(심): 마음, 생각, 가운데, 중심

重	무거울 중 [zhòng] 무겁다 / [chóng] 중복하다, 다시 3급신출자

5급
단어

Z

重大 [zhòngdà] 중대하다 【연합구조】 무겁고(重) 크다(大). ◉ 大
(대): 크다, 많다, 세다

重量 [zhòngliàng] 중량, 무게 【수식구조】 무거운(重) 양(量). ◉
量(량): 양, 재다, 헤아리다

周 週 | 두루 주 / 돌 주 [zhōu] 두루, 주, 주일('週'의 간
체자) 3급신출자

周到 [zhōudào] 주도면밀하다, 세심하다, 빈틈없다 【수식구조】 두
루(周) 이르다/미치다(到). ◉ 到(도): 이르다, 도달하다, …
로, …까지

主 | 주인 주 [zhǔ] 주인, 주체, 중심, 자신의, 주요한,
주되다 3급신출자

主持 [zhǔchí] 주관하다, 주재하다, 사회[MC]를 보다 【수식구조】
주체적(主)으로 지켜나가다(持). ◉ 持(지): 가지다, 지니다,
버티다, 지키다, 지탱하다

主动 [zhǔdòng] 주동적인 【수식구조】 주체(主)로 움직이다(动).
◉ 动(동): 움직이다

主观 [zhǔguān] 주관 【수식구조】 주체(主)로 보다(观). ◉ 观(관):
보다, 구경하다, 둘러보다

主任 [zhǔrèn] 주임 【수식구조】 주인(主)으로 맡다(任). 또는 그런
사람. ◉ 任(임): 맡다, 임무

主人 [zhǔrén] 주인 【수식구조】 주(主)되는 사람(人). ◉ 人(인):
사람

主题 [zhǔtí] 주제 【수식구조】 주된(主) 표제(题). ◉ 题(제): 제목,
앞머리, 글, 평론, 표제

主张 [zhǔzhāng] 주장하다 【수식구조】 중심(主)이 되어 펼치다
(张). ◉ 张(장): 베풀다, 벌이다, 넓히다, 펼치다

祝 | 빌 축 [zhù] 빌다, 기원하다, 축원하다 3급신출자

祝福 [zhùfú] 축복하다, 기원하다, 축원하다 【술목구조】 복(福)을 빌다(祝). ◉ 福(복): 복, 행운

专 專 | 오로지 전 [zhuān] 오로지, 몰두하다, 전일(專一) 하다 4급신출자

专家 [zhuānjiā] 전문가 【수식구조】 전문적(专) 지식을 갖춘 인물 (家). ◉ 家(가): 집, 문벌, 인물, 학자, 학파

专心 [zhuānxīn] 전심전력하다, 전념하다, 열중하다 【술목구조】 마음(心)을 몰입시키다/하나로 하다(专). ◉ 心(심): 마음, 중심

资 資 | 재물 자 [zī] 재물, 밑천, 바탕, 자원, 자질 4급신출자

资格 [zīgé] 자격 【연합구조】 자질(资)과 품격(格). ◉ 格(격): 격식, 법식, 품격, 바르다

资金 [zījīn] 자금, 밑천 【수식구조】 바탕(资)이 되는 금전(金). ◉ 金(금): 쇠, 금, 돈

资料 [zīliào] 자료 【수식구조】 바탕(资)이 되는 재료(料). ◉ 料 (료): 헤아리다, 일감, 거리, 재료

字 | 글자 자 [zì] 글자, 문자 1급신출자

字母 [zìmǔ] 자모, 알파벳 【수식구조】 글자(字)의 근본단위(母). ◉ 母(모): 엄마, 모체, 근본

自 | 스스로 자 [zì] 스스로, 저절로, …로부터 3급신출자

自从 [zìcóng] …에서, …부터 【연합구조】 두 글자 모두 '…로부터'라는 뜻이다. ◉ 从(종): 따르다, …로부터

自动 [zìdòng] 자발적인, 주체적으로, 주동적인 【수식구조】 스스로(自) 움직이다(动). ◉ 动(동): 움직이다, 일하다

5급
단어

z

■■■ 375

自觉 [zìjué] 자각하다, 스스로 느끼다 【수식구조】 스스로(自) 느끼다(觉): 觉(각): 느끼다

自由 [zìyóu] 자유롭다 【수식구조】 스스로(自) 말미암다/행하다(由), 由(유): 말미암다, 행하다, …로부터, …때문에

自愿 [zìyuàn] 자원하다 【수식구조】 스스로(自) 바라다(愿). ◉ 愿(원): 바라다, 원하다

总 總 | 거느릴 **총** [zǒng] 모으다, 총괄하다, 모두, 늘
3급신출자

总共 [zǒnggòng] 모두, 전부, 합쳐서 【연합구조】 모아서(总) 함께(共). ◉ 共(공): 함께, 같이, 하나로

总理 [zǒnglǐ] 총리 【수식구조】 총괄하여(总) 다스리다(理), 또는 그런 사람. ◉ 理(리): 다스리다, 이치, 도리

总算 [zǒngsuàn] 마침내, 드디어, 전체적으로 【수식구조】 총체적으로(总) 셈하여(算). ◉ 算(산): 셈하다, 셈

总之 [zǒngzhī] 종합하면, 총괄하면, 결론적으로 【술목구조】 그것/제시된 모든 것(之)을 모으면/종합하면(总). ◉ 之(지): 그것, …의

作 | 지을 **작** [zuò] 만들다, 일하다, 글을 쓰다 1급신출자

作为 [zuòwéi] 행위, 작위 【연합구조】 만들고(作) 하는(为) 일 / …이 되다, …으로 삼다 【술보구조】 …으로 하여(作) …되다(为). ◉ 为(위): …되다, 하다, …위하여, …때문에

作文 [zuòwén] 작문하다, 글을 짓다 【술목구조】 글(文)을 짓다(作). ◉ 文(문): 글, 문장, 문학

부록

HSK

신출한자

찾아보기

한어병음_ ABC순
한자음_ 가나다순

찾아보기(ABC순)

D [급수]

感 [gǎn] ……… 3	各 [gè] ……… 4	顾 [gù] ……… 3
感动 [gǎndòng] ……… 4	各自 [gèzì] ……… 5	顾客 [gùkè] ……… 4
感激 [gǎnjī] ……… 5	给 [gěi] ……… 2	故 [gù] ……… 3
感觉 [gǎnjué] ……… 4	根 [gēn] ……… 3	故意 [gùyì] ……… 4
感情 [gǎnqíng] ……… 4	根本 [gēnběn] ……… 5	固 [gù] ……… 5
感受 [gǎnshòu] ……… 5	跟 [gēn] ……… 3	瓜 [guā] ……… 2
感想 [gǎnxiǎng] ……… 5	更 [gèng] ……… 3	刮 [guā] ……… 3
感谢 [gǎnxiè] ……… 4	工 [gōng] ……… 1	挂 [guà] ……… 4
敢 [gǎn] ……… 4	工程师 [gōngchéngshī] ……… 5	挂号 [guàhào] ……… 5
赶 [gǎn] ……… 4	工具 [gōngjù] ……… 5	乖 [guāi] ……… 5
赶紧 [gǎnjǐn] ……… 5	工人 [gōngrén] ……… 5	拐 [guǎi] ……… 5
赶快 [gǎnkuài] ……… 5	工业 [gōngyè] ……… 5	怪 [guài] ……… 3
干 [gàn] ……… 4	公 [gōng] ……… 2	怪不得 [guàibude] ……… 5
干活儿 [gànhuór] ……… 5	公开 [gōngkāi] ……… 5	关 [guān] ……… 1
刚 [gāng] ……… 3	公里 [gōnglǐ] ……… 4	观 [guān] ……… 4
钢 [gāng] ……… 4	公平 [gōngpíng] ……… 5	观察 [guānchá] ……… 5
钢铁 [gāngtiě] ……… 5	公元 [gōngyuán] ……… 5	观点 [guāndiǎn] ……… 5
纲 [gāng] ……… 5	公主 [gōngzhǔ] ……… 5	官 [guān] ……… 5
高 [gāo] ……… 1	供 [gōng] ……… 4	馆 [guǎn] ……… 2
高级 [gāojí] ……… 5	功 [gōng] ……… 4	管 [guǎn] ……… 4
糕 [gāo] ……… 3	功能 [gōngnéng] ……… 5	管子 [guǎnzi] ……… 5
膏 [gāo] ……… 4	恭 [gōng] ……… 5	冠 [guàn] ……… 5
搞 [gǎo] ……… 5	共 [gòng] ……… 2	惯 [guàn] ……… 3
告 [gào] ……… 2	共同 [gòngtóng] ……… 4	光 [guāng] ……… 4
告别 [gàobié] ……… 5	贡 [gòng] ……… 5	光明 [guāngmíng] ……… 5
哥 [gē] ……… 2	沟 [gōu] ……… 5	光盘 [guāngpán] ……… 5
歌 [gē] ……… 2	狗 [gǒu] ……… 1	广 [guǎng] ……… 4
胳 [gē] ……… 4	够 [gòu] ……… 4	广大 [guǎngdà] ……… 5
格 [gé] ……… 4	购 [gòu] ……… 4	广场 [guǎngchǎng] ……… 5
格外 [géwài] ……… 5	构 [gòu] ……… 5	逛 [guàng] ……… 4
革 [gé] ……… 5	估 [gū] ……… 4	规 [guī] ……… 4
隔 [gé] ……… 5	姑 [gū] ……… 5	规律 [guīlǜ] ……… 5
个 [gè] ……… 1	骨 [gǔ] ……… 5	规则 [guīzé] ……… 5
个别 [gèbié] ……… 5	鼓 [gǔ] ……… 4	归 [guī] ……… 5
个人 [gèrén] ……… 5	鼓舞 [gǔwǔ] ……… 5	鬼 [guǐ] ……… 5
个性 [gèxìng] ……… 5	古 [gǔ] ……… 5	贵 [guì] ……… 2
个子 [gèzi] ……… 3	股 [gǔ] ……… 5	柜 [guì] ……… 5

M [급수]

强 [qiáng] ················ 5	娶 [qǔ] ················ 5	人生 [rénshēng] ············· 5
墙 [qiáng] ················ 5	去 [qù] ················ 1	人事 [rénshì] ·············· 5
抢 [qiǎng] ················ 5	去年 [qùnián] ············ 2	人物 [rénwù] ·············· 5
敲 [qiāo] ················ 4	去世 [qùshì] ············· 5	人员 [rényuán] ············· 5
悄 [qiāo] ················ 5	趣 [qù] ················ 3	忍 [rěn] ················ 5
桥 [qiáo] ················ 4	圈 [quān] ··············· 5	认 [rèn] ················ 1
瞧 [qiáo] ················ 5	全 [quán] ··············· 4	认真 [rènzhēn] ············· 3
巧 [qiǎo] ················ 4	全面 [quánmiàn] ·········· 5	任 [rèn] ················ 4
切 [qiē] ················ 5	泉 [quán] ··············· 4	扔 [rēng] ················ 4
且 [qiě] ················ 3	权 [quán] ··············· 5	仍 [réng] ················ 4
切 [qiè] ················ 4	拳 [quán] ··············· 5	日 [rì] ················ 2
亲 [qīn] ················ 4	劝 [quàn] ··············· 5	日常 [rìcháng] ············· 5
亲爱 [qīn'ài] ············· 5	缺 [quē] ················ 4	日程 [rìchéng] ············· 5
亲自 [qīnzì] ·············· 5	却 [què] ················ 4	日记 [rìjì] ················ 4
琴 [qín] ················ 4	确 [què] ················ 4	日历 [rìlì] ················ 5
勤 [qín] ················ 5	确定 [quèdìng] ············ 5	日期 [rìqī] ················ 5
轻 [qīng] ················ 3	确认 [quèrèn] ············· 5	日子 [rìzi] ················ 5
轻视 [qīngshì] ············ 5	群 [qún] ················ 5	容 [róng] ················ 3
轻易 [qīngyì] ············· 5	裙 [qún] ················ 3	荣 [róng] ················ 5
清 [qīng] ················ 3		柔 [róu] ················ 5
青 [qīng] ················ 5	**R** [급수]	肉 [ròu] ················ 2
情 [qíng] ················ 2		如 [rú] ················ 3
情景 [qíngjǐng] ············ 5	然 [rán] ················ 2	如何 [rúhé] ················ 5
晴 [qíng] ················ 2	然而 [rán'ér] ············· 4	如今 [rújīn] ················ 5
请 [qǐng] ················ 1	然后 [ránhòu] ············· 3	入 [rù] ················ 4
请求 [qǐngqiú] ············ 5	燃 [rán] ················ 5	软 [ruǎn] ················ 5
庆 [qìng] ················ 5	染 [rǎn] ················ 4	润 [rùn] ················ 5
穷 [qióng] ················ 4	让 [ràng] ················ 2	弱 [ruò] ················ 5
秋 [qiū] ················ 3	扰 [rǎo] ················ 4	
求 [qiú] ················ 3	绕 [rào] ················ 5	**S** [급수]
球 [qiú] ················ 2	热 [rè] ················ 1	
球迷 [qiúmí] ·············· 5	热爱 [rè'ài] ··············· 5	洒 [sǎ] ················ 5
趋 [qū] ················ 5	热情 [rèqíng] ············· 3	赛 [sài] ················ 3
区 [qū] ················ 4	热心 [rèxīn] ·············· 5	三 [sān] ················ 1
屈 [qū] ················ 5	人 [rén] ················ 1	伞 [sǎn] ················ 3
取 [qǔ] ················ 4	人才 [réncái] ············· 5	散 [sàn] ················ 4
取消 [qǔxiāo] ············· 5	人口 [rénkǒu] ············· 5	嗓 [sǎng] ················ 5

消化 [xiāohuà] ············ 5
消极 [xiāojí] ············· 5
消失 [xiāoshī] ············· 5
销 [xiāo] ················ 5
小 [xiǎo] ················ 1
小吃 [xiǎochī] ············· 4
小气 [xiǎoqi] ············· 5
小时 [xiǎoshí] ············· 2
小说 [xiǎoshuō] ············ 4
校 [xiào] ················ 1
笑 [xiào] ················ 2
笑话 [xiàohua] ············· 4
效 [xiào] ················ 4
孝 [xiào] ················ 5
些 [xiē] ················· 1
歇 [xiē] ················· 5
鞋 [xié] ················· 3
斜 [xié] ················· 5
胁 [xié] ················· 5
谢 [xiè] ················· 1
写 [xiě] ················· 1
写作 [xiězuò] ············· 5
血 [xiě] ················· 5
新 [xīn] ················· 2
心 [xīn] ················· 3
心理 [xīnlǐ] ·············· 5
心情 [xīnqíng] ············· 4
心脏 [xīnzàng] ············· 5
辛 [xīn] ················· 4
欣 [xīn] ················· 5
信 [xìn] ················· 3
信号 [xìnhào] ············· 5
信任 [xìnrèn] ············· 5
信息 [xìnxī] ·············· 4
信心 [xìnxīn] ············· 4
星 [xīng] ················ 1
兴 [xīng] ················ 4

行 [xíng] ················ 3
行动 [xíngdòng] ············ 5
行人 [xíngrén] ············· 5
行为 [xíngwéi] ············· 5
形 [xíng] ················ 5
型 [xíng] ················ 5
醒 [xǐng] ················ 4
兴 [xìng] ················ 1
姓 [xìng] ················ 2
性 [xìng] ················ 4
性质 [xìngzhì] ············· 5
幸 [xìng] ················ 4
幸运 [xìngyùn] ············· 5
胸 [xiōng] ··············· 5
兄 [xiōng] ··············· 5
熊 [xióng] ··············· 3
雄 [xióng] ··············· 5
休 [xiū] ················· 2
修 [xiū] ················· 4
修改 [xiūgǎi] ············· 5
羞 [xiū] ················· 4
秀 [xiù] ················· 4
须 [xū] ·················· 3
需 [xū] ·················· 3
虚 [xū] ·················· 5
许 [xǔ] ·················· 4
续 [xù] ·················· 4
序 [xù] ·················· 4
叙 [xù] ·················· 5
绪 [xù] ·················· 5
宣 [xuān] ················ 5
选 [xuǎn] ················ 3
学 [xué] ················· 1
学历 [xuélì] ·············· 5
学期 [xuéqī] ·············· 4
学术 [xuéshù] ············· 5
学问 [xuéwen] ············· 5

雪 [xuě] ················· 2
寻 [xún] ················· 5
旬 [xún] ················· 5
询 [xún] ················· 5
迅 [xùn] ················· 5
训 [xùn] ················· 5

Y [급수]

呀 [ya] ·················· 4
鸭 [yā] ·················· 4
压 [yā] ·················· 4
押 [yā] ·················· 5
牙 [yá] ·················· 3
亚 [yà] ·················· 4
烟 [yān] ················· 4
颜 [yán] ················· 2
盐 [yán] ················· 4
研 [yán] ················· 4
言 [yán] ················· 4
严 [yán] ················· 4
延 [yán] ················· 5
眼 [yǎn] ················· 2
演 [yǎn] ················· 4
演讲 [yǎnjiǎng] ············ 5
验 [yàn] ················· 4
厌 [yàn] ················· 4
宴 [yàn] ················· 5
艳 [yàn] ················· 5
羊 [yáng] ················ 2
阳 [yáng] ················ 3
阳台 [yángtái] ············· 5
扬 [yáng] ················ 4
洋 [yáng] ················ 4
养 [yǎng] ················ 4
痒 [yǎng] ················ 5
样 [yàng] ················ 1

样式 [yàngshì] ········· 5	椅 [yǐ] ··················· 1	营 [yíng] ················ 5
样子 [yàngzi] ·········· 4	以 [yǐ] ··················· 2	影 [yǐng] ················ 1
要 [yāo] ················· 3	以及 [yǐjí] ·············· 5	影子 [yǐngzi] ·········· 5
邀 [yāo] ················· 4	以来 [yǐlái] ············· 5	应 [yìng] ················ 4
腰 [yāo] ················· 5	以前 [yǐqián] ·········· 3	应付 [yìngfu] ·········· 5
摇 [yáo] ················· 5	以为 [yǐwéi] ············ 4	应用 [yìngyòng] ······· 5
咬 [yǎo] ················· 5	已 [yǐ] ··················· 2	映 [yìng] ················ 5
药 [yào] ················· 2	乙 [yǐ] ··················· 5	硬 [yìng] ················ 5
要 [yào] ················· 2	意 [yì] ··················· 2	泳 [yǒng] ··············· 2
要不 [yàobù] ··········· 5	意见 [yìjiàn] ············ 4	永 [yǒng] ··············· 4
要是 [yàoshi] ·········· 4	意外 [yìwài] ············ 5	勇 [yǒng] ··············· 4
钥 [yào] ················· 4	易 [yì] ··················· 3	勇气 [yǒngqì] ·········· 5
爷 [yé] ··················· 3	议 [yì] ··················· 3	用 [yòng] ··············· 3
也 [yě] ··················· 2	议论 [yìlùn] ············· 5	用功 [yònggōng] ······· 5
业 [yè] ··················· 3	译 [yì] ··················· 4	拥 [yōng] ··············· 5
业务 [yèwù] ············ 5	忆 [yì] ··················· 4	优 [yōu] ················· 4
叶 [yè] ··················· 4	艺 [yì] ··················· 4	优美 [yōuměi] ·········· 5
页 [yè] ··················· 4	谊 [yì] ··················· 4	幽 [yōu] ················· 4
夜 [yè] ··················· 5	益 [yì] ··················· 5	悠 [yōu] ················· 5
一 [yī] ··················· 1	义 [yì] ··················· 5	游 [yóu] ················· 2
一边 [yìbiān] ··········· 3	亿 [yì] ··················· 5	邮 [yóu] ················· 3
一共 [yígòng] ·········· 3	裔 [yì] ··················· 5	尤 [yóu] ················· 4
一会儿 [yíhuìr] ········ 3	阴 [yīn] ················· 2	油 [yóu] ················· 4
一律 [yílǜ] ············· 5	因 [yīn] ················· 2	由 [yóu] ················· 4
一起 [yìqǐ] ············· 2	因而 [yīn'ér] ··········· 5	友 [yǒu] ················· 1
一下 [yíxià] ············ 2	音 [yīn] ················· 3	友好 [yǒuhǎo] ·········· 4
一样 [yíyàng] ·········· 3	姻 [yīn] ················· 5	有 [yǒu] ················· 1
一再 [yízài] ············ 5	银 [yín] ················· 3	有利 [yǒulì] ············ 5
医 [yī] ··················· 1	饮 [yǐn] ················· 3	有名 [yǒumíng] ········ 3
衣 [yī] ··················· 1	引 [yǐn] ················· 4	有趣 [yǒuqù] ··········· 4
依 [yī] ··················· 5	印 [yìn] ················· 4	犹 [yóu] ················· 5
宜 [yí] ··················· 2	印刷 [yìnshuā] ········· 5	右 [yòu] ················· 2
姨 [yí] ··················· 3	应 [yīng] ················ 3	又 [yòu] ················· 3
疑 [yí] ··················· 4	英 [yīng] ················ 5	幼 [yòu] ················· 5
疑问 [yíwèn] ··········· 5	迎 [yíng] ················ 3	鱼 [yú] ··················· 2
移 [yí] ··················· 5	迎接 [yíngjiē] ·········· 5	于 [yú] ··················· 3
遗 [yí] ··················· 5	赢 [yíng] ················ 4	于是 [yúshì] ············ 4

찾아보기(가나다순)

改进 개진* [gǎijìn] ·········· 5

客 객 [kè] ·········· 1

客观 객관* [kèguān] ·········· 5

客人 객인 [kèrén] ·········· 3

柜 거 [guì] ·········· 5

居 거 [jū] ·········· 3

举 거 [jǔ] ·········· 4

据 거 [jù] ·········· 3

距 거 [jù] ·········· 4

拒 거 [jù] ·········· 4

巨 거 [jù] ·········· 5

去 거 [qù] ·········· 1

去年 거년* [qùnián] ·········· 2

据说 거설 [jùshuō] ·········· 5

去世 거세 [qùshì] ·········· 5

居然 거연 [jūrán] ·········· 5

件 건 [jiàn] ·········· 2

健 건 [jiàn] ·········· 3

建 건 [jiàn] ·········· 4

键 건 [jiàn] ·········· 4

巾 건 [jīn] ·········· 4

建立 건립* [jiànlì] ·········· 5

键盘 건반* [jiànpán] ·········· 5

健身 건신 [jiànshēn] ·········· 5

检 검 [jiǎn] ·········· 3

捡 검 [jiǎn] ·········· 5

脸 검 [liǎn] ·········· 3

格 격 [gé] ·········· 4

隔 격 [gé] ·········· 5

激 격 [jī] ·········· 4

击 격 [jī] ·········· 5

格外 격외* [géwài] ·········· 5

坚 견 [jiān] ·········· 4

肩 견 [jiān] ·········· 5

见 견 [jiàn] ·········· 1

坚决 견결 [jiānjué] ·········· 5

见面 견면 [jiànmiàn] ·········· 3

结 결 [jié] ·········· 3

决 결 [jué] ·········· 3

缺 결 [quē] ·········· 4

结果 결과* [jiéguǒ] ·········· 4

结论 결론* [jiélùn] ·········· 5

决赛 결새 [juésài] ·········· 5

结实 결실* [jiēshi] ·········· 5

决心 결심* [juéxīn] ·········· 5

结合 결합* [jiéhé] ·········· 5

兼 겸 [jiān] ·········· 5

谦 겸 [qiān] ·········· 5

歉 겸 [qiàn] ·········· 4

更 경 [gèng] ·········· 3

景 경 [jǐn] ·········· 4

劲 경 [jìn] ·········· 5

京 경 [jīng] ·········· 1

经 경 [jīng] ·········· 2

惊 경 [jīng] ·········· 4

警 경 [jǐng] ·········· 4

境 경 [jìng] ·········· 3

镜 경 [jìng] ·········· 5

竞 경 [jìng] ·········· 4

竟 경 [jìng] ·········· 4

敬 경 [jìng] ·········· 5

轻 경 [qīng] ·········· 3

庆 경 [qìng] ·········· 5

硬 경 [yìng] ·········· 5

经过 경과* [jīngguò] ·········· 3

经历 경력* [jīnglì] ·········· 4

经商 경상 [jīngshāng] ·········· 5

经常 경상* [jīngcháng] ·········· 3

轻视 경시* [qīngshì] ·········· 5

轻易 경이* [qīngyì] ·········· 5

经典 경전* [jīngdiǎn] ·········· 5

鸡 계 [jī] ·········· 2

季 계 [jì] ·········· 3

计 계 [jì] ·········· 4

继 계 [jì] ·········· 4

阶 계 [jiē] ·········· 5

界 계 [jiè] ·········· 3

届 계 [jiè] ·········· 5

戒 계 [jiè] ·········· 5

启 계 [qǐ] ·········· 5

系 계 [xì] ·········· 1

计算 계산* [jìsuàn] ·········· 5

高 고 [gāo] ·········· 1

糕 고 [gāo] ·········· 3

膏 고 [gāo] ·········· 4

搞 고 [gǎo] ·········· 5

告 고 [gào] ·········· 2

估 고 [gū] ·········· 4

姑 고 [gū] ·········· 5

鼓 고 [gǔ] ·········· 4

股 고 [gǔ] ·········· 5

古 고 [gǔ] ·········· 5

顾 고 [gù] ·········· 3

故 고 [gù] ·········· 3

固 고 [gù] ·········· 5

考 고 [kǎo] ·········· 2

烤 고 [kǎo] ·········· 4

靠 고 [kào] ·········· 5

苦 고 [kǔ] ·········· 4

裤 고 [kù] ·········· 3

库 고 [kù] ·········· 5

敲 고 [qiāo] ·········· 4

顾客 고객* [gùkè] ·········· 4

高级 고급* [gāojí] ·········· 5

鼓舞 고무* [gǔwǔ] ·········· 5

告别 고별* [gàobié] ·········· 5

故意 고의* [gùyì] ·········· 4

哭 곡 [kū] ·········· 3

滚 곤 [gǔn] ·········· 5

昆 곤 [kūn] ·········· 5

困 곤 [kùn] ·········· 4

骨 골 [gǔ] ·········· 5

工 공 [gōng] ·········· 1

公 공 [gōng] ·········· 2

文件 문건* [wénjiàn] ········ 5
文具 문구* [wénjù] ········ 5
文明 문명* [wénmíng] ········ 5
文字 문자* [wénzì] ········ 5
文学 문학* [wénxué] ········ 5
问候 문후* [wènhòu] ········ 5
物 물 [wù] ········ 3
勿 물 [wù] ········ 5
物理 물리* [wùlǐ] ········ 5
物质 물질* [wùzhì] ········ 5
眉 미 [méi] ········ 5
美 미 [měi] ········ 4
米 미 [mǐ] ········ 1
迷 미 [mí] ········ 4
微 미 [wēi] ········ 4
尾 미 [wěi] ········ 5
味 미 [wèi] ········ 4
未 미 [wèi] ········ 5
微笑 미소* [wēixiào] ········ 5
美术 미술* [měishù] ········ 5
民 민 [mín] ········ 4
敏 민 [mǐn] ········ 5
密 밀 [mì] ········ 4
蜜 밀 [mì] ········ 5

ㅂ [급수]

薄 박 [báo] ········ 5
膊 박 [bó] ········ 4
博 박 [bó] ········ 4
拍 박 [pāi] ········ 5
迫 박 [pò] ········ 5
班 반 [bān] ········ 2
搬 반 [bān] ········ 3
般 반 [bān] ········ 3
半 반 [bàn] ········ 3
伴 반 [bàn] ········ 5
反 반 [fǎn] ········ 4

返 반 [fǎn] ········ 5
饭 반 [fàn] ········ 1
盘 반 [pán] ········ 3
盼 반 [pàn] ········ 5
胖 반 [pàng] ········ 3
反复 반복* [fǎnfù] ········ 5
反应 반응* [fǎnyìng] ········ 5
反而 반이 [fǎn'ér] ········ 5
反正 반정 [fǎnzhèng] ········ 5
脖 발 [bó] ········ 5
发 발 [fā] ········ 3
发 발 [fà] ········ 3
泼 발 [pō] ········ 4
发明 발명* [fāmíng] ········ 5
发生 발생* [fāshēng] ········ 4
发言 발언* [fāyán] ········ 5
发票 발표 [fāpiào] ········ 5
发表 발표* [fābiǎo] ········ 5
帮 방 [bāng] ········ 2
傍 방 [bàng] ········ 5
膀 방 [bǎng] ········ 5
方 방 [fāng] ········ 3
房 방 [fáng] ········ 2
妨 방 [fáng] ········ 5
防 방 [fáng] ········ 5
仿 방 [fǎng] ········ 5
访 방 [fǎng] ········ 5
放 방 [fàng] ········ 3
旁 방 [páng] ········ 2
房东 방동 [fángdōng] ········ 4
帮忙 방망 [bāngmáng] ········ 3
方面 방면 [fāngmiàn] ········ 4
方法 방법* [fāngfǎ] ········ 4
方式 방식 [fāngshì] ········ 5
方案 방안 [fāng'àn] ········ 5
方向 방향* [fāngxiàng] ········ 4
拜 배 [bài] ········ 4
杯 배 [bēi] ········ 1

倍 배 [bèi] ········ 4
背 배 [bèi] ········ 5
辈 배 [bèi] ········ 5
啡 배 [fēi] ········ 2
排 배 [pái] ········ 4
陪 배 [péi] ········ 4
培 배 [péi] ········ 5
赔 배 [péi] ········ 5
配 배 [pèi] ········ 5
白 배 [bái] ········ 2
百 배 [bǎi] ········ 2
百分之 백분지* [bǎifēnzhī] ········ 4
翻 번 [fān] ········ 4
繁 번 [fán] ········ 5
烦 번 [fán] ········ 4
罚 벌 [fá] ········ 5
范 범 [fàn] ········ 5
泛 범 [fàn] ········ 5
法 법 [fǎ] ········ 3
法院 법원* [fǎyuàn] ········ 5
壁 벽 [bì] ········ 5
边 변 [biān] ········ 2
变 변 [biàn] ········ 3
辩 변 [biàn] ········ 5
别 별 [bié] ········ 2
别人 별인 [biéren] ········ 3
兵 병 [bīng] ········ 5
饼 병 [bǐng] ········ 4
病 병 [bìng] ········ 2
并 병 [bìng] ········ 4
乓 병 [pāng] ········ 4
拼 병 [pīn] ········ 5
乒 병 [pīng] ········ 4
保 보 [bǎo] ········ 4
宝 보 [bǎo] ········ 5
报 보 [bào] ········ 2
补 보 [bǔ] ········ 5
步 보 [bù] ········ 2

胜 승 [shèng] ····················· 5
猜 시 [cāi] ························· 4
柴 시 [chái] ······················· 5
翅 시 [chì] ························· 5
诗 시 [shī] ························· 5
施 시 [shī] ························· 5
时 시 [shí] ························· 1
匙 시 [shí] ························· 4
始 시 [shǐ] ························· 2
市 시 [shì] ························· 3
试 시 [shì] ························· 2
柿 시 [shì] ························· 4
示 시 [shì] ························· 4
是 시 [shì] ························· 1
视 시 [shì] ························· 1
撕 시 [sī] ·························· 5
时刻 시각* [shíkè] ················ 5
时期 시기* [shíqī] ················ 5
市场 시장* [shìchǎng] ············ 5
始终 시종* [shǐzhōng] ············ 5
食 식 [shí] ························· 5
饰 식 [shì] ························· 5
识 식 [shì] ························· 1
式 식 [shì] ························· 4
息 식 [xī] ·························· 2
植 식 [zhí] ························· 4
神 신 [shén] ······················ 5
慎 신 [shèn] ······················ 5
伸 신 [shēn] ······················ 5
申 신 [shēn] ······················ 4
身 신 [shēn] ······················ 2
信 신 [xìn] ························· 3
辛 신 [xīn] ························· 4
新 신 [xīn] ························· 2
迅 신 [xùn] ························· 5
身份 신분 [shēnfen] ··············· 5
信息 신식 [xìnxī] ················· 4
信心 신심 [xìnxīn] ················ 4

信任 신임* [xìnrèn] ··············· 5
身材 신재 [shēncái] ··············· 5
信号 신호* [xìnhào] ··············· 5
失 실 [shī] ························· 4
实 실 [shí] ························· 3
室 실 [shì] ························· 2
悉 실 [xī] ·························· 4
失去 실거 [shīqù] ················· 5
实习 실습* [shíxí] ················· 5
失业 실업* [shīyè] ················· 5
实用 실용* [shíyòng] ·············· 5
实在 실재* [shízai] ················ 4
实验 실험* [shíyàn] ················ 5
实现 실현* [shíxiàn] ··············· 5
实话 실화* [shíhuà] ··············· 5
深 심 [shēn] ······················ 4
甚 심 [shèn] ······················ 4
心 심 [xīn] ························· 3
寻 심 [xún] ························· 5
深刻 심각* [shēnkè] ··············· 5
心理 심리* [xīnlǐ] ················· 5
心脏 심장* [xīnzàng] ·············· 5
心情 심정* [xīnqíng] ·············· 4
什 십 [shén] ······················ 1
十 십 [shí] ························· 1
十分 십분* [shífēn] ··············· 4
双 쌍 [shuāng] ···················· 3
双方 쌍방* [shuāngfāng] ···· 5

[급수]

啊 아 [a] ·························· 3
阿 아 [ā] ·························· 3
饿 아 [è] ·························· 3
儿 아 [ér] ························· 1
我 아 [wǒ] ························· 1
呀 아/하 [ya] ······················ 4
牙 아 [yá] ························· 3

亚 아 [yà] ························· 4
恶 악 [è] ·························· 5
握 악 [wò] ························· 5
乐 악 [yuè] ························ 3
安 안 [ān] ························· 3
案 안 [àn] ························· 4
按 안 [àn] ························· 4
岸 안 [àn] ························· 5
颜 안 [yán] ························ 2
眼 안 [yǎn] ························ 2
暗 암 [àn] ························· 5
鸭 압 [yā] ························· 4
压 압 [yā] ························· 4
押 압 [yā] ························· 5
唉 애 [āi] ························· 5
哎 애 [āi] ························· 5
爱 애 [ài] ························· 1
碍 애 [ài] ························· 5
爱惜 애석 [àixī] ·················· 5
爱心 애심* [àixīn] ················ 5
爱情 애정* [àiqíng] ··············· 4
爱护 애호* [àihù] ················· 5
爷 야 [yé] ························· 3
也 야 [yě] ························· 2
夜 야 [yè] ························· 5
弱 약 [ruò] ························ 5
药 약 [yào] ························ 2
钥 약 [yào] ························ 4
约 약 [yuē] ························ 4
跃 약 [yuè] ························ 5
让 양 [ràng] ······················ 2
羊 양 [yáng] ······················ 2
阳 양 [yáng] ······················ 3
扬 양 [yáng] ······················ 4
洋 양 [yáng] ······················ 4
养 양 [yǎng] ······················ 4
痒 양 [yǎng] ······················ 5
样 양 [yàng] ······················ 1